Timo Reuter

Warten

Eine verlernte Kunst

WES🅣END

Mehr über unsere Autoren und Bücher:
www.westendverlag.de

Die Deutsche Nationalbibliothek verzeichnet diese Publikation
in der Deutschen Nationalbibliografie; detaillierte bibliografische
Daten sind im Internet über http://dnb.d-nb.de abrufbar.

ISBN: 978-3-86489-918-8
Überarbeitete und erweiterte Taschenbuchausgabe 2023
© Westend Verlag GmbH, Frankfurt/Main 2019
Autorenfoto: © P. Henning
Umschlaggestaltung: ZitterCraft, Mannheim
Satz: Publikations Atelier, Dreieich
Druck und Bindung: Friedrich Pustet GmbH & Co. KG, Regensburg
Printed in Germany

Für die, die mit mir warten.

Inhalt

Moment mal

Die Welt ist im Wartemodus. Natürlich ist das nichts gänzlich Neues, schließlich müssen wir seit jeher warten. Dieser Zustand gehört, ob wir es nun wollen oder nicht, mit ziemlicher Sicherheit zu unserem Dasein: der Mensch als »Homo expectans«. Und doch ist jetzt vieles anders.

Im November 2019 ist dieses Buch zum ersten Mal erschienen – schon damals stand dort geschrieben: »Tatsächlich ist die Welt heute aus den Fugen geraten: Krieg und Krise, wohin man schaut.« Nun, fast vier Jahre später, klingt das fast wie eine böse Vorahnung. Der Krisenmodus scheint nun auch in Europa zum Dauerzustand geworden zu sein. Zugleich ist damit das Warten omnipräsent. Wir alle warten: auf ein Ende der Pandemie, des Krieges, der ewigen Teuerung. Und darauf, dass alles wieder sein möge, wie es vermutlich niemals gewesen ist.

Sitzen wir nun also kollektiv im selben (Warte-)Boot? Während die einen das Ende der Krise oder des Lockdowns im lichtdurchfluteten Altbauloft abwarten, harren die anderen in der dunklen Einzimmerwohnung aus. Und manche haben gar kein Zuhause. Kurzum: Es mag sein, dass wir alle im selben Boot sitzen – dort aber geht es zu wie einst auf der Titanic. Alle reisen in ihrer Klasse. Und wenn das Wasser einströmt, ersäuft das unterste Deck zuerst. Warten ist Politik.

Doch nicht nur das existenzielle Warten hat sich verändert, sondern auch das alltägliche. Lange war unser Wirtschaftssystem auf die unmittelbare Befriedigung von Bedürfnissen ausgerichtet: Wir wollen alles – und zwar sofort! Diese Verheißung allerdings wird zusehends von der Realität überholt: Wer heute an der Supermarktkasse steht oder einen Handwerker braucht, wer einen Brief erwartet oder einen Behördentermin bekommen will – immer öfter heißt es warten. Leere Regale und volle Schlangen: Was macht das mit uns, wo wir doch beinahe schon dem Glauben erlegen waren, dass uns die Digitalisierung endgültig vom Warten erlösen könnte?

Nun, zunächst bedeutet der Aufschub ja meist Langeweile, Ohnmacht und Ungeduld. Es ist die Kränkung des modernen Menschen, der sein Leben stets lenken und planen will – und dem im Wartehäuschen doch die Fremdbestimmtheit seines Daseins vor Augen geführt wird. Verlorene Zeit. Aber muss das so sein? Wie sähe unser Leben wohl aus, wenn es uns ein Lächeln auf die Lippen zaubern würde, dass der Zug mal wieder zehn Minuten Verspätung hat? Wenn wir an der Haltestelle mit unseren Mitmenschen ins Gespräch kämen oder einfach zufrieden Löcher in die Luft starrten?

Klingt absurd? Was wirklich absurd ist: dass sich immer mehr Menschen in einer viel zu schnellen Welt nach Langsamkeit sehnen – und dass genau dann, wenn wir die Gelegenheit dazu hätten, Wut in uns aufsteigt: beim Warten. Warum ist das so? Und wie kommen wir da raus? Noch mal: Nicht alle Menschen haben die Möglichkeit, dem Stillstand etwas Positives abzugewinnen. Wer etwa auf eine Aufenthaltsgenehmigung wartet oder vor den Tafeln auf das nächste Essen, der braucht Unterstützung und keine gut gemeinten Ratschläge. Für alle anderen aber stellt sich die Frage, ob sich kleine Zwangspausen nicht doch als Chance begreifen lassen, um dem hektischen Sog des Alltags zu entkommen – am besten ganz ohne Smartphone in der Hand. Wer den Leerlauf dann auch etwas länger aushält, für den kann sich das Tor zu Muße und Kreativität öffnen.

All diesen Themen will das folgende Buch ebenso auf den Grund gehen wie der subversiven Kraft der Verzögerung. Welche Bedeutung hat diese für das große wie das kleine Warten? Kann der Stillstand als eine Art Sandkorn im Getriebe der pausenlosen Verwertungsmaschinerie dienen? Und können wir, wenn wir zum Anhalten verdammt sind, zu uns kommen und das Wesentliche wieder ins Zentrum rücken? Das, was uns wirklich wichtig ist. So wie die paar Minuten am Bahngleis uns die Gelegenheit bieten, einmal durchzuatmen und den Tag vorbeiziehen zu lassen, so birgt der kollektive Stillstand die Möglichkeit, grundsätzlich innezuhalten – und zu überlegen, wie wir eigentlich leben wollen.

Zu warten bedeutet, auch mal zurückzustecken, mitunter sogar zu verzichten. Weniger ist mehr – diese uralte Weisheit könnte nicht nur eine gesellschaftliche Antwort sein auf den zerstörerischen Drang nach immer mehr, sondern sie würde uns auch in unserem rastlosen Alltag guttun. So wäre die Wartepause im besten Fall keine verlorene Zeit mehr, sondern ein Geschenk.

Frankfurt im Frühjahr 2023

Vorwort:
Die Insel und die Ungeduld

Wegen der Ungeduld sind sie aus dem Paradies vertrieben worden,
wegen der Ungeduld kehren sie nicht zurück.[1]

Franz Kafka

Die Mittagssonne brennt vom blauen Himmel, gigantische Seemandelbäume spenden großzügig Schatten. Am Wegesrand werden frisch gepresste Säfte serviert. Laute Reggae-Musik vibriert durch unsere Körper.

Alles scheint perfekt. Und doch scharren unsere Füße im feinen, weißen Sand. Was hier auf einer kleinen Insel im Nordosten Brasiliens zum Alltag gehört, daran müssen sich Besucherinnen erst gewöhnen: die Langsamkeit. Und das Warten. Kommt der Bus nicht jetzt, kommt er später.

Schon die Anreise hierher ist beschwerlich – nicht bloß wegen der ständigen Warterei. Obwohl nur etwa 100 Kilometer Luftlinie von einer Millionenstadt entfernt, dauert der Weg von dort beinahe einen ganzen Tag: Mit dem Bus, zu Fuß, mit einem Boot und wieder zu Fuß erreicht man einen Hügel, auf dem einige Traktoren samt Anhängern stehen. Weil es hier keine Straßen gibt, sondern nur Sandpisten, sind sie die einzigen Verkehrsmittel. Doch der Fahrer will eben erst losfahren, wenn sich weitere Fahrgäste finden und der Wagen voll ist. Ist ja irgendwie auch logisch. Bloß: Wie lange das wohl dauern mag?

Zwischen dem einen und dem anderen Ende der Insel liegt also nicht nur die halbstündige Überfahrt, sondern auch eine unbestimmte Zeit des Wartens. Für Besucher*innen[2] wirkt das höchst anachronistisch, es ist im wahrsten Sinne des Wortes aus der Zeit gefallen. Nach zwei frischen Säften im Schatten heißt es dann plötzlich »einsteigen«. Doch als das Gepäck verstaut ist, passiert erneut: nichts. Der Fahrer ist verschwunden. Eine Weile später holpert der Traktor dann endlich über hügelige Sandpisten bis zum Fischerdorf am anderen Ende der Insel. Hektik scheint auch hier ein Fremdwort. Der Traktor kommt, wenn er kommt. Und die Fahrt dauert so lange, bis man am Ziel ist.

Doch wenn es mal nur so einfach wäre, das zu akzeptieren. Auch ganz ohne Termindruck übertönt das Ticken der Uhr oft das Rauschen des Meeres, ungeduldig scharrende Füße halten die Anspannung aufrecht. Der Ärger über das bloße Herumstehen verhindert, dass wir mit anderen ins Gespräch kommen. Irgendwie scheint das Gras auf der anderen Seite des Hügels grüner zu sein.

Es ist schon absurd: In unserer hektischen Zeit wird die Sehnsucht nach Langsamkeit und nach Begegnungen mit anderen Menschen immer größer – doch gerade dann, wenn wir die Gelegenheit dazu hätten, steigen Wut und Ungeduld in uns auf: beim Warten. Doch wenn wir selbst hier, auf dieser wunderschönen Insel, nicht zur Ruhe kommen – wo wollen wir denn dann noch hin?

Wer warten muss, ist wie auf Entzug. Es ist eine kleine Bewährungsprobe, eine Lücke in der Zeit, in der wir gefangen sind – schließlich können wir die Pause nur selten aus eigener Kraft verkürzen. Besonders im Alltag gilt Wartezeit für viele Menschen als verlorene Zeit. Als tote Zeit. Wir wollen das vielleicht Wertvollste, was wir haben, beim Warten am liebsten totschlagen: die Zeit.

Wie konnte es so weit kommen? Und was lässt sich dagegen tun?

I. Einleitung:
Das große Warten

Rêver, c'est le bonheur; attendre, c'est la vie.[1]
Victor Hugo

Ständig warten wir – auf den nächsten Bus oder die große Liebe, auf den Feierabend und den Urlaub, auf unsere Verabredung oder auf ein besseres Leben. Menschen warten voller Verzweiflung auf eine Aufenthaltsgenehmigung oder ein Spenderorgan, andere setzen ihre Hoffnung auf die Erlösung im Jenseits. Und warten wir nicht alle irgendwie auch auf das Ende? In jedem Fall ist das Warten unglaublich vielfältig, es kann harmlos oder existenziell sein, politisch und persönlich, es kann überaus deprimierend sein – und manchmal sogar Freude machen.

In den USA[2] verbringen Menschen angeblich fünf Jahre ihres Lebens in Warteschlangen und sechs Monate vor roten Ampeln. Die Deutschen wiederum sind als Autoweltmeister auch so etwas wie die Stauweltmeister: Im Schnitt ganze 70 Stunden sitzt man hierzulande jedes Jahr im Auto, ohne dass es vorangeht. Immerhin: Während man in der Bundesrepublik beim Einkaufen durchschnittlich sieben Minuten an der Kasse steht, dauert es in Griechenland doppelt so lang. Allerdings wartet man in Portugal und Irland nur je knapp drei Minuten. Ob das schon ein Grund zur Klage sein kann? In der DDR haben Menschen etwa zwölf Jahre auf einen Trabi gewartet und sich auch dann in Warteschlangen gestellt, wenn sie gar nicht wussten, was es zu kaufen gab.

Eines jedenfalls teilen wir alle: Niemand kann dem Warten entgehen. Der Mensch ist ein wartendes Tier[3] – in einer wartenden Gesellschaft. Landwirte warten auf die Ernte, Kundinnen auf frische Tomaten oder fabrikneue Smartphones. Und auf Dienstleistungen wird ohnehin ständig gewartet. Gläubige erwarten kollektiv ihren Messias, Geflüchtete stehen zu Hunderten an Grenzzäunen, während Kranke gemeinsam und doch einsam im Wartezimmer sitzen. Und schließlich hat uns alle die Corona-Pandemie zum Warten gezwungen – wenn auch mitunter äußerst schmerzvoll. Egal ob wir auf etwas Schönes oder das Ende einer Katastrophe warten, dieser Zustand strebt nach seiner eigenen Abschaffung: Denn sobald wir haben, was wir wollen, warten wir ja nicht mehr darauf.

Auf was warten wir also noch? Auf einen Zug etwa, der nie für uns hält? Die Möglichkeit des Scheiterns schwingt stets mit, die Unsicherheit, ob wir zu lange auf den richtigen Augenblick gewartet haben. Ob die große Liebe oder das kleine Glück so wie Godot einfach fernbleiben? Haben wir wirklich sinnlos gewartet?

1. Was das Warten vom Warten unterscheidet

> *Je mehr man nachdenkt, um so mehr wird man erkennen, daß das ganze Leben nur ein Warten ist. Ein Warten auf die kleinen Dinge des Alltags, ein Warten auf die großen Verheißungen des Lebens. Ein Warten auf Glück, und ein Warten auf Leid.*[4]
> Margarethe von Sydow

Die einen warten also auf den Zug und die anderen auf Zuneigung. Aber verstehen sie überhaupt dasselbe darunter? Um der Ungeduld und dem Warten auf die Spur zu kommen, muss man wissen, wovon man spricht. Was genau ist also damit gemeint, wenn vom Warten die Rede ist? Wenn wir vergessen, worauf wir warten – warten wir dann überhaupt noch? Oder wenn wir uns dabei ablenken? Und was ist überhaupt das Gegenteil vom Warten, also außer dem Nichtwarten? Weil sich solche Fragen kaum widerspruchsfrei klären lassen, soll hier zunächst eine Antwort aus Thomas Manns *Zauberberg* genügen: »Freilich kommt reines und unvermischtes Warten praktisch nicht vor.«[5]

Ein Blick in den Duden

Im Duden ist das Warten definiert als »dem Eintreffen einer Person, einer Sache, eines Ereignisses entgegensehen, wobei einem oft die Zeit besonders langsam zu vergehen scheint«[6]. Diese Zeitebene wird ergänzt um eine Ortskomponente: »sich, auf jemanden, etwas wartend, an einem Ort aufhalten und diesen nicht verlassen«. In dieser Definition stecken drei Wesensmerkmale, die dabei helfen, das Warten, wie wir es heute meist verstehen, zu charakterisieren: (1) die Orientierung auf ein Ereignis hin, (2) die Zeit, die bis dahin vergeht, sowie (3) die Abhängigkeit, die uns beim Warten vor allem in Form von Passivität und Ungewissheit plagt.

(1) Auf nichts warten?

Beim Warten kann man die Füße hochlegen und nichts tun. Aber kann man auch auf nichts warten?

Unter dem Pseudonym Peter Panter veröffentlichte der große Kritiker Kurt Tucholsky Ende der 1920er-Jahre die Glosse »Warten vor dem Nichts«[7]. Dort beschreibt er, wie Autofahrer an einer Straßenkreuzung warten, weil von der anderen Seite Autos kommen könnten. »Es kommen aber keine. So warten sie auf ein Nichts.« Überall meint Tucholsky zu entdecken, dass »die Leute auf das Nichts warten, weil sie vor dem Etwas Angst haben. Es gibt Tausende und Tausende von Verbesserungen, die man morgen früh um acht Uhr einführen könnte, wenn nicht diese Angst vor dem Nichts wäre.«

Haben wir nun Angst vor dem Etwas oder vor dem Nichts? Und was soll das überhaupt sein, dieses Nichts? Schon der vorsokratische Philosoph Parmenides von Elea riet von solchen Fragen ab – vielleicht ahnte er, dass sie manche Menschen verrückt machen. Einige Tausend Jahre später gaben sich die Philosophen indes lockerer: Für Martin Heidegger offenbarte sich das Sein erst im Nichts, für Jean-Paul Sartre konstituierte es gar die menschliche Existenz. Und schließlich erschuf

Samuel Beckett mit *Warten auf Godot* ein Theater gegen alle Regeln, bei dem auf der Bühne nichts passiert – außer das Warten auf jemanden, der vermutlich nicht einmal existiert.[8] Aber wie ist das außerhalb der Theatermauern?

Wer wartet, erwartet etwas – und sei es Godot. Oder ist es doch umgekehrt: Wer etwas erwartet, muss warten? Weil kaum jemand glaubt, unsterblich zu sein, erwartet fast jeder Mensch den Tod – die meisten werden dennoch nicht darauf warten. Manchmal warten wir auch auf etwas, ohne eine genaue Erwartung davon zu haben. In der Regel aber gehören Warten und Erwarten zusammen. »Nur diejenigen, die warten können, können auch etwas erwarten«[9], notiert der Zeitforscher Karlheinz Geißler. Der Soziologe Andreas Göttlich wiederum glaubt: »Man kann nicht warten, ohne dabei etwas zu erwarten.«[10] Einen weiteren Hinweis gibt die Grammatik: Weil »erwarten« ein transitives Verb ist, erwarten wir *etwas*. Dagegen können wir »seit Stunden warten« – worauf, bleibt dann zunächst unklar. Erst die Erwartung füllt unser Warten also mit Inhalt und gibt ihm ein Ziel.[11] Und schließlich hat es auch etwas mit unserer Erwartung zu tun, wie wir auf das Warten reagieren: Haben wir schon damit gerechnet oder trifft es uns unerwartet?

Auf was wir warten, hat also einen Wert – deshalb sitzen wir im stickigen Vorzimmer oder stehen im Regen an Gleis 7. Zugleich wirft das, worauf wir warten, oft einen langen Schatten in den Augenblick hinein: Werdende Mütter sind trotz aller Strapazen in »freudiger Erwartung«, wer hingegen eine schlimme Diagnose erwartet, erstarrt womöglich in banger Sorge. Warten ist also nicht gleich warten: Tun wir es aus freien Stücken oder sind wir dazu gezwungen? Warten wir auf etwas Positives oder Negatives? Und hat all das eine existenzielle, ja womöglich lebensbedrohliche Bedeutung oder ist es doch alltäglich und damit letztlich harmlos? Warten wir also auf das Feuerwerk an Silvester oder auf die Feuerwehr, weil es brennt? Warten wir bei der Ärztin auf eine gewöhnliche Untersuchung oder auf eine neue Niere?

In diesem Buch soll es vor allem um den Routinecheck gehen, um die alltäglichen Zwangspausen – wenngleich auch andere Formen des Wartens immer wieder eine Rolle spielen werden.

(2) Die Zeit des Noch-Nicht

Wenn die Bahn kommt oder wir ins Behandlungszimmer gebeten werden, hat das Warten endlich ein Ende. Doch bis dahin vergeht die Zeit – es ist oft eine Zwischenzeit, nicht mehr ganz hier und noch nicht dort. Irgendwie soll diese Zeit überbrückt werden. Zu warten ist ein Modus des Noch-Nicht, ein Aufschub unserer Bedürfnisse. Damit sind auch die Stimmungen verbunden, die uns oft als Erstes beim Warten ereilen. Da ist zum einen die Langeweile, sie gilt als Stillstand, als sinnlose Zeit. Und da ist zum anderen die Ungeduld, die uns vom Hier und Jetzt wegtreibt, um endlich woanders zu sein.

Ständig blicken wir also auf die Uhr, doch sie scheint stillzustehen. »Mechanische Zeit verwandelt sich in Erlebniszeit«[12] – so beschreibt der Soziologe Rainer Paris die Situation des Wartens. Wenn der Fluss der Ereignisse stockt, spüren wir plötzlich, wie die Zeit vergeht. Und umso mehr uns das quält, darauf verweist ja bereits der Duden, desto langsamer bewegen sich die Zeiger. Beim Warten erleben wir das, was die Journalistin Andrea Köhler die »Folter der Ungewißheit«[13] nennt, in der die Wartenden mit jeder Sekunde ihre »Verfallenheit an die Zeit« erleben.

Freilich gibt es Ausnahmen: Wenn uns das, worauf wir warten, völlig in Beschlag nimmt oder uns kaum tangiert, dann wird die Zeit zweitrangig. Beides, »sehnsüchtiges Erwarten und gelassenes Abwarten«, sind Grenzfälle, »in denen der Vorrang der Zeit suspendiert«[14] wird, wie Rainer Paris notiert. Der Normalfall des Wartens aber sei »die Erfahrung von Dauer«. Und diese Dauer kann ewig währen, etwa für Gefangene, die lebenslänglich einsitzen, aber auch für Gläubige, die ihren Erlöser erwarten. Chronisches Warten infiziert die Wartenden – und manchmal schweißt es sie auch zusammen. Das vorliegende Buch widmet sich eher am Rande dem langen, dauerhaften Warten – im Zentrum stehen die kleinen, kurzzeitigen Aufschübe.

(3) Gefangen im Wartezimmer

Wer nicht gerade freiwillig seine Zeit dahinschenkt oder wie der Nachtwächter dafür bezahlt wird, der bleibt beim Warten oft ohnmächtig: Wir müssen fremden Zeitplänen gehorchen. Wir sitzen an der Bushaltestelle und haben unser Schicksal aus der Hand gegeben – aber auch mit dem Auto stehen wir ständig im Stau. Und selbst wenn wir die Verspätungsmeldungen noch so oft aktualisieren, wann es weitergeht, das können wir nicht selbst entscheiden. Noch schlimmer wird die Abhängigkeit, wenn andere uns hinhalten. Zu warten ist also etwas anderes als zu zögern. Während jenem nämlich meist ein äußeres Hindernis zugrunde liegt, ist dieses beim Zögern innerer Natur. Wir zögern, einen bösen Brief wirklich abzuschicken – und wir warten auf die Antwort. Vielleicht hoffen wir auch, dass sie uns niemals erreichen möge.

Was wir beim Warten zu spüren bekommen, ist die Fremdbestimmtheit unseres Lebens. Natürlich wiegt der Zwang unterschiedlich schwer: Während Menschen verhungern, weil sie auf das Ende der Dürre warten, aber der Regen nicht vom Himmel fallen will, ist es gerade beim alltäglichen Warten eher möglich, einfach nach Hause zu gehen. Doch dafür müssen wir eben mit den Konsequenzen leben: Wer den Bahnhof oder das Wartezimmer verlässt, muss auf die nächste Bahn warten, die wichtige Verabredung absagen, um einen neuen Termin bitten. Irgendwie sind wir dann doch zum Warten verdammt – und dabei häufig an einem Ort »festgenagelt«.

Zu solch erzwungener Passivität gesellt sich oft die Ungewissheit. Gerade in einer Zeit, in der wir glauben, unser Leben unter Kontrolle haben zu müssen, ist sie mitunter schwer zu ertragen. Meist wissen wir ja zumindest, worauf wir warten – aber eben nicht, wie lange. Manchmal ist aber auch das Gegenteil der Fall: Etwa wenn wir gespannt auf die wichtigen Wahlergebnisse warten, dann wissen wir, wann sie über den Bildschirm flackern, kennen jedoch ihren Ausgang nicht. Schließlich kann die zermürbende Ungewissheit allumfassend sein: Ob und wann eine Ehe zerbricht oder die Liebe einen Neuanfang macht – selbst wenn wir es zu ahnen glauben, schlauer sind wir erst im Nachhinein. Aber da kann es schon zu spät sein. Zu warten ist besonders dann anstrengend, wenn wir nicht wissen, ob die Warterei überhaupt ein gutes Ende nimmt.

2. Eine Nische voller Bedeutung

Warten ist ein unspektakulärer Zustand, aber die Art, wie man ihn erlebt, ist ein interessanter Indikator für gesellschaftliche und individuelle Verfassungen.[15]
Friederike Gräff

Obwohl viele Menschen auf Lebensnotwendiges warten und andere ein Leben lang, ist die Warterei zuerst und zumeist ein alltägliches Phänomen. Wir alle warten – obgleich dieser Zustand im Leben omnipräsent ist, wird er gerne verdrängt und vergessen, verleugnet und verflucht. Das Warten ist ein Nischenphänomen, das weder im Alltag noch in den Elfenbeintürmen der Philosophen oder in den Laboren der Wissenschaftlerinnen bisher allzu viel Aufmerksamkeit bekommen hat.[16] Das mag durchaus verwundern – denn ob freiwillig oder aufgezwungen, das Warten gehört zum Leben dazu. Es ist der Übergang vom Werden zum Vergehen, die Zeit zwischen unseren Erwartungen und ihrer Erfüllung. Oder eben bis zu dem Moment, an dem wir merken, dass aus Hoffnung Verzweiflung geworden ist. Aber auch im Alltag reicht das Warten weit über das Alltägliche hinaus. Es ist ein Zustand, der in vielfacher Weise in persönliche und gesellschaftliche, in historische, ökonomische und kulturelle Sinnhorizonte eingebettet ist.

Das Warten ist die Lücke zwischen hier und dort, zwischen jetzt und später. Und was in dieser Lücke passiert, ist ein Taschenspiegel bestehender Verhältnisse: Warten wir auf eine Gehaltserhöhung oder auf ein Ende von Hass und Gewalt? Im Warten offenbaren sich unsere Bedürfnisse und Hoffnungen, aber auch die Zwänge, in denen wir leben. Längst warten Menschen zumindest in den Überflussgesellschaften nicht mehr auf die überlebenswichtige Ernte, die Sehnsucht gilt heute eher der nächsten Onlinebestellung oder dem Sommerurlaub, einem lang erhofften geselligen Beisammensein oder einer Pause vom hektischen Alltag – bloß eine Wartepause sollte es nicht sein. Doch wann können wir unsere Bedürfnisse aufschieben? Und wann müssen wir es?

Seit jeher sind auch Macht und Politik ein wichtiger Teil des Wartespiels. Menschen lassen andere warten, um ihre Überlegenheit zu demonstrieren. In die endlosen Warteschlangen beim Arbeitsamt, auf der Ausländerbehörde oder vor den Tafeln hingegen müssen sich vor allem jene einreihen, die kaum über Privilegien verfügen. Die Verteilung der Wartezeiten ist also selbst ein Spiegel gesellschaftlicher Machtverhältnisse – und ein moralischer Gradmesser. Denn die Warteschlange steht für einen durchaus hohen Wert: Obwohl alle zuerst bedient werden wollen, soll die Zeit eines jeden dort dasselbe wert sein. Was beim Warten passiert, verrät also auch so einiges darüber, wie wir es mit der Gerechtigkeit halten.

All diesen Zwängen und Versprechen will das vorliegende Buch ebenso nachspüren wie der Frage, welche Chancen und welches Potenzial der Ermächtigung im Warten liegen. Können uns die Muße, das Innehalten und die Geduld vielleicht glücklich machen? Nur wer wartet, kann jedenfalls Vorfreude erfahren – und so das Leben bereichern. Ist die Wartezeit zudem nicht geradezu prädestiniert, um eine kurze Pause im hektischen Alltag einzulegen und uns in den Augenblick zu vertiefen? Das Warten ist ein Sandkorn im Getriebe der permanenten Verwertungsmaschinerie – kann dieser anachronistische Zustand vielleicht sogar dazu beitragen, dem Hamsterrad der Beschleunigung zu entkommen?

Wir leben in einer Zeit, in der uns die Zeit abhandenkommt – das wird besonders dann deutlich, wenn der erwartet schnelle Ablauf durch unerwartete Pausen unterbrochen wird. Aber war das schon immer so? Und ist das Warten anderswo nicht eher ritueller Teil des Alltags oder gar eine Art Kulturtechnik? In Brasilien heißt warten »esperar« – dasselbe Wort wird auch für das Hoffen verwendet.

Nicht immer reicht also der Blick in den Duden, um dem Warten auf den Grund zu gehen.

II. Warten im Wandel der Zeit

Die warten kann, kommt auch noch an.[1]
Altes Sprichwort

Schon immer haben Menschen gewartet: auf die Geburt und den Tod, auf besseres Wetter oder ihre Liebsten, auf das nächste Essen und die kommende Ernte. Das Warten ist eine anthropologische Tatsache – aber ist es auch eine Konstante? Oder hat sich die Art und Weise, wie und auf was wir warten, nicht doch radikal gewandelt? Wie war es also früher, als es noch keinen Bus gab und kein Wartezimmer?

Bei der Suche nach Antworten stoßen auch Historikerinnen und Historiker schnell an ihre Grenzen. Wie normale Menschen ihren Alltag verbrachten, wie sie gelebt und geliebt haben und vor allem wie sie gewartet haben – all das spielt in der Geschichtsschreibung kaum eine Rolle. Bis heute wird das in Lehrbüchern und Chroniken ebenso deutlich wie in vielen historischen Museen: Gesammelt und überliefert werden meist nur die »großen Geschichten« von Heldentaten und epischen Schlachten, von todbringenden Katastrophen, Kaiserkrönungen und päpstlichen Bullen. Diese Inhalte sind untrennbar mit ihren Verfassern verbunden. Während die einfachen Leute nicht lesen und schreiben konnten, ließen die Herrschenden die Geschichte nach ihrem Belieben schreiben – auch, um sich selbst in ein positives Licht zu rücken. Lange Zeit bestimmten also die Eliten, was in die Geschichte eingeht. Das Leben und der Alltag der einfachen Leute gehörten nicht dazu.

Das änderte sich erst vor wenigen Jahrzehnten – die »Alltagsgeschichte« versucht nun zu rekonstruieren, was lange verborgen blieb: die »Geschichte von unten«. Doch umso weiter man in der Historie zurückgeht und je tiefer man in den Alltag der Menschen eindringen möchte, desto weniger Zeugnisse gibt es. Nur selten wird das Warten in historischen Dokumenten thematisiert – und dann eher beiläufig, ohne auf die Befindlichkeiten der Wartenden einzugehen. Der Althistoriker Peter Eich antwortet beispielhaft auf eine Anfrage, er glaube nicht, dass eine systematische Behandlung des Wartens in der Antike möglich sei. »Das liegt ganz generell an der Art der Überlieferung, aber auch an der in der Regel gewählten Oberschichtenperspektive.« Andere Historiker äußern sich ähnlich in Bezug auf das Mittelalter.[2] Und so notierte der Literaturwissenschaftler Harold Schweizer in seinem 2008 erschienenen Buch über das Warten: »Obwohl das Warten für die Erzählungen von Homer bis Hollywood zentral ist, ist es doch eine kaum kartierte und schlecht dokumentierte Zeitregion.«[3]

Gerade über die vormoderne Geschichte des alltäglichen Wartens lassen sich also häufig nur Mutmaßungen anstellen. Solche Interpretationen dienen allerdings allzu oft unserer Selbstvergewisserung: Sie sollen uns etwa verdeutlichen, in welch aufgeklärtem, fortschrittlichem Zeitalter wir leben und wie »finster« und »entbehrungsreich« die Vergangenheit demgegenüber war.

Trotz aller Schwierigkeiten soll an dieser Stelle versucht werden, der Geschichte des Wartens auf den Grund zu gehen – denn nur wer die Vergangenheit kennt, kann die Gegenwart verstehen. Dafür sollen in diesem Buch historische Entwicklungen ebenso wie typische Wartesituationen betrachtet werden, es wird ein Blick in das bedeutendste Wörterbuch der deutschen Sprache geworfen und schließlich der Geschichte des menschlichen Zeitbewusstseins nachgespürt.

1. Warten auf Gott und den König

Wir müssen warten, so lange Gott wil.[4]
Sprichwort aus dem Mittelalter

Geschichte wurde also von oben gemacht. Und so wundert es kaum, dass die meisten historischen Wartegeschichten am Palast des Pharao, im mittelalterlichen Kloster und an den Höfen der Könige spielen. Oder aber in der Literatur. Der wohl erste abendländische Narrativ zum Warten stammt aus der Feder des Dichters Homer: Es ist die Erzählung von Penelope, die auf Odysseus wartet. Während der Held epische Abenteuer meistert, wartet seine treue Frau auf die Rückkehr ihres Mannes. Allein diese Tatsache spiegelt Rollenbilder und Machtverhältnisse wider – wenngleich Penelope im Grunde die heimliche Heldin dieses Stückes ist. Sie wartet nicht bloß, sondern vertröstet dabei all die aufdringlichen Freier, indem sie vorgibt, erst ein Totentuch weben zu müssen, bevor sie sich erneut vermählen könne. Doch bei Nacht trennt sie das am Tage Gewebte wieder auf. Als sie von einer Dienerin verraten wird, stellt sie den Freiern eine unmögliche Aufgabe, die erst der nach 20 Jahren zurückgekehrte Odysseus bewältigen kann.

Unter Pharaonen und Königen

Das wahre Leben hingegen war meist weniger romantisch. Wer etwas zu sagen hatte, ließ seine Nachricht überbringen. Unter Herrschern schickte man dafür gerne den eigenen Sohn los – doch selbst der königliche Spross teilte mitunter das Schicksal normaler Boten: Er musste warten. Schon im alten Ägypten[5] hielt man Gesandte hin, um sie gefügig zu machen oder einfach um die eigene Macht zu demonstrieren. Zudem hing die Behandlung der Laufburschen von den Beziehungen der Königshäuser ab – und natürlich davon, ob eine gute oder schlechte Nachricht überbracht wurde. Manche Boten wurden jahrelang an fremden Herrscherhöfen festgehalten, in einem Fall sollen es gar 20 Jahre gewesen sein. Laut dem Reisebericht des »Wenamun« verstarben ägyptische Kuriere in Byblos, nachdem sie dort 17 Jahre festgehalten wurden. Das »Antichambrieren«, die Unterwerfung in den Vorzimmern der Macht, erinnert dabei durchaus an aufwendige Choreografien, die von den Vorlieben der Herrscher und von zeitgenössischen Etiketten abhingen. In solchen Vorzimmern sitzen heutzutage übrigens die Lobbyisten – mit ungleich mehr Macht als ihre Vorgänger.

Manchmal waren sogar Könige Opfer der Machtrituale, wie die berühmteste Wartegeschichte des deutschen Mittelalters zeigt: Laut Überlieferungen ließ Papst Gregor VII. den exkommunizierten König Heinrich IV. vor der Burg in Canossa an drei kalten Januartagen des Jahres 1077 im Schnee ausharren, bis er ihn endlich empfing, um Heinrichs Bitte nachzukommen und ihn vom Kirchenbann zu lösen. Manche Legende lässt den König sogar barfuß warten, andere Quellen gehen davon aus, dass die Schmach nicht ganz so lebensgefährlich war und er nur barfuß vor den Papst treten musste.[6] Ob er die Demütigung verdient hatte? Zumindest ließ der König und spätere Kaiser im Juni 1073 sächsische Fürsten wie Knechte vor der Kaiserpfalz Goslar auf eine Audienz warten, während er sich mit Würfelspielen vergnügt haben soll. Damit verletzte er ihre ständische Ehre – und es kam zum Sachsenkrieg. Heinrich musste fliehen und konnte das Blatt erst zwei Jahre später wenden. Allerdings war die Warterei wohl nur der letzte Auslöser für den Krieg, Heinrich demütigte die Sachsen schon Jahre zuvor.

Um Anfang des 18. Jahrhunderts bei Kaiser Leopold I. in Wien eine Audienz zu erhalten,[7] musste man sich formell anmelden und dann warten – oft auch vergebens. Das stieß manchem sauer auf: Ein Offizier, der gerade aus Italien heimkehrte und aus dem Vorzimmer nicht zum König vorgelassen wurde, rief lautstark, der Kaiser solle doch diejenigen, die sich für ihn totschlagen lassen, hereinbitten – »und nicht die Pfaffen«, die ohnehin nur Märchen erzählten. Die Warterei konnte also schon früher zu Verstimmungen führen. Auf der anderen Seite war sie aber auch ein Türöffner. Wer die heiligen Gemäuer eines Klosters betreten und Teil der Glaubensgemeinschaft werden wollte, musste erst mal tagelang warten.[8] Meint es der Aspirant wirklich ernst, ist der Novize des Lebens im Kloster würdig? Geduld und Beharrlichkeit sollten bereits geprüft werden, bevor die Klostertore sich erstmals öffneten. Doch das ständige Warten war damit keinesfalls vorbei. Wem Einlass gewährt wurde, den erwartete ein asketisches Leben in Gehorsam, in dem man stets auf Weisung von oben wartete. Im Klosterleben sollten Gottesdienste, Mahlzeiten und Versammlungen außerdem von allen gleichförmig gestaltet werden – trotz aller Disziplin war das kaum ohne das Warten des Einen auf den Anderen möglich.

Die Theologie des Wartens

Doch nicht nur im Kloster ist das religiöse Leben ein großer Wartesaal. Bereits im frühen Judentum haben Gläubige den Messias erwartet, doch während die Juden noch immer warten, ist den Christinnen ihr Heiland bereits erschienen.[9] Das Warten war damit freilich nicht beendet. Zwar heißt es in der Bibel: »Das Reich Gottes ist mitten unter euch.«[10] Zugleich aber sollte erst das Jüngste Gericht die Menschen wirklich vom irdischen Leid befreien. Es ist das Ende der Welt und der Beginn einer neuen, besseren Realität, der Tag der Erlösung, an dem Jesus wiederkehrt und Gott über das Schicksal der Lebenden und Toten richtet. Noch zu eigenen Lebzeiten sollen seine Jünger die baldige Wiederkunft Jesu erhofft haben. Doch weil diese sogenannte Parusie auf sich warten ließ, wurde der Aufschub zum religiösen Dauerzustand – und das Christentum zu einer Bewegung im Wartestand, für deren Anhänger eine lange Wanderschaft durch die Zeit begann. Mit den Jahren des vergeblichen Wartens verblasste zwar die Erwartung einer baldigen Rückkehr des Messias, nicht aber die Hoffnung. Aus der »Naherwartung« wurde eine »Fernerwartung«: Irgendwann wird der Tag schon kommen. Wartezeit, das ist in der Religion also auch eine »heilige Zeit«[11] voller Hoffnung und Erwartung. Die Gläubigen hoffen auf die Zukunft und warten zugleich im Hier und Jetzt auf ein Zeichen

Gottes: »Darum wachet, denn ihr wisset nicht, welche Stunde euer Herr kommen wird.«[12] Das Warten auf Weihnachten im Advent spiegelt bis heute diese erwartungsvolle Haltung wider. Besonders deutlich wird sie auch in der Bibel. So heißt es etwa im Buch der Psalmen: »Herr, ich warte auf dein Heil und tue nach deinen Geboten.«[13]

2. Zwischen Zwang und Normalität

Geduld ist die Thür zur Freude.[14]
Altes Sprichwort aus dem Deutschen Sprichwörter-Lexikon

Warten bedeutete also oftmals Unterordnung und war gerade im Glauben doch mit großer Hoffnung verbunden. Aber was bedeutete das für den Alltag der Menschen? Trotz der dünnen Quellenlage gibt es Anhaltspunkte, anhand derer man sich sozusagen über die Hintertür dem Leben der Menschen nähern kann – und damit auch der Art und Weise, wie sie gewartet haben.

Ob im Altertum oder im Mittelalter – das, was heute das Warten ausmacht, scheint früher noch stärker auf die Menschen gewirkt zu haben. Da sind zuerst die gesellschaftlichen und natürlichen Zwänge, denen man ausgeliefert war. Man wartete auf besseres Wetter, auf das große Schlachtfest oder das nächste üppige Mahl. Im Mittelalter, als die Lebenserwartung bei etwa 30 Jahren[15] lag, waren rund 90 Prozent der Bevölkerung in der Landwirtschaft tätig – und das bedeutete, dass man sowohl vom Wohlwollen der Lehnsherren abhängig war als auch von der Natur und ihren Zyklen. Während einer Dürreperiode warteten die Menschen auf Regen – blieb er aus, verhungerten sie. Bereits im antiken Rom kam es immer wieder zu Versorgungsengpässen: Die Bevölkerung musste auf die Getreideflotte aus Ägypten und manchmal wochenlang auf die Ausgabe der Lebensmittel warten.[16] Der Staat verteilte kostenfrei oder verbilligt Getreide, dafür gab es bis zu 200 000 Empfangsberechtigte sowie eine Warteliste. Doch wer eine

Lebensmittelmarke bekam, wurde nicht nach Bedürftigkeit entschieden sondern per Losverfahren.

Der Aufschub von Bedürfnissen gehörte für die meisten Menschen also zur täglichen Routine. Ständig waren sie dabei zur Passivität gezwungen. Bei Dunkelheit konnte man nicht arbeiten, im Winter kaum etwas ernten. Also harrte man aus, bis es hell wurde oder bis der Frühling kam. Und natürlich war Mobilität ein Fremdwort in einer Zeit, in der normale Menschen jegliche Distanzen zu Fuß zurücklegten. Wer überhaupt auf Pilgerschaft oder Reise gehen konnte, musste lange Wege in Kauf nehmen – und ständig warten. Die Rede ist hier von Tagen oder gar Wochen. Wer im späten Mittelalter aus Westeuropa ins »Heilige Land« pilgerte, fuhr zuerst nach Venedig. Von dort legte ein Schiff nach Fronleichnam ab – und manchmal noch eines im Herbst. Jedes Jahr kamen Hunderte Pilger, sie mussten teils wochenlang warten, bis die Schiffe ihre Anker lichteten. Reiseberichte[17] legen nahe, dass sie die Zeit nutzten, um Besorgungen zu machen und die Überfahrt zu organisieren. Um die Wartezeit zu verkürzen, empfahl der Mainzer Domdekan Bernhard Breydenbach den Wartenden zudem den Besuch der venezianischen Heiligtümer. In einem anderen Pilgerbericht schreibt der Kleriker Wilhelm Tzewers, dass man für die Pilgerfahrt »zwei große Säcke« brauche, »von denen einer voll Geld und der andere, größere, nichtsdestotrotz gut gefüllt mit Geduld sein sollte«[18].

Vermutlich müsste man ergänzen: Auch einen Sack voller Glück brauchte es. Denn überall lauerten Gefahren, man wusste nie, wann und ob man überhaupt ankommt. Die Menschen waren den Launen der Natur ausgeliefert. Planungssicherheit gab es kaum, waren Bauernregeln doch die wichtigste Grundlage für Wetterprognosen. Auch die Ungewissheit war also allgegenwärtig im vormodernen Leben. Weil die Erde als Scheibe galt und Naturkatastrophen als von Gott gesandt, blieb den Menschen oft nichts anderes übrig, als sich ihrem Schicksal und Gott anzuvertrauen – und so war auch das alltägliche Warten stärker von Hoffnung geprägt als heute. Vielleicht ließ sich Petrus ja doch milde stimmen und schloss die Himmelspforte wieder, um den Regen zu stoppen. Also faltete man die Hände und hoffte auf eine gute

Überfahrt, eine reiche Ernte oder die ungewisse Rückkehr des Geliebten von hoher See. Zugleich waren die häufigen Gebete auch Zeiten des Innehaltens, die dem Leben einen Rhythmus gaben.

Die Warterei jedenfalls gehörte zum Alltag – ob man wollte oder nicht. Die Historikerin Gabriela Signori schreibt dementsprechend: »Warten dürfte im Mittelalter eine Kulturpraxis gewesen sein, über die man nicht spricht oder schreibt, weil man dauernd warten musste.«[19] Das bedeutete wohl auch: Während das Warten für sächsische Adelige ein Kriegsgrund war und für königliche Boten Unterwerfung bedeutete, beschwerten sich zumindest die einfachen Menschen kaum darüber.[20] Auch der Geschichtsprofessor Grischa Vercamer schreibt, dass das Warten ein Umstand war, »der im Leben des mittelalterlichen Menschen alltäglich war und den man einfach hingenommen hat, ohne groß darüber zu klagen«. Letztlich blieb der großen Mehrheit der Menschen auch nichts anderes übrig: Es gab schließlich keine Beschwerdestelle, wenn einen der Lehnsherr wieder mal zu lange warten ließ. Es gab kaum Ablenkung, keinen Strom, keine Unterhaltungselektronik, keine schnellen Verkehrsmittel. Die meisten Menschen konnten nicht einmal lesen, um die Wartezeit zu verkürzen. Zum Warten gehörte also auch der Leerlauf.

Und so machte man aus der Not eine Tugend: Der Zeitforscher Karlheinz Geißler erinnert daran, dass »Geduld, Gelassenheit, Beharrlichkeit und auch Langsamkeit«[21] in fast allen Hochkulturen »Zeichen der Würde, der Klugheit und der Selbstachtung« waren. Der Historiker Otto Borst wiederum notiert in seinem Werk *Alltagsleben im Mittelalter*: »Dem Phänomen der Bewegung steht man mit einiger Gleichgültigkeit gegenüber. Man interessiert sich nicht für das, was sich bewegt, sondern was ruht. [...] der befremdlichen Ruhe entspricht das stumme Da-Sein von Zeit: geduldiges Warten, Beharrlichkeit, Wiederholung.«[22]

All das heißt nicht, dass die Menschen die Aufschübe immer stoisch hingenommen hätten. Ständig mussten sie auf Lebensnotwendiges warten. Seit Anbeginn seiner Tage muss der Mensch seine Bedürfnisse befriedigen, und gerade in Zeiten der Entbehrung nimmt man, was man kriegen kann, anstatt lange darauf zu warten. Das Leben war meist harte Arbeit. »Wenn der Landmann auf eine gute Ernte wartet«, notierte Margarethe von Sydow 1921 in ihrem *Büchlein vom Warten*, dann »tut er das nicht, indem er müßig steht […]. Sondern sein Warten ist Arbeit, und seine Arbeit ist Warten – Pflegen.«[23] Wir sollten uns also davor hüten, die Vergangenheit als idyllisch zu verklären, in der die Leute immer geduldig abgewartet hätten. Zumal das Leben früher durchaus auch schnell sein konnte. Drohte Regen, legten die Bauern mit der Heuernte natürlich einen Zahn zu. Der große Prediger des 13. Jahrhunderts, Berthold von Regensburg, verlangte von den Gläubigen: »Schnell, schneller zur Buße […] – und andernfalls in die Tiefe der Hölle!«[24] Schon 1670 schrieb der Philosoph und Mathematiker Blaise Pascal in seinen *Gedanken* (frz. *Pensées*) über eine »mannigfaltige Unruhe der Menschen«[25]. Dennoch scheint die Zeit beim Warten kaum eine Rolle gespielt zu haben – geschweige denn der Zeitverlust.[26]

3. 123 Jahre warten – die Sprachgeschichte im Grimm'schen Wörterbuch

> *lang warten ist verdrißig, es macht aber die leut witzig.*[27]
> Sprichwort aus dem Grimm'schen Wörterbuch

Wie haben die Menschen früher gewartet und welche Rolle spielte dabei die Zeit? Ein Blick in das inzwischen fast schon in Vergessenheit geratene Mammutwerk der Gebrüder Grimm kann uns nützliche Hinweise auf die Beantwortung dieser Frage geben.

Die fleißigen Brüder

Ihrer Nachwelt sind die Brüder Grimm vor allem als Märchensammler bekannt. Ihre Leidenschaft indes galt der Sprachforschung – und so beschlossen Jacob und Wilhelm 1838, das aus heutiger Sicht wichtigste historische Wörterbuch der deutschen Sprache zu verfassen. In einer Zeit, in der immer mehr Menschen lesen konnten und die Bedeutung der Sprachwissenschaft zunahm, machten sich die auch politisch engagierten Tausendsassas mit großem Optimismus an die Arbeit: »Wenn wir beide vier Jahre der Sache täglich zwei Stunden widmen, u. ich will gerne fleißig seyn, so glaube ich, kommen wir zum Ende«[28], meinte der jüngere Wilhelm. Eine fundamentale Fehleinschätzung, wie sich zeigen sollte. In den ersten Jahren häuften die Brüder gemeinsam mit etwa 80 Mitarbeitern rund 600 000 mit Gänsefeder und Tinte beschriebene Belegzettel an, sie sammelten Sprichwörter, wälzten Bücher und Zeitschriften und suchten nach vergessenen Wörtern. Ihre Recherchen reichen bis ins 8. Jahrhundert zurück. Aber erst 1854 erschien der erste Band des Wörterbuchs. Wilhelm vollendete zu Lebzeiten den Buchstaben »D«, Jacob verstarb ausgerechnet beim Verfassen des Beitrags zur »Frucht« – bereits 1838 bezeichnete er das Wörterbuch als »frucht unsrer Verbannung«[29].

Auch die Nachwelt musste noch lange auf das Mammutwerk warten. Erst im Januar 1961, also nach 123 statt der prognostizierten vier Jahre, wurde die Gesamtausgabe durch den Einsatz unermüdlicher Forscher fertiggestellt, die mit ihrer leidenschaftlichen Arbeit über die eigene Lebensspanne hinausdachten. Die 32 veröffentlichten Bände[30] umfassen insgesamt 33 872 Seiten. Entstanden ist ein sprach- und kulturhistorisches Zeugnis von unschätzbarem Wert, das einmalige Einblicke in die Geschichte der deutschen Sprache gewährt – und damit auch in den Alltag der Menschen. Denn bereits Jacob Grimm wusste: »Unsere Sprache ist auch unsere Geschichte.«[31]

Der Wärter wartet auf der Warte

Der Eintrag zu »warten«, der 1922 erstmals erschienen ist, umfasst immerhin 21 Seiten. Dort erfährt man, dass »warten« ursprünglich meinte, »seinen blick auf etwas« zu richten. Davon zeugt bis heute die »Warte« als Beobachtungsposten. Die aus dem Althochdeutschen stammende Bedeutung fand bis ins 16. Jahrhundert Verwendung – und wandelte sich bereits vorher in »seine aufmerksamkeit worauf richten«. Das konnte auch bedeuten, sich über etwas zu vergewissern, jemandem aufzulauern oder etwas zu bewachen. Noch heute ist der »Wärter« ein Aufpasser.

Daraus wiederum etablierte sich im 14. und 15. Jahrhundert die Bedeutung »sich pfleglich einer person oder sache annehmen«. Vor allem kümmerte man sich um seine Mitmenschen. Diese Fürsorge beruhte auf der »vorstellung des liebevollen betrachtens«. Und so sollten Frauen wie selbstverständlich dasjenige »warten«, was ihre Männer besonders liebten. Dieser männliche Chauvinismus findet seinen Ausdruck etwa im *Weiberspiegel* von Johann Barth, einem »sittenbuch für frauen« aus dem 16. Jahrhundert. Die Idee des Wartens als Pflege ist heute mitunter immer noch gebräuchlich – allerdings warten wir interessanterweise keine Menschen mehr, sondern nur noch Maschinen.

Eine weitere Verwendungsweise, die etwa bis ins 17. Jahrhundert benutzt wurde, klingt in manchem dieser Beispiele bereits an, denn wer jemanden pflegt, schaut nach dieser Person – und dient ihr. So lässt sich auch verstehen, wie man noch heute seinen Gästen »aufwarten« kann. Ursprünglich stammt diese Bedeutung wohl aus dem Krieg, wo der treue Gefolgsmann »im gefecht auf seinen herrn sieht und ihm überallhin folgt«.

Warten in der neuen Zeit

Erst ab dem 14. Jahrhundert tritt allmählich die heute so wichtige Zeitangabe hinzu und lässt das Warten eine neue Bedeutung annehmen: »das verweilen, verziehen [...] was durch bîten und später auch harren ausgedrückt wird«. Während wir manchmal noch der Dinge harren und ab und an sogar verweilen, aber kaum noch »verziehen«, wenn wir etwas verzögern, »bîten« oder »beizen« wir gar nicht mehr. Dieses Alt- und Mittelhochdeutsche Wort war bereits zu Zeiten der

Brüder Grimm weitgehend ausgestorben. Ursprünglich hatte »beiten« nichts mit beten zu tun, sondern gemeint war, an einem Ort zu verweilen, dort zu wohnen und schließlich auch zu warten – durchaus mit einer positiven Konnotation, wie etwa in dem alten Sprichwort deutlich wird: »beiten, bis im gebraten enten in das maul fliegen«.[32]

Die heutige Verwendungsweise des »Wartens« ging schließlich aus der Vorstellung hervor, einem Kommenden entgegenzusehen. Man erwartete das, worauf man blickte – und man hoffte, dass es eintritt oder eben ausbleibt, je nachdem, ob man auf etwas Schönes oder Schlimmes wartete. Im Spanischen und Portugiesischen ist das noch immer so, dort wird »warten« und »hoffen« mit demselben Verb übersetzt: esperar. Dabei verweist der Ausspruch »des glücks warten« darauf, dass man sich um jenes Glück, auf das man hofft, kümmert. Demgegenüber schließt die Erwartung aber auch an die noch heute für das Warten charakteristische Passivität an: »Wer einem kommenden entgegensieht, pflegt stehen zu bleiben, bis dieser eintrifft.« Wie lange man dort stand, spielte einst aber keine besondere Rolle. Weder beim »warten« noch beim »beiten« oder dem »harren« ist im Grimm'schen Wörterbuch von Zeitverlust oder Zwang die Rede. Heute ist das anders. Mit Hoffnung, dem gelassenen Verweilen oder einem heimeligen Warteort, mit dem Dienen und der pfleglichen Fürsorge hat das Warten kaum mehr etwas zu tun. Dafür aber mit verlorener Zeit.

4. Die Geschichte der Uhr und der Zeit

> *Die Uhr, nicht die Dampfmaschine,*
> *ist die wichtigste Maschine des Industriezeitalters.*[33]
> Lewis Mumford

Wie also kam die Zeit ins Warten? Und was ist das überhaupt: »Zeit«? Ist sie etwa nur ein Konstrukt und braucht die menschliche Anschauung, um vergehen zu können? Oder steht sie doch über den Dingen und strukturiert ihren Ablauf? Über diese Fragen streiten seit jeher die

Gelehrten. Für den Kirchenvater Augustinus (354–430) war die Zeit von Gott geschaffen, genauer vermochte es aber auch der Bischof von Hippo nicht, die Zeit zu bestimmen: »Wenn niemand mich danach fragt, weiß ich es; wenn ich es einem Fragenden erklären will, weiß ich es nicht.«[34] Ebenso ging der Schriftsteller Thomas Mann dieser großen Frage in seinem *Zauberberg* nach. Seine Antwort: »Ein Geheimnis, – wesenlos und allmächtig.«[35] Ähnlich ratlos gaben sich andere Denker. Als die Wochenzeitung *Die Zeit* zu ihrem zehnjährigen Jubiläum 1956 die Frage stellte, »Was ist die Zeit?«, musste der Philosoph Martin Heidegger zugeben: »Man könnte meinen, der Verfasser von ›Sein und Zeit‹ müßte dies wissen. Er weiß es aber nicht, so daß er heute noch fragt.«[36]

Doch die Zeit schafft neben der Verwirrung auch Ordnung – darauf deutet bereits das Mittel- und Althochdeutsche Wort »zît« hin, das ursprünglich »Abgeteiltes, Abschnitt«[37] bedeutete. In diesem Sinne soll der Physiker John A. Wheeler die Frage nach dem Wesen der Zeit in den 1970er-Jahren gerne mit dem Verweis auf ein Graffito in einer Herrentoilette beantwortet haben. Dort stand geschrieben: ›Time is nature's way to keep everything from happening all at once.‹[38] Der Philosoph Henri Bergson wiederum findet, die Physik behandele die Zeit fälschlicherweise wie den Raum: als objektive Größe, die in voneinander getrennte Abschnitte aufteilbar sei. Doch dabei verkennen wir die eigentliche Qualität der Zeit als stetigen Fluss der Veränderung: »Es ist gerade diese unteilbare Kontinuität von Veränderung, die die wahre Dauer ausmacht.«[39]

In jedem Fall glaubte sogar der große Physiker Albert Einstein, dass »die Scheidung zwischen Vergangenheit, Gegenwart und Zukunft nur die Bedeutung einer wenn auch hartnäckigen Illusion«[40] habe. Trotz all dieser unterschiedlichen Meinungen scheint heute alles ganz einfach zu sein: Zeit ist, was die Uhr misst. Doch das war nicht immer so.

Die Zeit der Sonne

Während das »okkasionelle«[41] Zeitverständnis bloß zwischen »Jetzt« und »Nicht-Jetzt« unterscheidet, begannen Menschen schon vor Jahrtausenden, die Zeit zu bestimmen. Der erste Zeitmesser der Welt war ein Stock, den man in die Erde steckte – die Sonnenuhr. Doch bei Nacht oder Nebel konnte gar nichts gemessen werden. Ähnlich ungenau und zudem aufwendig in der Herstellung waren Wasseruhren, weshalb sie vor allem Herrscherhöfe und Gotteshäuser schmückten. Die Zeit aber lag in Gottes Hand und besonders das bäuerliche Leben war über Jahrtausende geprägt vom Rhythmus der Sterne und vom Zyklus aus Tag und Nacht, aus Sommer und Winter, Regen- und Trockenzeit. Auch die Kalender waren Ausdruck der ständigen Wiederkehr. Der »Nilometer« in Ägypten sollte den Lauf des Flusses abbilden, andere am Mond orientierte Kalender wurden eingeführt, um religiöse Riten einzuhalten. Der Wochenzyklus wiederum diente dazu, regelmäßige Zusammenkünfte wie Märkte zu organisieren. Da variierte natürlich auch die Wochenlänge: Die Inka hatten eine Zehn-Tage-Woche, ihre Nachbarn, die Muysca, eine Drei-Tage-Woche. Im Mittelalter spielte der Kalender für die Aussaat eine Rolle, aber auch der Kirchenfeste wegen. Etwa 70 bis 100 Feiertage gab es im angeblich so finsteren Zeitalter – Sonntage nicht mitgerechnet. Weil der von Julius Cäsar eingeführte Kalender übrigens etwa elf Minuten länger war als das Sonnenjahr, wurde er im 16. Jahrhundert durch den noch heute in vielen Teilen der Welt gültigen gregorianischen Kalender ersetzt, indem auf einen Schlag einfach zehn Tage übersprungen wurden.

Für Verabredungen eignete sich der Kalender aber nur bedingt. Man traf sich, wenn die Sonne am höchsten stand, in der Abenddämmerung oder besser noch im Morgengrauen. Dazu gehörte das Warten – schließlich konnte man gar nicht fünf oder 20 Minuten zu spät kommen, als es noch keine Schweizer Uhren gab. Der Zeitforscher Robert Levine erzählt die Geschichte eines mittelalterlichen Duells in der Stadt Mons, das wie üblich im Morgengrauen beginnen sollte. »Der pünktlich Angekommene wartete, bis seiner Meinung nach die neunte Stunde (Mittag) angebrochen war, die die geforderte Wartezeit […] markierte. Er bat dann darum, die Feigheit seines Konkurrenten amtlich festzustellen.« Doch die Schiedsrichter waren sich auch nach längeren Beratungen uneinig. »Schließlich wurde ein Gericht zusammengerufen, das nach der Diskussion der Beweise – dem Stand der Sonne, der Befragung der Kleriker […] und einer leidenschaftlichen Debatte – die Feststellung, es sei die neunte Stunde gewesen, anerkannte.« Der Kläger wurde als Sieger ausgerufen, während man den Nichterschienenen als Feigling ächtete.[42]

Das Leben galt einst als immerwährender Wandel zwischen dem Werden und Vergehen, zwischen den Ereignissen und dem Warten darauf. Und so waren womöglich sogar Bewegung und Stillstand keine Gegenpole, sondern vielmehr ineinander verwoben – darauf deutet zumindest das antike ägyptische Wort »sjn«[43] hin: Es bedeutet sowohl »warten, träge sein« als auch »eilen, schnell sein«. Ebenso kommt das deutsche Verb »zögern« von »ziehen« und meinte, sich »wiederholt hin und her«[44] zu bewegen. Ob langsam oder schnell, das Warten gehörte einfach zum Lauf der Dinge dazu und war fester Bestandteil der Erfahrungswelt: Wie lange man im Sommer auf den Regen wartete, das wusste man aus all den Jahren zuvor. Wie lange der Lehnsherr einen hinhält? Nun ja, hoffentlich nicht länger als beim letzten Mal. Die Erfahrungen wiederholten sich und an ihnen orientierten sich die Erwartungen. Sie waren in einer Welt ohne Fernseher und Internet, ohne Wetterprognose und ohne Uhr durch das geprägt, was man sah und roch, was man erlebte und manchmal auch zugetragen bekam. Heute bezeichnet man diese ewige Wiederkehr als zyklisches Zeitbewusstsein – im Gegensatz zum linearen Konzept, in dem die Zeit immer weiter voranschreitet.

Manche Forscher glauben, dass stets beide Vorstellungen zugleich existiert haben[45] – dennoch dominierte lange das zyklische Verständnis, in manchen Gegenden der Welt hat es sich bis heute gehalten. Anders in Europa – dort erfuhr die lineare Zeit erstmals mit dem Erlösungsgedanken der monotheistischen Religionen eine wirkungsmächtige Verbreitung. Die christliche Geschichte beginnt mit der Erschaffung der Welt und endet mit der Erlösung, auf die man wartet.

Das änderte zunächst aber wenig am alltäglichen Zeitverständnis, es war weiterhin zyklisch geprägt und wurde durch Arbeit und Tradition, durch Landwirtschaft und religiöse Pflichten bestimmt. Die Zeit war also an sozialen und natürlichen Ereignissen ausgerichtet.

Die Zeit der Menschen

Das Gegenteil dieser »Ereigniszeit« ist die Uhrzeit.[46] Sie wird seit dem späten Mittelalter zum neuen Fixpunkt des menschlichen Universums – und zum Motor der linearen Zeitvorstellung. Das Bedürfnis nach einer exakten Zeitmessung hatten bereits die Mönche: Im 6. Jahrhundert stellte Benedikt von Nursia strenge Klosterregeln auf – unter anderem mussten die Ordensbrüder feste Gebetszeiten einhalten. Doch ihre Öllampen und Sonnenuhren waren dafür zu ungenau. Ausgerechnet in den Klöstern versuchten die Menschen also, Gott die Zeit zu entreißen – um ein gottesfürchtiges Leben zu führen. Wo und von wem die mechanische Uhr erfunden wurde, lässt sich nicht genau nachvollziehen. Frühe Spuren führen unter anderem ins China des 8. Jahrhunderts. Der Siegeszug der modernen Uhr beginnt aber in Europa, vermutlich in einem norditalienischen Kloster um 1300.

Im Laufe des 14. Jahrhunderts erhielten die ersten europäischen Städte eine Uhr. Von Kirch- und Stadttürmen aus verkündeten sie von da an die Zeit – und prägten die städtische Identität: Händler pochten auf Einhaltung von Fristen, der Verkauf auf den Märkten wurde vom Glockenschlag eingeläutet. Aus der »Zeit der Kirche« wird die »Zeit des Kaufmanns«[47], die Uhr entkoppelte das Leben vom Rhythmus der Natur. Allerdings waren die ersten mechanischen Zeitmesser nicht nur sehr ungenau und mit enormem Wartungsaufwand verbunden, sondern sie konnten auch bloß die Stunden messen. Doch schließlich verhalf ihnen die Erfindung der Pendeluhr Mitte des 17. Jahrhunderts zum Durchbruch. Damit begann eine neue Epoche: Die Uhr markierte den Übergang zum maschinellen Zeitalter, es war die »Geburtsstunde der Moderne«[48]. Doch was genau macht dieses neue Zeitalter aus?

Europa auf dem Weg in die Moderne

Das Jahrhundert zwischen 1750 und 1850 wird vom Historiker Reinhart Koselleck als »Sattelzeit«[49] beschrieben, als Schwelle zur Moderne. Die Industrialisierung und damit verbundene wichtige Erfindungen etwa des mechanischen Webstuhles oder der Dampfmaschine[50], aber eben auch die Uhr veränderten das Leben rasant. Spürbar wurde das zuerst in den schnell wachsenden Städten, wo rauchende Schornsteine von nun an den Alltag bestimmten.

Der Fortschritt sollte den Menschen Reichtum bringen und sie von Hungersnöten und Seuchen befreien. Ebenso sollten die gesellschaftlichen Umbrüche zur Befreiung beitragen: Säkularisierung und Demokratisierung, Aufklärung und Liberalismus waren angetreten, alte Mächte und mythische Dämonen zu vertreiben und die Allmacht der Kirche zu brechen. So stärkten etwa die »Glorious Revolution« in England, die amerikanische Unabhängigkeitserklärung und die Französische Revolution die Ideen der Freiheit und Gleichheit – allerdings nur in Europa. In den Kolonien wurden Menschen weiterhin brutal unterdrückt.. Der Individualismus stellte zudem den einzelnen Menschen in den Mittelpunkt, aus Leibeigenschaft und Ständegesellschaft entstand die moderne bürgerlich-kapitalistische Ordnung. Ihre großen Verheißungen sind bis heute Wohlstand, Wachstum und Mobilität.

Geschichte wurde nun als Treppe verstanden, auf der wir stets einen Schritt weiter nach oben gehen. Sie wird damit nicht nur zum linearen, sondern auch zu einem offenen Prozess, in dem der rationale Fortschrittsglaube die christliche Heilserwartung ersetzt. Das Ende der Ohnmacht schien also zum Greifen nahe. An ihre Stelle, so das große Versprechen der Moderne, würden Freiheit und Selbstbestimmung treten. Durch die Entzauberung der Welt[51] sollte das Leben planbar werden – und die Natur beherrschbar.[52]

Während Menschen früher also unwissend warten mussten, bis der Regen fiel oder das Unwetter vorbei war, dürfen wir heute erwarten, dass um 15 Uhr die Sonne scheint, dass am 29. Oktober das Kind geboren wird und dass die Pflanze 72 Tage nach der Aussaat erste Früchte trägt. Mit dieser neuen Erwartungshaltung verändert sich in der Moderne auch das Warten. Der ungeplante Aufschub sollte fortan aus dem Leben verschwinden. Heute denken wir in Stunden, Minuten und Sekunden – und nicht mehr in Tagen oder Wochen. Der beim Warten längst selbstverständliche Blick auf die Uhr war mit ihrer Erfindung erstmals in der Geschichte möglich. Erst die kleinteilige Zeit aber macht das kurzweilige Warten überhaupt fühlbar – und die Pünktlichkeit wichtig. Kurzum: Erst seit die Zeit in die Uhr gepresst wird, kann Wartezeit überhaupt zu »verlorener Zeit« werden. Damit bestimmen aber auch »Zeitdruck« und »Zeitverschwendung«[53] zunehmend unser Leben.

Der Kampf um die neue Zeit

Die Menschen kontrollierten nun also die Zeit. Doch bald sollte die Zeit – oft im Namen der Mächtigen – die Menschen kontrollieren. Obwohl Uhren immer genauer[54] und zahlreicher wurden, gab es noch zwei Hindernisse auf dem Weg zu ihrer totalen Herrschaft: die Widerstände gegen die neue Zeit sowie deren fehlende Standardisierung. Alleine in den Vereinigten Staaten gab es in den 1860er-Jahren noch über 70 Zeitzonen. Bereits ab Mitte des 19. Jahrhunderts fuhren Eisenbahnen in England aber mit genauen Fahrplänen und setzten so neue Maßstäbe. 1883 führte die Eisenbahngesellschaft in den USA schließlich die vier noch heute gültigen Zeitzonen ein, um auf deren Grundlage einheitliche Fahrpläne erstellen zu können. Vorangetrieben wurde die Vereinheitlichung der Zeit vor allem durch jene, die daran ein wirtschaftliches oder wissenschaftliches Interesse hatten: etwa durch die Betreiber der Zentraluhren also, mit denen andere Uhren synchronisiert wurden. Einer dieser Pioniere war Samuel P. Langley, der die

Telegrafengesellschaft Western Union überredete, sein Observatorium mit der Stadt Alleghany zu verbinden, an die er seine Zeitsignale dann verkaufen konnte. In Werbekampagnen setzten sich Langley und seine Konkurrenten für die moralische und ökonomische Überlegenheit der Pünktlichkeit ein. Für die neue Tugend machten sich ebenso Uhrenproduzenten und die »International Time Recording Company« stark, die praktisch das Monopol für Stechuhren innehatte. Später sollte aus dem Unternehmen der IT-Riese IBM hervorgehen. Ab 1884 wurde schließlich die Weltzeit eingeführt.

Doch die Veruhrzeitlichung des Lebens wurde nicht nur als Befreiung ersehnt, sondern zugleich als Unterjochung verteufelt. Viele Menschen fühlten sich durch die Uhr in ihrer Freiheit beschnitten. Arbeiter wehrten sich in den Fabriken angeblich gegen die Standardisierung der Zeit, indem sie Werksuhren zerstörten und dafür bestraft wurden.[55] Wichtiger noch als der Zwang scheint zur Durchsetzung der neuen Zeitrechnung aber ihr tagtägliches Einstudieren – mit Fahrplänen, Öffnungszeiten und Verabredungen, mit dem Gong in der Schule, dem Morgenappell in der Kaserne, den Behandlungszeiten im Krankenhaus und der Stechuhr in der Fabrik.[56]

5. Moderne Wartesäle

Durch die Eisenbahnen wird der Raum getötet,
und es bleibt uns nur noch die Zeit übrig.[57]
Heinrich Heine

Obwohl es vor allem die naturgegebenen Bedingungen waren, die Menschen früher zum Warten zwangen, gab es natürlich auch damals schon menschengemachte und systembedingte Wartezeiten. Denken wir nur daran, wie Herrscher andere warten ließen, um ihre Macht zu demonstrieren. Oder an das Warten auf die Getreidelieferung im antiken Rom. Dort konnte es auch an Wahltagen zu langen

Wartezeiten kommen: So versammelten sich beispielsweise bei Konsulwahlen[58] zunächst Zehntausende Stimmberechtigte. Zur Abgabe ihrer Stimmtafel mussten sie dann nacheinander über eine schmale Brücke gehen. Stau war also vorprogrammiert.

Doch solche Szenarien waren eben die Ausnahme – erst in der Moderne wurden sie zur gängigen Erfahrung. Nicht mehr die Natur ist nun das Bezugssystem, sondern die Gesellschaft – wir warten heute auf den Zug statt auf das Wetter. Mit der enormen sozialen Differenzierung wurden also auch Organisationsdefekte und sozial bedingte Wartezeiten für die Mehrheit der Menschen zum Alltagsgeschäft. Der Reibungsverlust gehört schlicht zur Logistik einer komplexen Gesellschaft dazu. Und überall dort, wo seit der Industrialisierung viele Menschen auf engem Raum lebten und wo es dank des Fortschritts nun auch etwas zu kaufen gab, musste man sich ab sofort hinten anstellen. So wurde auch das Wartezimmer in der Moderne zum prägenden Ort des Alltags – wenngleich es bis heute nicht nur gerne gemieden, sondern in der Kulturgeschichte auch meist übersehen wird. Im Französischen wurden größere Wartehallen übrigens »Salle des pas perdues« genannt: Saal der verlorenen Schritte.

Die Verkehrsrevolution

Der vielleicht größte Verursacher »systemischer« Wartezeiten ist bis heute jedoch das Transportwesen. Mit den Eisenbahnen begann in der ersten Hälfte des 19. Jahrhunderts die große Verkehrsrevolution. Sie sind Dreh- und Angelpunkt der Industrialisierung und haben die Welt für ein Massenpublikum erschlossen – zugleich aber machen sie die Dialektik des modernen Fortschritts deutlich, denn seit Anbeginn war die Beschleunigung untrennbar mit dem Warten verbunden. An den neu gebauten Bahnhöfen versammelten sich Tausende Menschen – doch ihnen fehlte die Routine, um sich ohne Weiteres in den organisatorischen Ablauf einzufügen. Wenn der Zug nicht gerade Verspätung hatte, kamen die Passagiere zu spät, an Bahnhöfen herrschte in den Pionierjahren der Dampflocks oft Chaos. Es gab wenig klare Regeln, kaum abgetrennte Wartebereiche – und die Uhren gingen ohnehin oft ungenau.

Das moderne Warten, das heute Teil unseres Alltags ist, resultiert also seit Anbeginn auch aus einem Organisationsproblem: Wie sollten all die Menschen mit den Anforderungen eines komplexen Systems synchronisiert werden? Zugleich veränderte sich die Art und Weise des Wartens radikal: Es war nun kürzer, planbarer – und vor allem harmloser als früher. Schließlich ging es dabei nicht mehr um die überlebenswichtige Ernte oder die Rückkehr eines geliebten Menschen von hoher See. Das neue Warten drehte sich vielmehr um etwas Positives: um die Erweiterung der persönlichen Mobilität. Und so war die Warterei für viele Menschen zunächst Teil von etwas Großem, Aufregendem. Reisende kamen eigens früher an die Bahnhöfe, nur um voller Stolz die neue Technologie hautnah zu erleben, bevor die Reise wirklich losging. Warten hieß Ausschau halten und staunen.

Weil also immer mehr Menschen in die Bahnhöfe strömten, mussten die Abläufe besser koordiniert werden. Diese organisatorische Mammutaufgabe wurde durch riesige Warteräume bewältigt, die schon bald die größte Fläche im gesamten Bahnhofsgebäude einnahmen. Weil die Züge nicht auf die Menschen warten konnten, mussten die Menschen eben auf die Züge warten. Niemand durfte fortan einfach so zum Gleis gehen, sondern Fahrgäste mussten bis kurz vor der Abfahrt in den Wartehallen bleiben. Der Mobilitätsforscher Robin Kellermann spricht in diesem Zusammenhang von einem »Warteimperativ«[59]: Wer nicht bereit war, sich in den Warteraum zu begeben, durfte nicht mitfahren.

Dadurch wurden die Menschen vor große Herausforderungen gestellt: So ungewohnt es gewesen sein muss, sich mit 30 oder 40 Kilometern pro Stunde durch die Landschaft zu bewegen, so neuartig war es, 20 oder 30 Minuten einfach nur abwarten zu müssen, bis es endlich losging. Das Stillstehen war wohl so anstrengend wie die Reise selbst. Die Zeit rückte dabei unweigerlich in den Fokus der Aufmerksamkeit:

Sie wurde den Menschen ungefragt geschenkt – längst empfinden wir dieses Geschenk als vergiftet. Doch schon in den Bahnhöfen des späten 19. Jahrhunderts herrschte bald nicht mehr nur Vorfreude, sondern auch Anspannung, Unruhe und Ungeduld. Um sich abzulenken, begannen die Menschen beim Warten zu lesen. Der »Warteimperativ« wurde zum »Tätigkeitsimperativ« – und schließlich zu einem »Trinkimperativ«. In den Warteräumen eröffneten Restaurants, die »Warteökonomie« entwickelte sich und mit ihr die bis heute gängige Praxis, Pausen für den Konsum zu kommerzialisieren.

Zur Wende vom 19. zum 20. Jahrhundert kippte die Einstellung zum Warten dann endgültig. Die neue Bahnhofsarchitektur war steingewordener Ausdruck dieses Wandels: Einst monumentale Wartesäle wurden nun baulich an den Rand gedrängt. Während sich Passagiere früher in den großen Wartebereichen sammelten, verkamen diese mehr und mehr zu Orten der Erholungsbedürftigen und Gestrandeten. Die neuen Bahnhofshallen, wie wir sie noch heute kennen, sind zugleich Wartehalle und Durchgangsbereich, aus Orten des Stillstandes wurden Orte der Bewegung. Die Menschen wollten nicht mehr bevormundet werden – und fanden nun ganz im Zeichen der Zeiteffizienz selbstständig ihren Weg zu den Gleisen. Am besten ohne verlorene Schritte und mit so wenig (Warte-)Zeit wie möglich. Das Warten, diese einst obligatorische Aufgabe, wurde zunehmend als Problem angesehen: von den Bahnhofsplanern, aber auch von den Wartenden selbst.

III. Im Rausch der Geschwindigkeit

Wir haben keine Zeit, obwohl wir sie im Überfluss gewinnen.[1]
Hartmut Rosa

Aus der leichten Verstimmung ist heute eine schwere Allergie geworden. Egal, ob wir auf die Bahn oder unsere Chefin, auf einen verspäteten Bekannten oder einen Anruf warten – es ist mitunter kaum erträglich. Dabei müsste doch eigentlich das Gegenteil der Fall sein, schließlich hat das alltägliche Warten zumindest für Menschen im Globalen Norden seinen bedrohlichen Charakter weitgehend verloren. Es ist zum Luxusproblem geworden. Doch auch harmlose Zwangspausen können viele Menschen zur Weißglut treiben.

Selbst an Tagen ganz ohne Termindruck machen sie uns ungeduldig und nervös. Und mal ehrlich: Wer wartet schon gerne? Laut einer Studie[2] aus dem Jahre 2016 nehmen Deutsche Wartezeiten als größtes Ärgernis im Alltag wahr. Mehr als 55 Prozent regen sich darüber auf. Aber auch in anderen Teilen der westlichen Welt gilt das Warten als höchst anachronistisch. Ob an Bahnhöfen oder Bushaltestellen, an der Supermarktkasse oder im Wartezimmer, überall das gleiche Bild: genervte Menschen, entnervte Blicke, verärgerte Gesichter. Ständig schauen wir auf die Uhr – paradoxerweise scheint sie dadurch noch langsamer zu ticken. Manche Menschen tun auch so, als würde sie das alles nichts angehen – aber auch sie würden lieber aktiv sein und selbst entscheiden, was sie tun. Doch gerade, wenn wir zum Anhalten gezwungen sind, spüren wir, wie die große Verheißung der Moderne in der Zeit zerrinnt: unsere Selbstbestimmung. Das Warten lässt sich erst vor diesem Hintergrund als Kränkung des modernen Menschen verstehen, der im neuen Zeitalter selbst über seine Zeit verfügen will, statt sich der Natur oder seinen Mitmenschen oder irgendeinem verspäteten Bus unterzuordnen. In diesem Sinne kann man die Corona-Pandemie als massive Kränkung für unser Ego bezeichnen – als großen Affront gegen unsere vermeintliche Unverwundbarkeit.

In ihrem zärtlich-aphoristischen Buch über das Warten bezeichnet die Journalistin Andrea Köhler die Moderne als Prozess der »Verkürzung von Wartezeiten«[3]. Zumindest ist dies das epochale Versprechen: die reibungslose Gesellschaft, ganz ohne unnütze Wartezeiten. Dahinter steckt die typisch moderne Sehnsucht, dass wir letztlich nicht nur mehr Freiheit gewinnen und dadurch ein besseres Leben führen, sondern dass uns auch das zuteil wird, wovon die allermeisten gerne mehr hätten, aber zugleich einen chronischen Mangel verspüren: Zeit. Sie ist das höchste Gut unserer Epoche – und gleichzeitig das knappste. Diese Erfahrung machen zunächst einmal fast alle Menschen im Laufe ihres Lebens: Je älter wir werden, desto schneller scheint die Zeit zu vergehen. Doch die rasende Zeit ist eben mehr als eine bloß individuelle Erfahrung, sie ist zur allgegenwärtigen Metapher unserer Epoche geworden.

Während sich 1965 noch 24 Prozent der 18- bis 64-Jährigen US-Amerikaner*innen »immer« in Eile und unter Zeitdruck wähnten, stieg ihre Zahl bis 1995 auf 33 Prozent an.[4] Ähnlich knapp ist die Zeit in Deutschland bemessen: In einer Erhebung des Statistischen Bundesamtes gaben 2012 nur 36 Prozent der Väter und 52 Prozent der Mütter an, »ausreichend« Zeit für ihre Kinder zu haben. Für die Hausarbeit fielen die Werte noch schlechter aus. Wer nun auch noch warten muss, hat das Wettrennen mit der Uhr praktisch schon verloren.

Und obwohl wir versuchen, die kleineren und größeren Zwangspausen irgendmöglich zu verkürzen, wird die Zeitnot nicht kleiner. Es ist eine der größten Paradoxien der Moderne: Während alles immer schneller läuft und fährt und fliegt und wir damit eigentlich Zeit einsparen müssten, während sich die durchschnittliche Lebenserwartung in den letzten 150 Jahren mehr als verdoppelt[5] und die Arbeitszeit seither halbiert hat,[6] rennt uns die Zeit doch immer mehr davon. Warum ist das so?

1. Von der Kutsche ins Flugzeug

Rastlos und ruhelos wirst du auf der Erde sein.[7]

Buch Genesis

Raketen statt Pfeile

Wenn die Zeit rennt, rennt sie natürlich nicht wirklich. Sie muss sich nicht mal anstrengen, sondern »vergeht«, ohne sich dabei selbst zu bewegen – das fiel schon dem antiken Denker Aristoteles auf.[8] Die Zeit, so glaubte er, sei das Maß der Veränderung. Seit Einsteins Relativitätstheorie[9] vergeht sie zudem nicht mehr überall gleich schnell, sondern in Abhängigkeit von ihrer relativen Geschwindigkeit: Je schneller sich eine Uhr durch den Raum bewegt, desto langsamer tickt sie. Bewegt sich aber auch die Beobachterin der Uhr mit höherer Geschwindigkeit, tickt die Uhr für sie wieder schneller. Mit seiner Theorie widerlegte Einstein den Naturforscher Isaac Newton, der glaubte, Raum und Zeit seien unabhängige Größen. Nun ist Einsteins komplexe Theorie zwar kaum mit unserer Alltagswelt zu vergleichen, doch auch dort scheint die Zeit eine Frage der Perspektive zu sein – und auch dort hat sie mit Geschwindigkeit zu tun. Wer rennt, für den vergeht die Zeit schneller. Die Beschleunigung hat also an der Uhr gedreht. Um das zu verstehen, müssen wir begreifen, wie die Welt beschleunigt wurde. Und was dahintersteckt.

Zunächst einmal ist die Welt geschrumpft. Eine Schiffsreise nach Amerika war vor 1 000 Jahren quasi undenkbar, und noch um die Wende zum 19. Jahrhundert galt ein Monat Fahrtzeit als Rekord. Heute fliegen wir in wenigen Stunden von Europa in die USA. Relativ gesehen hat sich die Erde in den letzten gut 200 Jahren also auf etwa ein Neunzigstel ihrer ursprünglichen Größe verkleinert, weil sich das Tempo rasant erhöht hat. Seit Jahrhunderten wird alles immer schneller: der Transport von Menschen und Nachrichten, die Produktion von Gütern und womöglich auch das Leben selbst. In der Liebe ersetzt Speed-Dating langwierige Heiratsrituale, im Krieg fliegen Raketen statt Pfeile. Vom Signalfeuer brauchte es Tausende Jahre bis zur ersten gedruckten Tageszeitung. Doch trotz Extra- und Abendausgaben waren sie stets ein Medium der Verzögerung. Den Weg zur Gleichzeitigkeit im Informationsaustausch ebneten zunächst Radio und Fernsehen – heute, nur wenige Jahrzehnte später, hat ihn die Digitalisierung quasi vollendet. Ebenso rasant wie der Transport von Nachrichten hat sich derjenige von Menschen verändert. Erst kam das Rad und mit ihm der Wagen, bald wurde er von Rindern oder Eseln gezogen – wegen des Gewichts, nicht wegen des Tempos. Später übernahmen Pferde diese Rolle und bis zur Industrialisierung waren sie das Maß aller Geschwindigkeit. Dann kam die Eisenbahn, später das Automobil – und mit ihm das Versprechen des Individualverkehrs, selbstbestimmt zu reisen und nicht mehr warten zu müssen. Im Winter haben Menschen früher monatelang auf eine Überquerung der Alpen gewartet, heute sitzen wir in der Abflughalle, bis die Landebahn vom Schnee geräumt ist.

Alles veloziferisch

Seit wenigen Jahrhunderten hat sich die Frequenz bahnbrechender Erfindungen also in ungeahntem Maße erhöht. Die Folge von internationaler Vernetzung und Verflechtung ist die Globalisierung, die ihrerseits den Wandel weiter beschleunigt. Bis heute gelten diese Entwicklungen als Verheißung und Bedrohung zugleich. Die Angst vor der Geschwindigkeit indes ist schon viel älter. Kurz vor Christi Geburt verband der römische Dichter Horaz seine Forderung, den Tag zu genießen (»carpe diem«), mit einer Kritik am hektischen Leben in der Metropole Rom. Ein durchaus moderner Appell: Statt stets zum nächsten Event zu hetzen, sollten wir im Hier und Jetzt verweilen.[10] Horaz zog sich wie andere Dichter deshalb aufs ruhigere Land zurück – auch wenn er sich nie ganz vom Stadtleben trennen konnte. Für den Soziologen Georg Simmel waren knapp 2 000 Jahre später noch immer die Großstädte die Orte der Beschleunigung, wo die

»Steigerung des Nervenlebens« aus dem »raschen und ununterbrochenen Wechsel äußerer und innerer Eindrücke«[11] hervorgeht.

Ein anderer bekannter Schriftsteller notierte über das Tempo des Reisens, dass ihm dabei »Sehen und Hören verging«, weil er »diese herrlichen Gegenden mit der entsetzlichsten Schnelle und bei Nacht wie im Fluge«[12] durchreiste. Ein Flugzeug allerdings gab es da noch nicht, das rasende Gefährt war bloß eine Pferdekutsche. Damit brach Johann Wolfgang von Goethe 1786 nach Italien auf. Über anderthalb Jahre blieb er im Süden und konnte dort seine Schaffenskrise beenden – wohl auch dank etlicher Pausen und trotz aller Hast, die das Reisen für den Meister der Sprache mit sich zu bringen schien. Nach seiner Rückkehr entstand mit der Tragödie des Faust jedenfalls eines der bedeutendsten Werke deutschsprachiger Literatur – es war zugleich eine Vorahnung auf das neue Zeitalter. Faust ist eine Art Prototyp des modernen Menschen,[13] der nie zufrieden ist, immer mehr will und dafür seine Seele verkauft. Paradigmatisch ruft er: »Stürzen wir uns in das Rauschen der Zeit«.[14] Bereits vor seiner großen Reise notierte Goethe zudem: »Für das größte Unheil unserer Zeit, die nichts reif werden lässt, muss ich halten, dass man im nächsten Augenblick den vorhergehenden verspeist […] und so springt's von Haus zu Haus, von Stadt zu Stadt, von Reich zu Reich und zuletzt von Weltteil zu Weltteil, alles veloziferisch.«[15] Das ist durchaus bemerkenswert, stammt diese Klage, welche die Schnelligkeit (Velocitas) als Werk des Teufels (Luzifer) bezichtigt, doch aus einer Zeit, in der das schnellste Transportmittel Pferdekutschen waren.

Beschleunigt wird also schon lange, zumindest aus Sicht der zeitgenössischen Beobachter. Ist also auch Geschwindigkeit relativ – und die rasende Zeit eine jeder Epoche innewohnende Diagnose? Veränderung gab es gewiss schon immer. Doch Qualität und Geschwindigkeit des Wandels haben sich selbst enorm gewandelt, wie der Historiker Reinhart Koselleck beispielhaft verdeutlicht. Als wichtigstes Merkmal der Moderne macht er nicht etwa technische oder gesellschaftliche Entwicklungen aus, sondern den menschlichen Zeitbezug: Während Erfahrungen in der bäuerlich-mittelalterlichen Welt wiederholbar waren und von Generation zu Generation weitergegeben wurden, wird die moderne Zeiterfahrung dadurch hervorgerufen, »daß sich alles schneller ändert, als man bisher erwarten konnte oder früher erfahren hatte«.[16] Der rasante Wandel wird somit zum Ausgangspunkt einer neuen Erwartung, die jede bisherige Erfahrung übersteigt. Diese beschleunigte Veränderung beschrieb der Philosoph Hermann Lübbe treffend als »Gegenwartsschrumpfung«[17]. Die Statik des Altbekannten wird immer flüchtiger. Die Gegenwart schrumpft übrigens auch, wenn wir beim Warten ungeduldig aus dem Hier und Jetzt wegstreben und unser Interesse vor allem der Zukunft gilt.

Unzählige Bücher wurden in den letzten Jahrzehnten zur modernen Geschwindigkeitssteigerung geschrieben.[18] Nicht nur der Soziologe Hartmut Rosa, der als Papst der Beschleunigungskritik gefeiert wird, charakterisiert die Erfahrung einer »ungeheuren Beschleunigung«[19] dabei als konstitutives Merkmal der Moderne. Den Beginn dieser Zeitveränderung datiert er um 1750 – also noch vor der Industrialisierung. »Das Prinzip der Dynamisierung und Beschleunigung scheint somit der Kultur der Moderne von Anfang an inhärent zu sein, noch bevor es sich in ihren materialen Strukturen bemerkbar macht.«[20]

2. Fortschritt schafft Pflichten

Je mehr zeitsparende Maschinen es gibt,
desto mehr steht der Mensch unter Zeitdruck.[21]
Sebastian de Grazia

Alles wird also immer schneller – aber warum wird die Zeit deshalb knapper? Und warum haben wir trotz aller vermeintlich zeitsparenden Technologien überhaupt weniger statt mehr Zeit?

Vielleicht kennen sie im Amazonasgebiet eine Antwort auf diese Frage. Im südlichen Peru, weit ab vom Großstadtchaos, siedeln die Matsigenka, eine indigene Gemeinschaft der Arawak. Als der Anthropologe Allen Johnson in den 1970er-Jahren das Leben im Regenwald erforschte,[22] wurden Erledigungen noch zu Fuß oder mit dem Boot getätigt, gewaschen wurde mit der Hand, und was die Menschen zum täglichen Leben brauchten, hing an den Bäumen und Sträuchern. Die Matsigenka hatten pro Tag fünf Stunden mehr freie Zeit als beispielsweise Französinnen und Franzosen, die länger arbeiteten und vor allem mehr Zeit mit dem Konsum etwa von Massenmedien verbrachten. Doch auch das Waschen, Putzen und Reparieren all der gekauften Dinge kostet Zeit. Im Amazonasbecken hingegen hatten sie Besseres zu tun: Täglich verbrachten Männer im Schnitt 76 Minuten und Frauen sogar 112 Minuten mit dem Nichtstun. Allen Johnson kam somit zu dem Schluss, dass moderne Luxusgüter letztlich Zeitfresser seien. So ähnlich sieht es auch der Psychologe Robert Levine, der in seinem Buch *Eine Landkarte der Zeit* den historisch und kulturell unterschiedlichen Umgang mit der Zeit anschaulich beschreibt. Dort ist zu lesen, dass »die Industrialisierung ein evolutionäres Fortschreiten einer ›Zeitüberfluß‹ […] zu einer ›Zeitmangel‹-Gesellschaft«[23] hervorrufe. »Neuere Forschungen zeigen, daß Bauersfrauen in den zwanziger Jahren, die ohne Elektrizität auskommen mußten, deutlich weniger Zeit auf die Hausarbeit verwendeten als die Hausfrauen in den Vororten in der zweiten Hälfte des [20.] Jahrhunderts mit ihrem ganzen modernen Maschinenpark. Ein Grund dafür ist, dass fast jeder technische Fortschritt mit einer Steigerung der Erwartungen einhergeht.«[24]

Anpassungszwang und Verpassensangst

Durch neue technische Entwicklungen haben wir also immer vielfältigere Möglichkeiten. Dadurch steigen wiederum auch die Erwartungen, diese Möglichkeiten wirklich auszukosten. Und so waschen wir etwa unsere Kleidung öfter als früher, weil sich der Hygienestandard verändert hat – aber auch, weil unsere Ansprüche größer werden. Die Historikerin Karin Hausen berichtet, dass die »Große Wäsche« selbst Mitte des 20. Jahrhunderts nur alle zwei bis vier Wochen anstand.[25]

Heute läuft die Waschmaschine beinahe jeden Tag. Die Erwartungen haben sich aber auch im sozialen Miteinander verändert: Früher wurden Briefe geschrieben, und erst nach einer oder zwei Wochen setzte das Warten auf eine Antwort ein. In derselben Zeit, in der man einst einen Brief verfasste, schreiben wir heute 30 oder 40 Nachrichten – und direkt nach dem Absenden beginnt das Warten. Weil dieser Zustand aber als unzeitgemäß gilt, antworten wir möglichst rasch. Wir haben mehr Möglichkeiten, aber eben auch mehr Ansprüche, wir reisen schneller, aber weiter, wir können effizienter kommunizieren und hängen trotzdem die ganze Zeit vor dem Bildschirm.

Um nicht den Anschluss zu verlieren, müssen wir im Hamsterrad also noch schneller laufen. Der Soziologe Hartmut Rosa nennt dieses Phänomen »Anpassungszwang«. Daneben sieht er noch einen weiteren Grund für unseren Zeitdruck, für den er einen ebenso schönen wie selbsterklärenden Begriff gefunden hat: die »Verpassensangst«[26]. Umso mehr Optionen es gibt, desto mehr verpassen wir. Und mit jeder neuen Erfindung steigen die Möglichkeiten, die wir ungenutzt zurücklassen müssen. Ins Theater gehen oder ins Kino – und wenn ja, in welchen Film? Wanderurlaub im Schwarzwald oder doch auf die Kanaren fliegen? Viel Zeit geht alleine dafür drauf, aus all den Angeboten auszuwählen und das immer fluidere Sozialleben zu koordinieren. Vielleicht bleiben wir also einfach daheim und recherchieren, ob wir überhaupt noch ohne schlechtes Gewissen verreisen können.

Natürlich hat der Tag so wie früher 24 Stunden. Doch der Inhalt, den wir dort hineinpressen, wird immer mehr. Und damit verkürzt sich die Zeit, die man jeder einzelnen Tätigkeit widmen kann. Obwohl Arbeit durch den Einsatz von Maschinen oft einfacher wurde, gilt dies wegen der Arbeitsverdichtung im Job – und erst recht in der Freizeit, die ja ihrerseits eine Erfindung der modernen Arbeitsgesellschaft ist. Wer beim Fast Food mehr als fünf Minuten auf seine Bestellung wartet, verlässt besser zähneknirschend das Schnellrestaurant. Schließlich haben wir noch einiges vor. Mit dem Auto fahren wir ins Nachbardorf und auf den Biohof, der Produkte anbietet, die nicht geliefert werden. Und weil wir uns so wenig bewegt haben, gehen wir danach zum Sport. Nach dem Pilates wollen wir noch all die ungelesenen Nachrichten beantworten, unsere Lieblingsserie schauen und Zeit mit unseren Liebsten verbringen. So voll wie der Plan für den Tag ist der für das Leben.

Postmodernes Zeitmanagement

Um all das unter einen Hut zu bringen, werden Wartezeiten möglichst reduziert – und mit Aktivität gefüllt. Hier noch schnell einen Anruf tätigen, dort eine Nachricht verschicken. Es gibt immer was zu tun. Also erledigen wir die Dinge schneller oder am besten gleichzeitig. Multitasking ist also nicht etwa eine Fähigkeit, die Frauen angeblich besser beherrschen als Männer, sondern vielmehr Ausdruck der chronischen Zeitknappheit. Denn selbst wenn der permanente Aufmerksamkeitswechsel zwischen technischem Gerät und Liebespartner, zwischen Kochen, Putzen und Telefonieren, Zeit und Energie kostet, so erledigen wir die Dinge unterm Strich vermutlich doch schneller. Ständig optimieren wir also unsere Zeit – und versuchen, Reibungsverluste zu vermeiden. Denn Wartezeiten bringen uns nur in Konflikte, schließlich warten noch eine Menge wichtiger Termine und Vorhaben auf uns. Am schlimmsten aber fühlt es sich an, wenn wir unvorbereitet warten müssen, wenn uns die Kontrolle entgleitet und wir die Zeit kaum »nutzen« können, weil wir kein Buch dabeihaben und unser Smartphone keinen Saft mehr hat. Um nicht blöde herumzustehen, nehmen wir dann sogar Umwege in Kauf. Hauptsache Bewegung.

Schließlich gilt heute: »Work hard, party harder.« Aber eben auch: »Chill hardest.« Und so werben geschäftstüchtige Entschleunigungsgurus mit »digital detox«, während sich Black-Hole-Hotels ihre Funklöcher teuer bezahlen lassen. Wellnessoasen und Meditationszentren versprechen die Ruhe auf Erden – und gehören zugleich zum Turbokapitalismus wie das Bordell zur bürgerlichen Ehe. Sie sollen der Regeneration dienen, die Innovationsleistung fördern und uns im Sturm der Hektik helfen, die Anforderungen der schnellen Zeit zu bewältigen. Doch der Sturm erfasst uns danach umso härter: Wer zwei Wochen offline war, muss anschließend noch mehr Mails beantworten. Und einen Aufenthalt in diesen Oasen der vermeintlichen Langsamkeit kann sich ohnehin nur leisten, wer über genügend Kleingeld verfügt.

Letztlich sind all diese Strategien unseres Zeitmanagements eine Reaktion auf die Zeitknappheit – und erhöhen ihrerseits das Lebenstempo weiter. Vielleicht verpassen wir über all den Deadlines am Ende trotzdem das, was uns wirklich wichtig ist. Denn das Dringendste ist selten das Wichtigste.[27] Auch dies mag man als Spiegel einer schnellen Zeit begreifen. Ihr Tempo jedenfalls haben wir längst verinnerlicht. Gerne erzählen wir, wie busy wir sind. Wer keine Zeit hat, gilt schließlich als begehrt. In Zahlen lassen sich diese Entwicklungen aber kaum ausdrücken. Klar ist: Langzeitstudien, in denen antike Dichter und hochindustrialisierte Manager befragt wurden, gibt es nicht. Aber auch die aktuelle Zeitforschung gibt nur wenig her.[28] Neben Befragungen zum Stress gibt es zumindest einige weitere Anhaltspunkte: In einer groß angelegten Studie hatten Männer in den USA 1995 im Schnitt über zwei Stunden weniger für ihre Körperpflege und 1,8 Stunden pro Woche weniger für das Essen aufgewendet als noch 1985. Weil wir aber alle essen und uns waschen müssen, lässt sich daraus schließen, dass dies nun eben schneller erledigt wird.

Studien des Historikers Roger Ekirch[29] legen noch etwas anderes, Überraschendes nahe: dass Menschen bis zur Industrialisierung in zwei Schichten schliefen und dazwischen für ein oder zwei Stunden im Bett lagen, beteten, sich unterhielten, Sex hatten – oder sich, wie Don Quijote, Gedanken um die Welt machten. Oft konnte der Antiheld nicht mehr einschlafen, weil ihn seine Sorgen wach hielten. Sein Begleiter Sancho hingegen schlief durch, weshalb ihn Don Quijote der »Gleichgültigkeit«[30] beschuldigte. Heute unterliegt auch der Schlaf der Effizienz. Spätestens mit der industriellen Revolution und der Erfindung des elektrischen Lichts ist das Herumliegen im Bett zum »Zeitverlust« geworden.[31] In diesem Sinne veröffentlichte die Schriftstellerin Hannah More bereits 1830 einen Vers über das »Early Rising«:

Trägheit, du stiller Mörder, halte
meinen Geist nicht länger gefangen;
Und lass mich nicht noch eine Stunde länger
Mit dir vergeuden, Schurke Schlaf.[32]

3. Die kranke Zeit

Raste nie, doch haste nie, sonst haste die Neurasthenie.[33]
Otto Erich Hartleben

Das subjektive Zeitparadoxon

Um etwas zu erleben, müssen wir heute bloß noch wach sein. Es reicht, wenn wir dabei auf der Couch sitzen, denn die Erlebnisse drängen sich in der Erlebnisgesellschaft immer geballter in unsere Zeit: Werbespots flattern über den Bildschirm, Nachrichten vom anderen Ende der Straße oder der Welt trudeln im Sekundentakt auf unserem Smartphone ein. Und während es noch vor wenigen Jahrhunderten lebensbedrohlich sein konnte, eine wichtige Information zu verpassen, werden wir heute eher von der (digitalen) Informationsflut erschlagen. Dadurch verknappt sich zugleich aber auch unsere subjektiv empfundene Zeit. Die Psychologie lehrt uns: Hat der Mensch viel Leerlauf, scheint die Zeit zu kriechen – hat man dagegen viel Input, rast sie förmlich.[34] Die Zeiten im Wartezimmer, während eines langweiligen Vortrags oder bei der täglichen Routine dehnen sich also ins Endlose, während der Ausflug am freien Sonntag oder die abenteuerliche Reise viel zu schnell vergehen. Doch paradoxerweise kehrt sich diese Wahrnehmung im Nachhinein oft um: Der Ausflug oder die Reise, auf der wir Neues erleben, hinterlassen viele Gedächtnisspuren und erscheinen in der Erinnerung außerordentlich lang, an das Wartezimmer hingegen erinnert sich kaum jemand.

Trotzdem ist das Leben kein Urlaub. Warum eigentlich nicht? Wenn wir doch immer mehr erleben, warum kommt uns das Erlebte im Nachhinein nicht wie eine kleine Ewigkeit vor? Weil es Ausnahmen vom sogenannten »subjektiven Zeitparadoxon«[35] gibt. Manche Drogen lassen die Zeit sehr langsam vergehen – im Moment des Rauschs und in der Rückschau. Ähnliches passiert bei der Meditation oder beim »Flow«, dem Aufgehen im Tätigsein. Auch großen Lebenskrisen wohnt diese Eigenschaft inne. Umgekehrt verhält es sich etwa beim Fernsehschauen oder dem Surfen im Internet: Wir entfremden uns von der Zeit. Ariane Barth, die Autorin einer Titelgeschichte aus dem *Spiegel*, die bereits 1989 unter der bezeichnenden Überschrift »Im Reißwolf der Geschwindigkeit«[36] erschien, erklärt dies damit, dass der Informationsinput groß genug sei, um die Zeit rasch vergehen zu lassen. »Aber am Ende sind Stunden weg, ohne daß sie sonderlich eindrucksvolle Spuren in der Erinnerung hinterließen. Der Fernseher ist eine Zeitvernichtungsmaschine par excellence.« Barth vergleicht schließlich das moderne Leben schlechthin mit dem Fernsehgucken: »Die gesellschaftliche Krankheit der rasenden Zeit ist zu einem gewissen Grad eine emotionale Mangelerscheinung. Die moderne Zivilisation produziert zwar einen gigantischen Ansturm von Signalen, aber sie greifen wenig in den Gefühlshaushalt der Menschen ein.« Auch wenn der Fernseher zu seiner Zeit noch keine Rolle spielte, hatte schon der große Gesellschaftskritiker Walter Benjamin Ähnliches im Sinn, als er 1939 über die »zunehmende Verkümmerung der Erfahrung«[37] im modernen Informationszeitalter schrieb. Benjamin glaubte: »Eine ganz neue Armseligkeit ist mit dieser ungeheuren Entfaltung der Technik über die Menschen gekommen.«[38]

Von der Neurasthenie zum Burn-out

Die Moderne als Epoche emotionaler Mangelerscheinung? Nun ja, wir können rund um die Uhr etwas erleben. Und für den Schwerverletzten ist ein schneller Krankenwagen ohne Frage besser als ein langsamer. Auch im Alltag würden wir uns kaum wünschen, dass

Züge langsamer fahren oder wir unsere Wäsche wieder mit der Hand waschen müssen. Schließlich geht mit dem beschleunigten Fortschritt in manchen Teilen der Welt auch ein medizinischer Fortschritt einher. Doch die hohe Geschwindigkeit hat ihren Preis. Bereits seit den 1880er-Jahren galt die »Neurasthenie« als eine Art Krankheit der Zeit, wie der Historiker Joachim Radkau berichtet. Diese »Nervenschwäche« sei »durch das ›Hetzen und Jagen‹ der Hochindustrialisierung und durch verborgene sexuelle Sehnsüchte«[39] hervorgerufen worden. 1910 war die Neurasthenie der häufigste ärztliche Befund im Deutschen Kaiserreich. Heute heißen die Diagnosen Burn-out und Depression. Letztere ist längst eine »Volkskrankheit«, laut Weltgesundheitsorganisation litten im Jahr 2015 weltweit 322 Millionen Menschen an depressiven Störungen,[40] in Deutschland waren es über vier Millionen. Therapeuten und Forscherinnen vermuten, dass dieses Krankheitsbild auch eine Reaktion auf die Zeitknappheit sein kann. Noch klarer wird dieser Zusammenhang beim Burn-out, der als »chronischer Stress«[41] definiert wird. Und während darüber gestritten wird, ob dahinter eine schlimme Erschöpfungsdepression oder doch eine Modediagnose steckt, haben Psycholog*innen längst eine neue Entdeckung gemacht: die Eilkrankheit.

Womöglich lässt sich Krankheit ja generell als Weigerung gegen das optimierte Zeitmanagement verstehen,[42] indem sie uns Warte- und Regenerationszeiten abtrotzt. Und vielleicht haben die Erkrankungen auch nur verschiedene Namen: Depression bei den Abgehängten und Burn-out bei den (ehemaligen) Leistungsträgern? Überall zeigt sich jedenfalls das Offensichtliche: wie Stress zu psychischen und körperlichen Erkrankungen führt. Dabei ist die Hektik längst ein Massenphänomen, laut einer repräsentativen Befragung in Deutschland gaben im Jahre 2016 über 60 Prozent der Befragten an, sich gestresst zu fühlen, 23 Prozent waren es sogar »häufig«.[43] Am meisten litten die 30- bis 39-Jährigen, gefolgt von den 50- bis 59-Jährigen, am wenigsten Stress verspürten über 70-Jährige. Außerdem zeigt sich, dass das Stresslevel tendenziell mit dem Bildungsgrad zunimmt und dass Frauen

(63 Prozent) etwas häufiger gestresst sind als Männer (58 Prozent) – während sich das Stadt-Land-Gefälle im Gegensatz zu einer ähnlichen Umfrage aus 2013 nivelliert hatte. Am meisten fühlten sich Betroffene von Job oder Ausbildung gestresst (46 Prozent), gefolgt von den eigenen hohen Ansprüchen (43 Prozent) sowie von zu vielen Terminen und Verpflichtungen in der Freizeit (33 Prozent). Doch auch die Teilnahme am Straßenverkehr, die ständige Erreichbarkeit oder Krankheiten und Konflikte sind entscheidende Stressauslöser. Das Warten zählte übrigens nicht dazu.

4. Time is money

Bedenke, dass Zeit Geld ist; wer täglich zehn Schilling durch seine Arbeit erwerben könnte und den halben Tag spazieren geht oder auf seinem Zimmer faulenzt, der darf, auch wenn er nur sechs Pence für sein Vergnügen ausgibt, nicht dies allein berechnen, er hat nebendem noch fünf Schilling ausgegeben oder vielmehr weggeworfen.[44]

Benjamin Franklin

Trotz aller negativen Folgen treten wir immer weiter aufs Gaspedal. Die Beschleunigungsdynamik ist in vollem Gange. Doch was treibt sie an? Wie kann man Zeit überhaupt »verlieren«? Und was würde es eigentlich bedeuten, sie zu »verschwenden«?

Der Psychologe Robert Levine erzählt eine erhellende Anekdote von der Reaktion eines Austauschstudenten aus dem westafrikanischen Burkina Faso: »Wie kann man Zeit verschwenden? Wenn man irgendetwas nicht tut, tut man dafür etwas anderes. Auch wenn man einfach nur mit einem Freund spricht oder herumsitzt, tut man eben das.«[45] Eine ebenso logische wie für westliche Ohren verblüffende Aussage. Ist also alles Gerede von der Zeitersparnis und ihrer Verschwendung, von der Knappheit und der Zeit als »Preis«, den wir für den Wohlstand »zahlen«, letztlich unsinnig?

Wer beim Arzt warten muss, statt Zeit mit der Familie zu verbringen, empfindet dies vermutlich als verschwendete Zeit. Es geht also um Prioritäten, das gilt ebenso für den Studenten aus Burkina Faso. Robert Levine weist darauf hin, dass es dort nämlich auch Zeitverschwendung gäbe – und zwar dann, wenn man anderen Menschen zu wenig Zeit widmet. Die »Verschwendung« ist also am sozialen Wert des Kollektivs und an den Mitmenschen orientiert. Im Gegensatz dazu begreift man in der zeitgenössischen westlichen Welt meist das Geld als Äquivalent zur Zeit, welche man dann eben verschwenden oder nutzen kann.

Die kapitalistische Logik

Die erste Voraussetzung dafür ist, dass Zeit gemessen wird. Erst ihre Veruhrzeitlichung löste die Zeit aus ihren natürlichen und sozialen Bezügen. Während zyklische Zeit wiederkehrt, ist lineare Zeit begrenzt. Nur sie kann überhaupt verschwendet werden. Doch dafür braucht es neben der Uhr noch einen Maßstab, der angibt, ob die gemessene Zeit nun wirklich verschwendet wurde. Dieser Maßstab ist das Geld. Bereits Mitte des 18. Jahrhunderts predigte Benjamin Franklin die Gleichsetzung von Zeit mit Geld – heute gilt sie in gewissen Abstufungen fast überall, wie Robert Levine berichtet: »Zeit ist Geld. In den meisten Teilen der Welt ist dies die Grundregel, von der sich alle anderen ableiten. […] Durch eine seltsame Anstrengung des Intellekts hat der zivilisierte Verstand die Zeit – die obskurste und abstrakteste aller immateriellen Güter – auf die objektivste Größe überhaupt reduziert – Geld.«[46] Zeit und Geld, beides ist knapp, und wo es gleichgesetzt wird, wird auch das Warten teuer und verliert seinen besonderen Charakter.

Schon die Römer kannten den Ausspruch »aquam perdere«. Im Zeitalter der Wasseruhren meinte man mit »Wasser verlieren«, Zeit zu verlieren, während »aquam dare« bedeutete, vor Gericht mehr Redezeit zu bekommen.[47] Die Ökonomisierung der Zeit ist dennoch ein modernes, kapitalistisches Phänomen. Gemeint ist dabei nicht bloß ein System, das auf Privateigentum und Gewinnstreben beruht, sondern das, was Max Weber als »modernen Kapitalismus« charakterisierte: der »Erwerb von Geld und immer mehr Geld [...] so rein als Selbstzweck gedacht, daß es als etwas gegenüber dem ›Glück‹ oder dem ›Nutzen‹ des einzelnen Individuums [...] schlechthin Irrationales erscheint.«[48]Alles soll immer weiter wachsen, die Wirtschaft und die Häuser, die Ozeandampfer und schließlich auch unsere Bedürfnisse. Der heilige Maßstab des Wachstums bleibt ungeachtet aller Kritik das Bruttoinlandsprodukt, dessen unablässiges Ziel mehr Output bei weniger Input ist. Wachstum bedeutet höher, weiter – und schneller. Damit wird klar, warum die Uhr nicht nur Wegbereiter der Moderne und der Beschleunigung war, sondern auch den modernen Kapitalismus ermöglichte. Nur der lineare Zeitstrahl führt uns angeblich in eine bessere Zukunft – und nur auf ihm ist Wachstum möglich. Die Pausen und Leerzeiten, die im zyklischen Verständnis normal waren, sollten hingegen verschwinden.

Die Konsumwelt

Mit der Produktionsgeschwindigkeit musste aber auch der Konsum wachsen – wer hätte denn sonst all die Produkte kaufen sollen? Was in den Bahnhöfen des 19. Jahrhunderts seinen Ausgang nahm, ist heute omnipräsent: die Warteökonomie. Digitale Shoppingangebote sollen uns so wie die Quengelware an der Supermarktkasse zum Kauf verführen, während wir doch eigentlich nur warten. Auf die Erfüllung unserer Bedürfnisse hingegen warten wir im Zeitalter des Sofortismus nur äußerst ungern.[49]

Paradoxerweise wird das alltägliche Warten aber noch von etwas anderem überlagert: nämlich vom permanenten Warten auf etwas Besseres, Schöneres und Größeres. Es ist eine Art »Warten zweiter Ordnung«[50]. Man will immer mehr, als man hat. So entstehen stets neue Bedürfnisse, auf deren Erfüllung man wartet. Zugleich aber soll die

Wartezeit möglichst verkürzt werden. Also streben wir vom Moment weg – in der Hoffnung, der nächste könnte noch besser sein. Dieses Streben wird bestärkt durch die allgegenwärtige Verlockung, dass das Gras auf der anderen Seite des Hügels grüner sei. All die Werbeplakate und digitalen Möglichkeiten preisen diese angeblich grünere Seite an. Diese muss, um uns immer weiter anzutreiben, stets die andere Seite bleiben – denn ein »Genug« gibt es nicht.

Zeit verschwenden verboten

Wenn Zeit Geld ist, wird ihre Verschwendung zur Sünde. Dieses kapitalistische Ethos entstammt laut Max Weber ursprünglich der »protestantischen Arbeitsethik«. Eigentlich beginnt die christliche Geschichte der Arbeit aber bereits mit dem Sündenfall, für den Gott die Menschen bestraft, indem er sie aus dem Paradies wirft und zur Arbeit verdammt: einem wenn auch gottgewollten, so doch notwendigen Übel. Laut Max Weber änderte sich das mit der Reformation, als Martin Luther predigte: »Der Mensch ist zur Arbeit geboren wie der Vogel zum Fliegen.«[51] Wer Gott gefallen wollte, musste von nun an fleißig sein, übermäßigen Gewinn hingegen lehnte Luther ab. Doch schon bald wurden durch den Calvinismus auch die »Fesseln des Gewinnstrebens«[52] gesprengt und wirtschaftlicher Erfolg galt nun als Zeichen der Gnade Gottes. Demgegenüber wurde die Zeitverschwendung zur Sünde: »Zeitverlust durch Geselligkeit, ›faules Gerede‹, Luxus, selbst durch mehr als der Gesundheit nötigen Schlaf – sechs bis höchstens acht Stunden – ist sittlich absolut verwerflich. Es heißt noch nicht wie bei Franklin: ›Zeit ist Geld‹, aber der Satz gilt gewissermaßen im spirituellen Sinn: sie ist unendlich wertvoll, weil jede verlorene Stunde der Arbeit im Dienst des Ruhmes Gottes entzogen ist.«[53]

Längst hat sich die »protestantische Arbeitsethik«[54] säkularisiert und in eine bürgerlich-kapitalistische Leistungs- und Berufsethik transformiert. Die Arbeit und der Konsum ersetzen den Gottesdienst, der Urlaub dient auch von Rechtswegen her der Erhaltung der Arbeitskraft. Und selbst im Marxismus gab es ohne Fleiß keinen Preis. Wir alle kennen den Ausspruch des Apostels Paulus: »Wer nicht arbeiten will, der soll auch nicht essen.«[55] Ausgerechnet der russische Revolutionär Lenin bezeichnete dies als »sozialistisches Prinzip«[56], das unter Stalin sogar Eingang in die Verfassung der UdSSR fand.

5. Das gute Leben und der Tod

Alles Warten ist Warten auf den Tod.[57]
Franz Werfel

Das Verbot, Zeit zu verschwenden, hat sich also endgültig aus der Religion gelöst – und ist selbst zu einer Art neuem Glaubensbekenntnis geworden. Es ist die Religion des Höher, Weiter und Schneller, die hinter dem manischen Wachstumsstreben und der Beschleunigungsdynamik steckt. Sie ist die Verheißung unserer Zeit – und zugleich die Antwort auf eine uralte Angst: Es ist die Angst vor dem Tod.

Die kurze Spanne eines Menschenlebens erscheint im Vergleich zur Menschheitsgeschichte mickrig. Der Philosoph Hans Blumenberg nannte dies das Auseinanderfallen von »Lebenszeit« und »Weltzeit«[58]. Früher beruhigte die Vorstellung eines Lebens nach dem Tod die Menschen, doch dieses Heilsversprechen ist in der westlichen Welt weitgehend verschwunden. An seine Stelle ist die Beschleunigung getreten, wie der Soziologe Hartmut Rosa eindrücklich beschreibt. Sie ist zur »konkurrenzlosen Antwort auf das Todesproblem« geworden: »Die Vorstellung nämlich, durch beschleunigte Auskostung der Weltoptionen, durch ›schnelleres Leben‹ lasse sich die Kluft zwischen Weltzeit und Lebenszeit wieder verringern.«[59] Das hohe Lebenstempo wird so zum »säkularen Ewigkeitsersatz«, zum Versuch, dem Tod etwas Zeit abzujagen. Nur wer möglichst viel erlebt, kann das vermutlich einzige Leben richtig ausnutzen. »Der Kapitalismus dient essentiell der Befriedigung derselben Sorgen, Qualen, Unruhen, auf die ehemals die sogenannten Religionen Antwort gaben.«[60] Das Fragment, in dem Walter Benjamin diesen Satz notierte, trägt den bezeichnenden Titel *Kapitalismus als Religion*.

Es gibt heute scheinbar kein gelingendes Leben im langsamen mehr. Indem wir immer mehr rausholen, wollen wir das gewinnen, was uns so wichtig ist – Freiheit und Zeit. Es geht dabei also um die vielleicht wichtigste Frage der Philosophie: die Frage nach dem guten Leben. Wir wollen nicht länger darauf warten. Und so wird die Verpassensangst zu einer Angst, die das gute Leben schlechthin bedroht. Statt zu warten, wollen wir die Zeit mit Aktivität füllen und sie bestmöglich auskosten. Auch, um so die Leere nicht zu spüren, diese existenzielle Geworfenheit in die Zeitlichkeit unseres Daseins, die wir beim Warten zu spüren bekommen. Solange die Zeit nämlich einfach dahinfließt und wir mit ihr, so lange bleibt sie für uns unsichtbar. Sie vermischt sich mit unserem Tun und geht darin unter. Es ist wie beim Musikhören: Wenn der Ton perfekt abgemischt ist und die Rhythmen uns betören, tauchen wir ganz ein in die Welt des Klangs. Wenn aber der Ton kratzt, das Kabel kaputt ist oder die Platte hängt, erst dann wird uns das Medium[61] bewusst, durch das wir die Musik hören. Und so ist es auch beim Warten: Erst wenn der gewohnt schnelle Fluss der Ereignisse stockt, spüren wir die Zeit, das Medium unseres Daseins. Dann erst wird sie sichtbar – als verlorene Zeit.[62] Und als Lebenszeit, die dahinstreicht. Unterschwellig kratzt das Wissen um unsere Sterblichkeit also an uns – und macht die Warterei mitunter zu einer existenziellen Erfahrung. Zumindest aber zu einer unangenehmen.

Der Philosoph Henri Bergson macht darauf aufmerksam, dass wir gerade beim Warten die Zeit als »Dauer« erfahren – also als permanente Veränderung. Wenn wir ein Stück Zucker in ein Glas mit Wasser werfen, müssen wir warten, bis es sich auflöst. Diese Zeit »fällt zusammen mit meiner Ungeduld, das heißt mit einem Teil meiner eigenen Dauer«[63]. Wir rühren das Wasser um, damit der Zucker sich schneller auflöst, oder wir checken die App, ob der Bus vielleicht doch eher kommt. Doch mit dieser Ungeduld beschleunigen wir sozusagen auch uns selbst, wir altern und vergehen mit der Welt um uns herum.

Wenn die Zeit vergeht, vergehen also auch wir, wie Henri Bergson notierte: »It is we who are passing when we say time passes.«[64] Der Skandal unserer Sterblichkeit wird beim Warten also mit großer Macht auf die Bühne gebracht. Es ist, wie mancher Blick in den Spiegel, ein runder Geburtstag oder der Tod eines Bekannten: Das Warten erinnert uns zumindest unbewusst daran, dass auch wir sterben werden. Die Zeit vergeht, sie rieselt uns durch die Finger. Diesen Verlust aber wollen wir unbedingt auffangen. Wir trippeln unruhig auf der Stelle oder scharren mit den Füßen im Sand, wir schauen auf die Uhr, die doch immer weiter tickt. Weil es einen aber verrückt machen würde, ständig auf die (Lebens-)Uhr zu blicken, nehmen wir lieber ein Magazin in die Hand oder besser noch unser Smartphone. Wir rennen davon, auch wenn wir stehen bleiben. Wer die Zeit als störend empfindet, ist also leichter zugänglich für Ablenkung – und damit für Manipulation. Die Werbung macht davon ungeniert Gebrauch. Und so ist vor allem der Konsum eine schöne »Wiedergutmachung« für die verlorene Zeit, er bietet uns Zuflucht vor dem Warten. Der Literaturwissenschaftler Harold Schweizer schreibt dazu treffend, dass wir während des Wartens konsumieren, »damit die Zeit uns nicht konsumiert«.[65]

6. Postmoderne Dialektik

> *Die befreiende Kraft der Technologie – die Instrumentalisierung*
> *der Dinge – verkehrt sich in eine Fessel der Befreiung,*
> *sie wird zur Instrumentalisierung des Menschen.*[66]
> Herbert Marcuse

Die ambivalente Epoche

Die Moderne ist die Zeit großer Erwartungen. Heute, in der Spät- oder Postmoderne, ist ihre Saat aufgegangen. Doch was wuchert da?

Was ist aus den großen Versprechen geworden, aus der Selbstbestimmung und dem Wohlstand an Zeit und Geld?

Der Mensch, das ungelenke Tier, wollte kraft seines Verstandes die Natur beherrschen – und sich selbst befreien. Wie dieses aufklärerische Vorhaben umgeschlagen ist, davon zeugt die *Dialektik der Aufklärung* von Theodor W. Adorno und Max Horkheimer wie kein anderes Werk: »Seit je hat Aufklärung im umfassendsten Sinn fortschreitenden Denkens das Ziel verfolgt, von den Menschen die Furcht zu nehmen und sie als Herren einzusetzen. Aber die vollends aufgeklärte Erde strahlt im Zeichen triumphalen Unheils.«[67] Tatsächlich ist die Welt heute aus den Fugen geraten: Krieg und Krise, wohin man schaut. Die seit Urzeiten angestrebte Beherrschung der Natur hat sich längst in ihre irreversible Zerstörung verkehrt. Doch ohne Natur keine Beherrschung.

Der Mensch selbst scheint dabei zum bloßen Werkzeug geworden zu sein. Das Vernünftige ist heute das Machbare, »wirtschaftlich« zu denken gilt als alternativlos. Doch bereits Adorno und Horkheimer wussten, dass die menschliche Ratio »durch die Reduktion des Denkens auf mathematische Apparatur« zu einer »instrumentellen Vernunft« verkommt. Ihr Sinnbild ist der »Homo oeconomicus«, der Mensch, der rational seine eigenen Interessen maximiert. Er ist zur realgeschichtlichen Karikatur des selbstbestimmten Individuums geworden. Seine (neoliberale) Freiheit heißt, dass man kaufen kann, was man will – wenn man es sich denn leisten kann. Wir leben in ständiger Abstiegsangst und wollen zugleich immer mehr. Die Moderne ist allem Anschein nach also eine ziemlich ambivalente Epoche voller Gegensätze.

Die wartende Epoche

Das gilt auch für unseren Umgang mit der Zeit. Weil wir keine Zeit haben, machen wir noch schneller und haben deswegen noch weniger davon. Die Uhr sollte die Menschen von der Natur befreien und ist nun zur neuen Natur geworden.[68] Die neueste Entwicklung auf dem Zeitstrahl ist die Vergleichzeitigung. Ihre Folgen sind immens: Das

Homeoffice bringt die Arbeit ins Schlafzimmer, der Yogakurs die Freizeit ins Unternehmen, das Smartphone den Konsum in den Wartesaal. Dank Gleitzeiten, Spontaneität und Digitalisierung haben wir mehr Möglichkeiten. Zugleich aber erhöht sich der Druck, diese auch bestmöglich auszunutzen.[69] Doch die Freiheit bringt noch andere Zwänge: Erreichbarkeit ist die neue Pünktlichkeit. Dabei müssen wir nicht nur erreichbar sein, wir wollen es auch. Selbstbestimmung ist nämlich auch die neue Fremdbestimmung.

Und das Warten? War wenigstens der Versuch, die unliebsamen Pausen abzuschaffen, halbwegs erfolgreich? Das Räderwerk völlig reibungslos arbeiten zu lassen, »das kann nicht einmal ein totalitärer Staat«[70], findet die Journalistin Friederike Gräff. Der Glaube an die tatsächliche Abschaffung des Wartens scheint nicht sonderlich weit verbreitet.[71] Wir kommen kaum an dieser anthropologischen Tatsache vorbei: Menschen werden immer auf die große Liebe oder den Tod warten. Und seit beinahe 200 Jahren auch auf den Zug. Geplatzte Reifen, Unfälle, streikende Fahrer – solange wir mit Bus und Bahn fahren oder Dienstleistungen in Anspruch nehmen, werden wir warten. Dasselbe gilt für Verabredungen: kaum vorstellbar, dass nie wieder jemand zu spät kommt. Vielmehr entstehen ausgerechnet durch die ungemeine Temposteigerung und den Kampf gegen die Zwangspausen neue Wartezeiten.[72] Wir rennen, um am Ende länger auf den Zug zu warten. Und weil die Chefin eines Unternehmens nicht warten soll, müssen die Angestellten umso länger im Vorzimmer sitzen. Beinahe nirgendwo aber wird so viel gewartet wie an Flughäfen, den ultimativen Orten des Schnellen und Flüchtigen. Schließlich fahren auch Autos immer schneller – und stehen doch ständig im Stau. Und spätestens seit der Corona-Pandemie gehören lange Schlangen vor Super- oder Baumärkten wiederum zum Alltag.

Dabei dienen Wartepuffer manchmal einzig und allein dem reibungslosen Ablauf – und damit letztlich der Beschleunigung. So wie die »Oasen der Langsamkeit« und die Black-Hole-Hotels die Produktivität steigern sollen. Schließlich hat auch die Digitalisierung Wartezeiten nicht nur reduziert, sondern ebenso neue geschaffen.[73] Und selbst Unternehmen führen manchmal künstlich Wartezeiten ein, um ihren Produkten einen größeren Wert zu geben. Aber noch etwas anderes ist paradox: dass wir immer Wartende bleiben werden. Wer mit der Fortschrittslogik geht und immer mehr will, wird nie sein Ziel erreichen, denn es liegt im Unendlichen. Stets werden wir im Unvollendeten und Transitären bleiben – im Wartezustand also. Der Zeitforscher Karlheinz Geißler bringt all diese Entwicklungen treffend auf den Punkt: »Es ist paradox. Der intensiv geführte Feldzug gegen die Warterei hat die Menschen ins Reich des Wartens geführt. Die Krieger, die auszogen, dem Warten den Garaus zu machen, treffen sich in den Wartesälen dieser Welt [...] Es ist wie in der modernen Medizin, wo die Nebenwirkungen eines Medikaments die Leidenden oft kranker machen als die Krankheit selbst.«[74]

Die gelangweilte Epoche

Eine dieser Nebenwirkungen scheint der Beschleunigung auf den ersten Blick zu widersprechen. Die Rede ist von der Erfahrung, dass alles stillsteht, obwohl doch eigentlich alles rast. Doch gerade das passiert, wenn die Welt immer schneller wird. Wenn »nichts bleibt, wie es ist, ohne dass sich etwas Wesentliches ändert«[75], dann lässt sich das mit der treffenden Metapher vom »rasenden Stillstand« umschreiben. Ihren extremsten Ausdruck findet diese Lähmung in der Depression. Als alltägliche Vorstufe des Pathologischen erscheint die Langeweile.[76] Sie ist erzwungenes Nichtstun oder, wie der Duden weiß, ein »Mangel an Abwechslung«. Langeweile ist Stillstand, der sich zugleich durch Unruhe auszeichnet: Man kann nichts mit sich anfangen, aber auch die Ruhe kaum genießen. Bezieht sich unsere Langeweile auf einen öden Ort, einen monotonen Vortrag oder eben das Warten am Bahnhof, können wir von einer situativen oder einfachen Langeweile sprechen. Fällt ein solcher Anlass weg, wird die Langeweile existenziell. Nichts scheint dann mehr geeignet, sie zu beenden – denn »man« langweilt »sich«.

Schon in der Antike gab es die Melancholie und den Lebensüberdruss (»taedium vitae«), im 4. Jahrhundert zogen frühchristliche Mönche dann in die ägyptische Wüste, um ein besinnliches Leben zu führen – doch die Einsamkeit führte zu Überdruss. So wurde die »Acedia«, die Trägheit, zur christlichen Todsünde. Doch all das hatte nur bedingt mit der Langeweile zu tun, wie wir sie heute kennen. Diese ist erst in der Moderne zum kulturprägenden Massenphänomen geworden, wie die Philosophin Renate Breuninger[77] beispielhaft berichtet. Der erste herausragende Beitrag zur Langeweile stammt von Blaise Pascal, der im 17. Jahrhundert vor allem als Mathematiker aktiv war: »Nichts ist so unerträglich für den Menschen, als sich in einer vollkommenen Ruhe zu befinden, ohne Leidenschaft, ohne Geschäfte, ohne Zerstreuung, ohne Beschäftigung. Er wird dann sein Nichts fühlen, […] seine Leere. Unaufhörlich wird aus dem Grund seiner Seele der Ennui aufsteigen«.[78] Ausgerechnet in der rasanten, abwechslungsreichen Moderne soll der Menschen also plötzlich diesen Ennui, die Langeweile, fühlen? Ist sie womöglich der Preis für die Rationalisierung aller Lebensbereiche – oder die Rache unserer Seele, der Widerstand gegen die hohen Erwartungen nach immer mehr und einem stets aufregenden Leben?

In Breuningers Buch erfährt man, dass es in den vormodernen europäischen Sprachen gar keinen Ausdruck für das gab, was wir heute unter Langeweile verstehen.[79] Längst ist das, was lange weilt, nicht mehr gut, sondern es ist Langeweile: viel (gefühlte) Zeit, aber wenig Sinn. Nur durch die Verrechnung der Zeit mit Geld kann diese aber überhaupt »leer« werden. Und indem der Arbeitsethos schließlich »unproduktive« Momente abwertete, rückte die Langeweile in den Fokus – obwohl immer neue Freizeitangebote sie doch vertreiben sollen. Paradoxerweise produziert dabei gerade die moderne Eventkultur, was sie eigentlich loswerden möchte. Wo die Betätigungen immer ausgefallener werden und sich doch irgendwie gleichen, wo selbst die entferntesten Orte plötzlich ganz nah erscheinen, da wird die Gier nach Sensationen so groß, dass sie sich kaum mehr befriedigen lässt.

Es geht also wieder mal um unsere Erwartungen. Gerade die existenzielle Langeweile, so notiert der Kultursoziologe Martin Doehle mann, sei ein »Warten ohne Erwartung«[80]. Ist das Objekt des Wartens mit großen Hoffnungen oder Sehnsucht aufgeladen, wird uns kaum langweilig – anders beim »leeren« Warten, wenn wir auf einen Zug warten, den wir eigentlich nicht nehmen wollen, weil er uns an einen Ort bringt, von dem wir uns nichts erwarten. Wenn aber die Langeweile ein leeres Warten ist, ist die Moderne als Epoche des Ennui dann etwa das Zeitalter der enttäuschten, gar der sterbenden Erwartung?

So wie die große Pestepidemie die Heilserwartung des Mittelalters erschütterte, so haben auch die modernen Hoffnungen unter der epochalen Traumatisierung der Weltkriege und all der anderen großen Krisen gelitten, während die Hoffnungskeime im Globalen Süden seit dem Zeitalter des Kolonialismus permanent erstickt werden sollten. Aber noch aus einem anderen Grund lässt sich der Moderne eine Erwartungskrise[81] bescheinigen: Dem Mangel an echter Erfahrung steht nämlich ein Übermaß an Erwartungen gegenüber. Während also, wie schon Walter Benjamin diagnostizierte, die Erfahrung in der schnelllebigen Zeit verkümmert, haben sich die Erwartungen nicht nur von den alltäglichen Erfahrungen gelöst, sondern sie wachsen so schnell an, dass die Realität ihnen kaum mehr standhalten kann. Es ist wie mit der Gier in der Eventkultur: Sie lässt sich nur noch schwer befriedigen. Die These der Erwartungskrise bestätigt sich in unserem Umgang mit dem Warten. Wir erinnern uns: Nur wer warten kann, kann auch etwas erwarten. Doch statt erwartungsfroh Ausschau zu halten, hetzen wir heute lieber eilig los.

Immer öfter scheint unklar, was wir überhaupt noch erwarten sollen. Wir waren lange gewohnt, alles zu bekommen, zugleich aber ziehen sich die kollektiven Visionen in der Postmoderne oft in ein Schneckenhaus zurück: Möge doch nur alles bleiben, wie es ist. Das klingt nicht gerade nach großen Zukunftsträumen. Doch »ohne den Zeitpfeil der Erwartung«[82] mache sich beim Warten »das Gefühl der totalen Stagnation« breit, wie der Germanist Lothar Pikulik notiert. Der Moderne diagnostiziert er ein »metaphysisches Vakuum«, in das sich »die existenzielle Langeweile als weitverbreitete Plage« einnistet.

Zurück auf Los

Viele moderne Versprechen haben sich also in ihr Gegenteil verkehrt. Das betrifft am Ende auch unser Verhältnis zur Zeit. Statt mehr davon scheinen wir weniger zu haben. Und statt selbstbestimmt über unsere Zeit zu verfügen, rennen wir Terminen und Erledigungen hinterher. Am Ende kommen wir trotzdem oft nicht schneller ans Ziel. Dafür aber gestresster. Dazu trägt wohl auch die Art und Weise bei, wie wir warten. Denn indem wir die Wartezeit totschlagen wollen, schlagen wir am Ende uns selbst tot – zumindest symbolisch. Diese Erkenntnis beschrieb der Schriftsteller Heinrich Spoerl[83] eindringlich in einer Kurzgeschichte. Sie beginnt so: »Es war einmal ein junger Bauer, der wollte seine Liebste treffen. Er war ein ungeduldiger Gesell und viel zu früh gekommen. Und verstand sich schlecht aufs Warten. Er sah nicht den Sonnenschein, nicht den Frühling und die Pracht der Blumen. Ungeduldig warf er sich unter einen Baum und haderte mit sich und der Welt.« Doch plötzlich erblickte er einen Zauberer, der ihm einen Zauberknopf gab und sprach: »Und wenn du auf etwas wartest und dir die Zeit zu langsam geht, dann brauchst du nur den Knopf nach rechts zu drehen, und du springst über die Zeit hinweg bis dahin, wo du willst.« Also drehte der Bauer am Knopf – bis seine Freundin erschien. Er drehte wieder daran und saß mit seiner Liebsten beim Hochzeitsschmaus. Klar, der junge Mann wünschte sich sogleich, mit seiner Angetrauten alleine zu sein, Kinder zu haben. Also drehte er immer wieder am Knopf – »und ehe er sich's versah, war er ein alter Mann und lag auf dem Sterbebett.«

Die Moral von der Geschicht'? Vielleicht rauben uns am Ende die Temposteigerung sowie das ständige Wachstum die Freiheit und stehlen uns die Zeit – und nicht etwa das Warten.

IV. Was uns verloren geht

Denn erst wenn er wartet, wird der Mensch zum Menschen.[1]
Karlheinz Geißler

Der Kampf gegen das Warten indes wird trotz aller Warnungen unvermindert fortgeführt. In der Moderne soll die Warterei am besten ganz abgeschafft werden. Angst vor dem Tod? Oder einfach Langeweile? Eine Allergie ist es allemal, und sie greift um sich: Nicht bloß das schwüle Wartezimmer mit all den hustenden Patienten nervt, sondern auch der kleine Aufschub im Restaurant, die Ungeduld nimmt uns an der sonnigen Bushaltestelle ebenso in Beschlag wie in der verschneiten Weihnachtszeit. Und im Beziehungsleben. Nur: Was macht es mit uns und unserer Welt, wenn wir keine Pausen und Leerzeiten mehr zulassen?

1. Dopamin statt Vorfreude

Wer alles hat oder sofort bekommt,
wird um das Glück der Erfüllung gebracht.[2]
Andrea Köhler

Die heilsame Freude

Der Biss in die leckere Schokotorte oder der lang ersehnte Kuss, das ist Freude. Sie liegt im Moment der Erfüllung. Die Vorfreude hingegen ist das Glück der Wartenden: Sie nimmt diese Erfüllung vorweg. Und sie lässt sich ausdehnen – im Gegensatz zur Freude, die oft nur kurz währt. Haben wir nämlich erst, was wir wollen, setzt meist recht schnell der Gewöhnungseffekt ein – egal ob es das neue Kleid oder der dritte Ferrari ist.

Manche mögen sich erinnern, wie schön es als Kind war, als man sich schon Wochen vorher auf Weihnachten freuen konnte. Jeden Tag ein Türchen zu öffnen, jeden Sonntag eine Kerze anzuzünden, Weihnachten war Vorfreude pur – gerade weil man es kaum erwarten konnte. Ähnliches erleben Muslime beim Ramadan: Am Tag wird demütig gehungert und sogar auf Wasser verzichtet – in Erwartung des Sonnenuntergangs, wenn alle zusammenkommen, um das Fasten am besten an einer reich gedeckten Tafel zu brechen. Vorfreude kann also durch Entbehrung entstehen, das wissen auch jene, die mit dem Sex bis zur Hochzeit warten. Aber auch Atheisten finden Gefallen an der Vorfreude – zumindest in der Theorie. Als der Wirtschaftswissenschaftler George Loewenstein seine Studierenden fragte, wie viel sie wann für den Kuss ihres Lieblingsfilmstars bezahlen würden, war die Antwort klar: Sie bekämen den Kuss lieber erst in einem Jahr als auf der Stelle. Am liebsten warten sie drei Tage darauf – und würden dafür rund 70 Prozent mehr bezahlen als für den sofortigen Kuss.[3] Andere Studien kommen zu demselben Ergebnis: In einer Befragung stellten britische Forscher 2002 fest, dass diejenigen, denen ein Urlaub bevorsteht, in etlichen Lebensbereichen glücklicher sind als jene, die nicht auf eine Auszeit warten.[4] Aus leidlicher Erfahrung wissen wir aber auch, dass sich dies ins Gegenteil verkehrt, wenn die Arbeitsbelastung kurz vor dem Urlaub enorm ansteigt.

Aber Vorfreude macht nicht nur glücklich, sondern auch gesund. Ein Forscherteam[5] hat herausgefunden, dass bereits die bloße Erwartung eines fröhlichen Lachens heilsam ist. Wer sich auf einen humorvollen Film freut, schüttet mehr gesundheitsfördernde Hormone aus als jemand, der bloß erwartet, einen stinknormalen Film zu schauen. Durch die Vorfreude wird das Immunsystem gestärkt, es werden mehr depressionslindernde Beta-Endorphine produziert und Stresshormone reduziert. Viele Menschen kennen solche Effekte aus ihrem Alltag: Am Freitag, wenn das Wochenende noch vor der Tür steht, sind wir oft zufriedener als am Sonntag, wo wir zwar die ganze wochenendliche Entspannung erlebt haben, aber der Montag eben wieder naht. Schließlich sangen die Easybeats bereits in den 1960er-Jahren »Friday on my mind« – und nicht »Sunday on my mind.« Die Intensität der Vorfreude wird natürlich auch dadurch bestimmt, worauf wir uns freuen, wie flüchtig es ist, wie lange wir schon darauf warten und wie abstrakt oder konkret unsere Vorstellungen sind.[6]

Dopamin – zwischen Schokotorte und Koks

Auch auf molekularer Ebene passiert etwas mit uns, wenn wir uns (vor-)freuen. Der Biss in die Schokotorte bereitet uns Freude – und wir wollen mehr davon. Dann wird unter anderem Dopamin[7] ausgeschüttet. Der vielfältige Botenstoff dient in diesem Fall der Motivation, er gibt uns einen Kick und steigert unseren Antrieb, Dinge zu bekommen, die uns vermeintlich glücklich machen. Dopamin lässt die Vorfreude also sozusagen zu einem starken, manchmal unbändigen Verlangen anwachsen. Dabei ist das Dopamin auch an unseren Erwartungen orientiert – umso größer die Gewöhnung, desto schwächer der Kick, den wir noch bekommen. Dopamin fördert somit also in gewisser Weise unser Streben nach immer mehr – und wird von Forscherinnen auch für die Erklärung von Sucht herangezogen. Drogen wie Kokain erhöhen nämlich den Dopaminspiegel. Und auch davon will man dann immer mehr. An der eigentlichen Freude und dem Genuss, am Hochgefühl, das wir bekommen, wenn wir erreichen, wonach wir streben, sind oft auch körpereigene Opioide wie die Endorphine beteiligt.

Wie mächtig Dopamin sein kann, zeigen indes Experimente an Ratten aus dem Jahr 1954: Um neue Erkenntnisse über ihre Lernprozesse zu gewinnen, pflanzten Forscher Tieren Elektroden ins

Gehirn, durch die sie einen Stimulus bekamen, wenn sie sich an einem bestimmten Ort aufhielten. Die Ratten kehrten immer wieder dorthin zurück, um noch mehr Stromschläge zu bekommen. In weiteren Versuchen konnten sie diese durch das Drücken eines Hebels auslösen. Die Tiere taten das bis zur Erschöpfung, sie konnten es nicht abwarten und bekamen lieber Stromschläge, als zu fressen oder zu trinken. In späteren Experimenten zeigte sich: Selbst wenn die Belohnung wegfiel, drückten manche Ratten noch den Hebel – weil sie längst eine Gewohnheit entwickelt hatten.

Die Dopamin-Gesellschaft

Warum die Geschichte vom Dopamin und den Ratten? Weil sie symptomatisch ist für unsere heutige Zeit – eine Zeit, in der die Erklärung für komplexe menschliche Gefühlslagen in den Molekülen gesucht wird. Eine Zeit aber auch, in der sich die Vorfreude einzig um die Erfüllung unserer Wünsche dreht. Evolutionär mag das sinnvoll sein: Geht es ums nackte Überleben, sollten wir unsere Bedürfnisse besser schnell befriedigen, bevor es zu spät ist. Auch wenn sie sonst stundenlang bloß herumsitzt, wartet die Katze deshalb eben nicht, wenn man sie füttert, um davor noch ihre Vorfreude zu steigern. Sie schlingt, so schnell es geht. Und auch wir Menschen verhalten uns oft wie die Katze. Oder wie die Ratten aus dem Labor. Unser Stimulus ist der Konsum, die Informationen und Erlebnisse, das Rauschen der Bilder und das Piepen der Nachrichten. Wir wollen all das ohne Verzögerung. Aber hieße das nicht auch: ohne Vorfreude?

Zunächst sind all die Konsumangebote durchaus als Versprechen zu verstehen, die Vorfreude zu steigern – und zwar permanent. In diesem Sinne schreibt die Kabarettistin Hazel Brugger: »Vorfreude ist der tragende Pfeiler unserer Konsumgesellschaft, weil sie Langeweile vertreibt, uns eine Richtung gibt und erlaubt, noch härter zu arbeiten, um mehr zu verdienen, als wir brauchen.«[8] Aber ganz so einfach ist es dann eben doch nicht. Auch wenn die Konsumgesellschaft an die Vorfreude appelliert, ist ihr Effekt letztlich ein gegenteiliger: Sie bringt uns um die Vorfreude. Erdbeeren im Winter und Lebkuchen im Sommer, alles ist zumindest in den Industriestaaten permanent verfügbar. Wie das wohl früher war? Monatelang warteten die Menschen auf das erste Grün, auf den Beginn des Frühlings und nach langer Entbehrung auf den ersten Salat und die Erdbeeren. Es waren die einzigen des Jahres. Ob sie besser waren, wissen wir nicht.

Was wir aber wissen, ist, dass sich heute kaum mehr jemand freut, im Winter Erdbeeren oder Salat zu kaufen. Darauf verzichten wollen wir aber auch nicht. Es ist wie mit dem Dopamin: Auf etwas hinzufiebern trägt ein Glücksversprechen in sich, aber das Glück wird eben auch geschmälert, wenn wir bereits fest mit etwas rechnen. Der Außenseiter freut sich deshalb mehr über den Gewinn eines Fußballspiels als der Favorit, weil er es weniger erwarten konnte und länger darauf gewartet hat. Die ständige Verfügbarkeit hingegen entwertet die Dinge, denn die Aufregung und die Erregung, die Spannung und die Neugierde, all diese Stimmungen haben in der bunten Warenwelt keinen leichten Stand. Unser gesamtes Wirtschaftssystem ist auf »instant gratification« ausgelegt: auf die sofortige Bedürfnisbefriedigung. In Zeiten der Same-Day-Delivery müssen wir selten länger auf eine Bestellung warten – und für wen die angebotenen Waren zu teuer sind, der muss nicht unbedingt darauf sparen, sondern nimmt sich eventuell einen Kredit, zahlt auf Raten oder least das Produkt. Auch auf Pump ist Zeit eben Geld. Doch all das ist das Gegenteil der freudigen Erwartung. Zugleich aber quellen unsere digitalen und analogen Vorratsschränke über. Seit jeher hortet der Mensch aus Angst vor schlechteren Zeiten. Heute aber, in der Überflussgesellschaft, wird diese evolutionäre Tugend zum Laster.

Digitaler Sofortismus

Zu diesen Entwicklungen hat das digitale Zeitalter maßgeblich beigetragen. Mit nur einem Klick kann man praktisch alles bestellen, in der Bahn oder vom Sofa aus. Und während man sich früher auf die Entwicklung der Fotos freute, haben wir sie heute schon direkt nach der Aufnahme gesehen. Kaum jemand wartet noch auf die Abendnachrichten, um zu erfahren, was es Neues gibt. Und wer freut sich schon noch auf die Fußballergebnisse in der *Sportschau*? Weltmeisterschaft ist zwar nur alle vier Jahre, aber dafür gibt es eben immer mehr Pokal-, Lotto- und Tottocup. Die Vorfreude auf einen neuen Film? Wir haben ihn längst gestreamt. Im Kino, dem Kleinod der Vorfreude, müssen wir warten, uns die Vorschau ansehen und dabei Unmengen an Popcorn essen, bis es endlich losgeht – doch dann ist die Freude umso größer. Meist aber schauen wir Filme heute per Mausklick, Sekunden nachdem wir uns dafür entschieden haben.

Die Vorfreude auf ein neues Buch wird sogleich überlagert von der Vorfreude auf ein anderes, noch neueres Buch. Oder eben von all den Ablenkungen und Erledigungen, die uns die Wartezeit erträglicher machen sollen. Und so geht das pausenlos weiter. Pausen, in denen sich die Vorfreude entfalten könnte, sind kaum vorgesehen. Und welche der zahllosen Onlinebestellungen nun als nächste eintrifft, haben wir womöglich ohnehin schon aus dem Blick verloren. Vielleicht haben wir sogar vergessen, dass wir diesen oder jenen Artikel überhaupt bestellt haben. Das wäre dann endgültig das Ende der Vorfreude. Und was ist mit der Sehnsucht, diesem freudigen und manchmal leidvollen Verlangen nach einem Wiedersehen mit einem geliebten Menschen? Zumindest können wir ständig miteinander in Kontakt sein, wir erblicken die andere auf dem Bildschirm vermeintlich ganz nah, auch wenn sie am anderen Ende der Welt sitzt.

Unser vielfältiger Konsum dient schließlich auch als Wiedergutmachung für die Zeit, die wir beim Warten zu verlieren glauben. Doch die Heilung dieser vermeintlichen Wunde wird immer kurzweiliger. Zugleich verliert das, was wir beim Warten konsumieren, an Wert –

denn dieser Wert besteht vor allem in der Ablenkung. Wenn wir uns aber von den Produkten, die wir kaufen, entfremden, brauchen wir immer mehr. Wie die Ratten im Versuchslabor. Und so ist wohl auch Weihnachten letztlich vor allem eine »Inszenierung«[9]. Sie dient dazu, der Erwartung zu huldigen. Was im Kaufrausch indes leicht aus dem Blick gerät, ist eine andere Form der Vorfreude – das Schwelgen in Gedanken, das Träumen, wie schön es sein mag, wenn wir wieder in den Urlaub fahren, ohne dass daraus sogleich die unbändige Motivation entspringt, den Urlaub direkt buchen zu müssen. Solches Schwelgen mag für manche Menschen frustrierend sein, für andere ist es die pure Vorfreude. Der größte Frust indes entsteht wohl ohnehin dann, wenn man sich auf nichts freuen kann.

2. Geduld: eine Tugend auf Abwegen

Ich sitze am Straßenhang.
Der Fahrer wechselt das Rad.
Ich bin nicht gern, wo ich herkomme.
Ich bin nicht gern, wo ich hinfahre.
Warum sehe ich den Radwechsel mit Ungeduld?[10]

Bertolt Brecht

Ungeduld nach Feierabend

Mit dem Glück der Wartenden hängt untrennbar ihre Tugend zusammen – ohne sie gibt es keine Vorfreude. Doch die Geduld hat keinen leichten Stand. Wir alle kennen das: Kurz vor Ladenschluss stehen wir ungeduldig im Supermarkt und wollen bezahlen, aber es geht einfach nicht voran. Warum macht der Typ keine zweite Kasse auf und sortiert stattdessen Chipspackungen? Nach einem langen Arbeitstag gibt es Schöneres, als im Neonlicht zwischen verschwitzten Menschen an der Kasse zu stehen. Auf der Couch zu liegen zum Beispiel und Chips zu essen. Doch wir müssen warten. Als wir dann fast an der Reihe sind, zählt die betagte Dame vor uns jede Münze einzeln ab, beinahe so, als wolle sie uns ärgern. Auch böse Blicke helfen nicht. Egal ob im Alltagsstress oder auf einer paradiesischen Insel im Urlaub, es fällt äußerst schwer, ein paar Minuten abzuwarten, ohne dass Unruhe in uns aufsteigt.

Der Duden hält die Geduld für die »Ausdauer im ruhigen, beherrschten, nachsichtigen Ertragen oder Abwarten von etwas«. Geduld, das ist, im Großen wie im Kleinen, die Bereitschaft zu warten, mit unerfüllten Wünschen zu leben oder diese aufzuschieben. Es ist die Fähigkeit, Verzögerungen gelassen zu erdulden, sie zuzulassen – oder sie überhaupt zu ertragen. Geduld heißt, eine Krankheit auszukurieren, statt nur die Symptome zu bekämpfen. Und es ist eben auch die Bereitschaft, Vorfreude auszuhalten, ohne sofort auf den Bestellbutton zu drücken. Das Warten stellt diese Geduld auf die Probe. Und oft ist der Faden, an dem sie sprichwörtlich hängt, eben nicht allzu reißfest. Die Journalistin Friederike Gräff findet das sonderbar: »Unser Verhältnis zur Geduld, also der Fähigkeit zu warten, ist hoch ambivalent. Theoretisch betrachten wir sie als Tugend, praktisch besitzen wir sie nicht.«[11]

Weil der frühe Vogel aber angeblich den Wurm fängt, wollen wir die Ersten sein und den Lauf der Zeit beschleunigen, indem wir eilig in die Zukunft drängen. Oder eben, indem wir versuchen, diese Zukunft ins Hier und Jetzt zu ziehen. Ungeduld heißt, dass wir woanders sein wollen, als wir gerade sind – so wie der junge Bauer in der Geschichte von Heinrich Spoerl.[12] Fehler sind somit aber vorprogrammiert, das wusste schon der große Philosoph Georg Wilhelm Friedrich Hegel[13] in seiner *Phänomenologie des Geistes*: »Die Ungeduld verlangt das Unmögliche, nämlich die Erreichung des Ziels ohne die Mittel.«[14] Heute, über 200 Jahre später, gehört die Ungeduld, die man einst eher von Kleinkindern kannte, längst zur DNA unserer Gesellschaft: Sie ist Ausdruck des hektischen Zeitgeistes, in dem immer mehr Menschen ein Aufmerksamkeitsdefizit sowie Hyperaktivität[15] diagnostiziert wird. Aber auch im Alltag macht sich der Verlust der Geduld bemerkbar: Wir checken ständig unsere Nachrichten, blicken wie manisch auf die kleinen Bildschirme. Und wer selbst im Straßenverkehr nicht abwartet, bis die Ampel grün ist, gefährdet auch seine Mitmenschen.

Erst denken, dann handeln?

Statt Weile ist heute Eile angesagt. Wir überfliegen die Bücher, statt sie in Ruhe zu lesen. Oft schauen wir uns auch gleich den Wikipedia-Artikel an – oder dessen Zusammenfassung. Also bieten Nachrichtenseiten gerne Kurzzusammenfassungen ihrer meist ohnehin nicht allzu langen Texte. Was hängen bleibt, sind die harten Fakten. Was aber verloren geht, ist der Geist, in dem etwa ein Buch geschrieben wurde. Und wohl auch das tiefere Verständnis, das wir erst erlangen, wenn wir geduldig in die Materie eintauchen. Unser Gehirn jedenfalls braucht Zeit,[16] um Gelerntes zu verarbeiten und zu speichern. Doch wer schon nach drei Minuten an der Supermarktkasse unruhig wird, bekommt auch anderswo Probleme mit der Geduld.

Sogar Bildung steht heute unter dem Stern der Ungeduld, das zeigt sich etwa am Bachelor-System und den G8-Gymnasien. Dabei wusste der Schriftsteller Friedrich Dürrenmatt schon lange vor dem digitalen Zeitalter: »Wissen lässt sich büffeln, Begreifen braucht Zeit.«[17] Geduld ist also entgegen der Vorstellung der betriebsamen Wissenschaft und des schnellen Verstehens eine Art Grundbedingung humanistischer Bildung, persönlicher Entfaltung und kritischer Mündigkeit. Bildung selbst ist für den Philosophen Theodor W. Adorno ein »Wartenkönnen«[18]. Für den großen Pädagogen und Philosophen Jean-Jacques Rousseau war die seiner Meinung nach »wichtigste und nützlichste Regel« jeder Erziehung wiederum, »daß man nicht Zeit gewinnen, sondern Zeit verlieren soll«[19].

Geduld ist aber auch wichtig, um kluge Entscheidungen zu treffen. »Wer schnell denkt, strauchelt leicht.«[20] Trotz dieser Warnung führte die Hast den tragischen Helden Ödipus in die Tragödie, auf seiner überstürzten Flucht tötet er den eigenen Erzeuger. Bis heute scheinen

Hektik und Ungeduld ein äußerst fruchtbarer Boden für Fehler zu sein. Was sich hingegen geändert hat, ist, dass schnelles Denken und rasches Handeln längst als erstrebenswert gelten – vor allem in der Welt der sozialen Medien. Gerade dort lässt sich beobachten, wie ein respektvoller Umgang und schließlich auch die gesamte Demokratie unter der permanent angeheizten Erregungsspirale leiden[21] – denn Wahrheit braucht nun mal Zeit und Geduld, man kann sie nicht im Vorbeigehen verstehen.

Den Marshmallows widerstehen

Ein weiterer Nachteil der Ungeduldigen: Sie sind weniger erfolgreich. Das zumindest legt ein wegweisendes Experiment[22] nahe, das Walter Mischel Ende der 1960er-Jahre durchgeführt hat. Er ließ dafür Jungen und Mädchen im Kindergartenalter in einem leeren Raum auf einem Stuhl Platz nehmen, vor ihnen auf dem Tisch lag eine klebrige Süßigkeit. Weil der gebürtige Wiener Psychologe gerne typisch amerikanisch auftischte, heißt der Versuch bis heute »Marshmallow-Experiment«. Die Kinder wurden anschließend vom Versuchsleiter vor die Wahl gestellt: Esst das Marshmallow sofort – oder wartet, bis ich wieder zurückkomme. Wenn ihr es schafft zu warten, bekommt ihr noch ein zweites Marshmallow. Mischel verließ daraufhin den Raum, beobachtete die Kinder heimlich und kam nach etwa einer Viertelstunde zurück. Nur eine Minderheit der unter Vierjährigen konnte tatsächlich abwarten[23] – indem sie sich ablenkten, Selbstgespräche führten oder Grimassen schnitten. Manche schlossen auch ihre Augen und versuchten einzuschlafen. Andere hingegen schoben sich die Süßigkeit mehr oder weniger ohne zu zögern in den Mund. Und manche waren besonders raffiniert: Sie bissen das Marshmallow nur von der Unterseite an und legten es wieder zurück auf den Tisch.

Walter Mischel wiederholte das Experiment zwischen 1968 und 1974 in unterschiedlichen Varianten, die Grundidee jedoch blieb die gleiche. Die eigentliche Überraschung aber kam ohnehin erst einige Jahre später, als Mischel wissen wollte, was wohl aus den Kindern von einst geworden sei. Ab 1982 untersuchte er also ihre Entwicklung – und machte eine verblüffende Entdeckung: Diejenigen die als Kinder länger warten konnten, waren erfolgreicher in der Schule, konnten sich besser konzentrieren und zeigten mehr Selbstkontrolle in frustrierenden Situationen. Im Erwachsenenalter erreichten die Geduldigen von einst ein höheres Bildungsniveau. Selbstbeherrschung und Geduld sind also wichtige Indizien für beruflichen und privaten Erfolg. Auf diese These hat sich trotz mancher Kritik[24] eine Heerschar von Wissenschaftlerinnen gestürzt. Entstanden sind neben Regalen voller Ratgeber auch viele Studien. Sie belegen etwa den Zusammenhang zwischen der Fähigkeit, Belohnungen strategisch aufzuschieben, und der Gesundheit:[25] Wer nicht abwarten kann, leidet demnach eher unter Übergewicht und Spielsucht. Ähnliche Ergebnisse präsentiert der österreichische Volkswirt Matthias Sutter in seinem Buch *Die Entdeckung der Geduld*.

Doch wie wird man denn nun geduldig? Forscher betonen den Einfluss des Elternhauses: Geduldige und verlässliche Eltern haben demnach eher geduldigere Kinder.[26] Doch Geduld, das glaubt nicht nur Matthias Sutter, sei auch erlernbar. So werden etwa im Bildungs- oder Gesundheitssystem Anreize gesetzt, um bestimmte Gewohnheiten zu fördern: Menschen sollen auf diese Weise mit Prämien zur Altersvorsorge angehalten werden, Krankenkassen versuchen, ihre Versicherten für regelmäßig wahrgenommene Untersuchungen zu belohnen. Aber auch die kognitive Kontrolle könne helfen – wer sich selbst besser im Griff hat, kann auch kurzfristigen Verlockungen eher widerstehen. Kurzum: Die Aussichten auf einen erfolgreichen Lebensweg lassen sich durch »Training« der Geduld verbessern.

Kritischen Leserinnen drängt sich an dieser Stelle allerdings die Frage auf, was da überhaupt trainiert und gefördert wird: Ist es wirklich die Geduld? Matthias Sutter definiert sie in seinem Buch als die Fähigkeit, »einem Impuls für unmittelbare Belohnung widerstehen zu können, um auf eine bessere Möglichkeit in der Zukunft zu warten beziehungsweise darauf hinzuarbeiten«[27]. Es geht also um »weniger heute« und »mehr morgen«: Wir sparen, um im Alter eine anständige

Rente zu bekommen, und verzichten heute auf Zucker, um irgendwann gesünder zu werden. Jugendliche lernen für eine Klausur, statt ins Kino zu gehen. Doch all das erfordert eben Disziplin, Ausdauer und Überwindung – so wie sie schon die Kinder aus Walter Mischels Experiment zeigen mussten und woran die Ratten im Versuchslabor scheiterten. Auch Börsenhändler nutzen diese Fähigkeit, indem sie ein paar Sekunden oder auch mal ein paar Tage länger abwarten, um Millionen Euro an zusätzlichem Gewinn zu scheffeln. Gemessen werden bei Experimenten wie dem Marshmallow-Versuch also Willenskraft, Ausdauer und die Fähigkeit zur Selbstüberlistung. Wir nehmen uns zurück, schieben unsere Lust auf – aber nur, um später umso mehr davon zu profitieren. Wir geben uns nicht mit dem Spatz in der Hand zufrieden, sondern erwarten die Taube auf dem Dach.[28] Diese Haltung tritt zunächst der eigenen Ungeduld, aber auch der kollektiven Beschleunigungslogik entgegen. Letztlich aber bleibt sie dem Optimierungsgedanken auf ganzer Linie treu. Doch ist diese Attitüde tatsächlich mit Geduld gleichzusetzen?

Zweifel sind berechtigt. Die Schriftstellerin Angelika Overath bringt sie treffend auf den Punkt: »Zeit wird investiert, um den Ertrag zu steigern. Damit wäre der Marshmallow-Test ein klassisch kapitalistisches Abrichtungsexperiment. Eine Einübung in kalkulierte Zeitbewirtschaftung. Mit einem scheinbar nutzlosen Verstreichenlassen von Zeit hat das nichts zu tun. [...] Aber könnte dies, je nach Blickwinkel, vielleicht sogar etwas vom Gegenteil dessen sein, was an sanftem Sprengstoff in dem großen Wort Geduld auch noch schläft?«[29]

Die Geduld als Refugium

Um der Geduld auf die Spur zu kommen, hilft erneut ein Blick in das Wörterbuch der Brüder Grimm. Geduld bedeutete im alten Kriegsleben »eine art waffenstillstand, waffenruhe«. Daran angelehnt meinte »in der geduld stehn«[30] einen Ort im Freien, der vor Wind und Wetter schützt. Die Geduld war also ein Refugium, in dem man den Widrigkeiten des Lebens trotzte und sie aushalten konnte. Einst, so lernen wir, galt sie zumindest in Sprichwörtern als die größte Tugend. Wenn wir etwas »erdulden«, leiden wir »ohne zorn«. Im Lateinischen »patientia« steckt in der Silbe »pati« noch heute das »leiden«. Mit der nötigen Geduld jedenfalls hielt man »mühe, unannehmlichkeiten, unbequemlichkeiten aller art« aus. Dazu zählten schließlich auch die Langeweile und das Warten. Damit habe sich der Begriff der Zeit auch bei der Geduld »in den Vordergrund gestellt«, wie wir im Grimm'schen Wörterbuch lesen. Wann genau dies geschah, erfahren wir indes nicht.[31]

Die andere Geduld

Einst hatte die Geduld – wie auch das Warten – also nicht unbedingt etwas mit der Zeit oder ihrem Verstreichen zu tun. Sie bezeichnete auch keinen Belohnungsaufschub, sondern das Verhältnis zum Leid an sich: Die Geduld bot sozusagen davor Schutz. Das veraltete Wort für Geduld, die Langmut, deutet an, dass es dafür manchmal einen starken Willen braucht – vor allem, wenn unser Leid existenzieller Natur ist. Wer beispielsweise als Regimegegner auf den Sturz der Diktatur wartet, braucht Kraft und Mut. Aber auch scheinbar gewöhnliche Ungeduld kann auf eine existenzielle Dimension verweisen: So beklagt Bertolt Brecht in einem Gedicht seine Ungeduld während eines Radwechsels, wie am Anfang dieses Abschnitts zitiert wird. Eine alltägliche Situation? Brecht schrieb diese Zeilen 1953, als er das amerikanische Exil, wo er nie wirklich Fuß fassen konnte, verlassen hatte und in der DDR angekommen war. Dort erlebte er, wie der Volksaufstand vom 17. Juni blutig niedergeschlagen wurde. Brecht war nicht gern, wo er herkam – und er war nicht gern, wo er hinfuhr. Dennoch wollte er nicht innehalten und sich in die Verhältnisse fügen.[32]

Geduld darf also nicht mit Resignation oder Untätigkeit verwechselt werden. Mit Ungerechtigkeiten sollten wir nicht allzu geduldig sein, und wenn Eile geboten ist, kann Geduld der falsche Ratgeber sein. Doch auch dann scheint zu gelten, was das Internet für eine Weisheit aus Serbien hält: »Die Ungeduld ist ein schnelles Pferd, aber ein schlechter Reiter.« Wo aber braucht es solch ein Pferd überhaupt? Auf der kleinen Insel im Nordosten Brasiliens etwa, wo unsere Füße im Sand kratzen, weil wir auf unbestimmte Zeit warten müssen? Weder plagt uns in diesem Moment ein Leid, noch gibt es woanders etwas zu gewinnen. An der improvisierten Haltestelle im Nirgendwo ist eigentlich alles gut, wie es ist: Wir, die Priviligierten, sind im Urlaub, die Sonne scheint, kühle Getränke stehen in greifbarer Nähe. Warum sind wir dennoch so ungeduldig?

Im Jahre 2014 hat die Psychologin Bettina Lamm erneut einen Marshmallow-Test durchgeführt, und zwar mit deutschen sowie mit Kindern der Nso-Gemeinschaft aus Kamerun. Und siehe da: Etwa 30 Prozent der deutschen Kinder konnten warten, bei den kamerunischen waren es 70 Prozent. Die Erklärung der Wissenschaftlerin: »Während in westlichen Gesellschaften viel Wert darauf gelegt wird, dass Kinder Individualität entwickeln und sich aktiv für ihre Ziele einsetzen, ist es etwa in Kamerun wichtiger, sich respektvoll in die Gemeinschaft einzufügen. Das begünstigt die Fähigkeit zu warten.«[33]

Geduld ist also tatsächlich (auch) eine Frage der Erziehung – und damit abhängig von den Werten, die man von der Gesellschaft mitbekommt. In immer mehr Gegenden der Welt heißt das aber, dass die eigene Ungeduld zum Ausdruck der epochalen Zeitnot wird, zum Sinnbild der allgemeinen Panik, etwas zu verpassen. Diese Ungeduld ist tief in die Poren unseres Daseins eingesickert. Es ist zugleich die Unfähigkeit, sich Zeit schenken zu lassen, die außerhalb der Verwertungslogik steht. Ihr Gegenstück wiederum hat dann tatsächlich wenig mit dem zu tun, was die Wissenschaft heute unter Geduld versteht: nämlich dem freiwilligen Triebverzicht, der letztlich dazu dient, diese

Triebe später umso stärker zu befriedigen. Zweifelsohne ist diese Fähigkeit im Leben wichtig – ohne sie wäre Kindererziehung ebenso wenig möglich wie viele Kulturleistungen. Doch das ist eben nur die eine, die zeitgemäße Seite der Geduld, die wir als preußische Disziplin schätzen, auch wenn wir sie nicht immer beherrschen. Zugleich aber scheint diese Geduld der Ökonomen für den instrumentellen Umgang mit unserer Zeit schlechthin zu stehen: Wir warten, wenn es uns zum Vorteil gerät, sogar freiwillig ab.

Davon zu unterscheiden aber ist die demütige Haltung, etwas geschehen zu lassen. Heute, da die Zeit die wichtigste Währung zu sein scheint, meint eine solche Geduld also vor allem die Fähigkeit, Zeit »einfach so« verstreichen zu lassen – auch wenn das vermeintlich »unproduktiv« ist. Auf der brasilianischen Insel und im Grunde auch an der Supermarktkasse würde unsere List in diesem Sinne also nur dem Optimierungsgedanken gelten – ihn gilt es zu überlisten. Es ist kaum zu übersehen, welcher »sanfte Sprengstoff« in dieser Form der Gelassenheit steckt. Zugleich aber scheint die dafür nötige Bereitschaft, einfach nur da zu sein, im Hier und Jetzt, vom Aussterben bedroht, während die instrumentelle Selbstdisziplin inzwischen den Alleinvertretungsanspruch auf das hat, was wir heute weithin unter Geduld verstehen.

3. Von antiken Göttern und modernen Dämonen

Die Müßiggänger schiebt beiseite! Diese Welt muss unser sein.[34]
Aus der »Internationalen«, dem Kampflied der Sozialisten

Warten kann also erfolgreich machen – wenn es denn wohlgeplant ist. Diese taktische Geduld ist heute vor allem die Tugend des Homo oeconomicus. Mit ihr lässt sich die Zeit berechnen, mit genügend Selbstdisziplin wird der richtige Moment kalkuliert.

Kairos und Chronos

Auf dem Börsenparkett mag das mitunter klappen – im echten Leben allerdings lässt sich der rechte Moment ungleich schwieriger planen.[35] Der günstige Augenblick ist flüchtig – und göttlich, zumindest wenn es nach der Mythologie der alten Griechen geht.[36] Kairos, der antike Gott des rechten Moments und Sohn des Zeus,[37] scheint auf den ersten Blick durchaus gut in unsere Zeit zu passen: Der agile und flinke Jüngling mit geflügelten Füßen ist ständig auf Achse, seine besonderen Merkmale sind ein kahler Hinterkopf und eine große Locke auf der Stirn. Kairos symbolisiert den richtigen Ort und den günstigen Augenblick, den es zu ergreifen gilt. Wer Kairos sieht, muss diese Gelegenheit beherzt »beim Schopfe packen«, also bei der Stirnlocke – andernfalls rutscht man am kahlen Hinterkopf ab und hat die Chance verpasst. Man sollte also nicht zu lange warten, sonst entgleitet einem der rechte Zeitpunkt. Noch für den Philosophen Friedrich Nietzsche bestand »das Problem der Wartenden«[38] denn auch darin, dass der »Weckruf« oft erst kommt, »wenn bereits die beste Jugend und Kraft zum Handeln durch Stillsitzen verbraucht ist«. Wer Angst hat, Entscheidungen zu treffen, leidet an Kairophobie.

Doch auf der anderen Seite lässt sich der rechte Moment eben auch nicht erzwingen. Kairos, das wusste schon der Philosoph Aristoteles, hat etwas Unverfügbares an sich – in einer Zeit der totalen Planbarkeit wirkt das beinahe provokant. »Kairos, der glückliche Augenblick, braucht das Warten im Rücken«[39], schreibt die Journalistin Andrea Köhler. Gerade wegen der epochalen Hektik scheint es also angebracht, die Uhr anzuhalten, um den rechten Moment geduldig auf sich zukommen zu lassen. Doch das Gegenteil ist heute der Fall: Die Zeit läuft ab. Dafür steht der andere Gott der Zeit:[40] Chronos. In der Antike wurde er zuweilen mit Kronos, dem Vater des Zeus, gleichgesetzt – nicht besonders schmeichelhaft aus Sicht des Zeitgottes, schließlich hat Kronos seinem Vater Uranos mit einer Sichel den Penis abgeschlagen und aus Angst, dass ihm das auch widerfahren könnte, seine eigenen Kinder verspeist. Und so verschlingt die Zeit noch heute, was sie selbst hervorbringt. Dafür steht der »chronische« Zeitmangel, während Sichel und Sense die Endlichkeit und den Tod symbolisieren. Der echte Chronos wiederum entstammt eigentlich der Mythologie der Orphiker[41] und war dort so etwas wie der erste Gott: Alles entspringt aus der Zeit. Später wurde Chronos dann als Greis mit Sichel dargestellt, mit der ja schon Kronos seinen Vater verstümmelte. Apropos: Einer seiner Söhne konnte vor dem gierigen Schlund des Kronos gerettet werden – es war Zeus. Seine Mutter Rhea, die zugleich die Schwester von Kronos war, versteckte ihn angeblich in einer Höhle auf Kreta. Zeus konnte ungestört heranwachsen und besiegte schließlich den Vater in einem jahrelangen Kampf. Anschließend bestieg er den Thron des Olymps und wurde zum mächtigsten Gott.

Heute sitzt dort Chronos – als moderner Dämon mit tickender Stoppuhr. Früchte werden künstlich bestrahlt, um eher zu reifen, Hühner werden verkürzten Tag-Nacht-Rhythmen ausgesetzt, sodass sie mehr Eier produzieren. Doch ebenso wie bei Tomaten oder Hühnereiern hält keine Kennerin einen schnellen Wein für gut. Und auch beim Käse hängt die Qualität von der Geduld ab, auf den besten Moment der Reifung warten zu können. Die dicksten Tomaten ernten schließlich jene, die den richtigen Moment abwarten können – selbst im Gewächshaus. Schon Wilhelm Busch wusste: »Der Ungeduldige fährt sein Heu naß ein.«[42] Aber auch, wer seinen Job kündigen und etwas Neues wagen möchte, wer Kinder kriegen oder eine (kleine) Revolution anzetteln will, sollte zwar nicht zu lange warten, aber vor allem auch nicht überstürzt losrennen. Denn sonst übersehen wir womöglich Kairos. Vielleicht rennt er uns sogar für einen Moment hinterher, doch wir nehmen ihn nicht wahr, weil wir nur nach vorne blicken und aufs Gas treten.

Die Muße und die Musen

Vielleicht kommt Kairos auch nicht alleine, sondern hat seine Halbschwestern mitgebracht: die neun Musen. Sie sind je nach Überlieferung Töchter von Uranos oder Zeus und bringen Heiterkeit und Fröhlichkeit. Die Musen, das wissen wir noch heute, stehen für die Künste, die feinen und »musischen« Freuden. Jede von ihnen hat ein Spezialgebiet: Geschichte, Lyrik und Komödie sind ebenso vertreten wie Tanz und Gesang. Im Idealfall riefen Dichter oder Künstlerinnen die Musen an, um von ihnen die gewünschte Inspiration zu erhalten. Mit einer solchen Anrufung beginnt auch Hesiods *Theogonie*, eine der wichtigsten und ältesten Quellen der griechischen Mythologie. »Helikonischen Musen geweiht«[43], schreibt er und fährt nach der Lobpreisung anderer Götter fort: »Also sprachen die Musen, des Zeus wohlredende Töchter […] und hauchten mir süßen Gesang ein.« Dazu muss man wissen: Eigenlob stank in der Antike übler als heute, die Musen waren also auch eine Art Etikette – und ein Schutzraum gegen Kritik, schließlich war es ja göttliche Eingebung, die den Dichter da ereilte. Doch ob die Musen wirklich immer auf Zuruf erscheinen?

Manchmal sprudeln sie nur so aus uns heraus, doch auf geniale Ideen muss man oft auch etwas länger warten – egal ob der Genius nun aus uns selbst kommt oder die göttlichen Musen ihn uns einhauchen. Kreativität braucht Zeit, das wussten auch die antiken Schriftsteller. So forderte der römische Dichter Horaz von seinen Kollegen »labor et mora«[44] – die Dichter sollten mit Arbeit und Muße an ihren Werken feilen. Er riet sogar, das Verfasste neun Jahre liegen zu lassen und es erst dann zu veröffentlichen. Der Dichter Vergil schien diese Ratschläge zu beherzigen: Er schrieb etwa zehn Jahre an seinem Werk Aeneis, das zum römischen Nationalepos wurde. Auch auf die Musen muss man also warten können. Sie brauchen die Muße, das ungezwungene Assoziieren und die Zeiten des befreiten Denkens. Auch wenn die Muse und die Muße entgegen des ersten Eindrucks etymologisch nichts miteinander zu tun haben, stehen sie sich eben doch gedanklich nahe. Wenn man so will, ist Kairos, der Halbbruder der Musen, auch der Gott der Muße: In zeitvergessenen, kontemplativen Mußestunden ereilt uns die Gunst des rechten Augenblicks und wir werden mit genialen Einfällen beschenkt. Muße[45], das heißt also auch, warten zu können – doch ohne Wartezeiten und

Lücken gerät sie ebenso in Bedrängnis wie das kreative und phantasievolle Denken.

Für den Duden ist die Muße »freie Zeit und [innere] Ruhe, um etwas zu tun, was den eigenen Interessen entspricht« Doch kann Fernsehen schauen wirklich Muße sein? Oder auf dem Handy surfen? Fragen wir erneut bei den alten Griechen nach. Für Sokrates war die Muße die »Schwester der Freiheit«[46], bei Platon galt sie als Voraussetzung der Philosophie und für Aristoteles war sie die Quelle des Glücks, der »eudaimonía«. Der Ort der Muße war für ihn das kontemplative, beschauliche Leben, die »vita contemplativa«. Man lebte nicht, um zu arbeiten, sondern man arbeitete um der Muße willen, denn Arbeit, diese »Nicht-Muße«, war etwas für »Banausen«. Was die Griechen wohl zur heutigen Arbeitsmoral gesagt hätten? Die Muße jedenfalls schätzten sie durchaus auch als schöpferische Kraft. Für Aristoteles war sie ein aktives Sein, das in sich selbst sinnvoll ist und im Gegensatz zur Arbeit eben keinem äußeren Zweck dient. Vornehmlich dachte der Philosoph dabei, wen mag es überraschen, an geistige Tätigkeiten. Das Fernsehschauen hätte er also wohl nicht dazugezählt. Die alleinige Zerstreuung und Erholung, das, was wir heute oft Freizeit nennen, war für Aristoteles nämlich bloß eine »Atempause«, während er die Muße als »scholé« bezeichnete – heute sprechen wir von der »Schule«. Und so verwundert es nicht, dass das antike Erziehungsideal mit Muße zu tun hatte und dass für ihre Verwirklichung sogar der Staat in die Pflicht genommen wurde. Freilich galt das Recht auf Muße nicht für Sklaven, sondern es wurde erst auf ihrem Rücken verwirklicht. Ob in der griechischen Polis oder im antiken Rom, die Muße, welche die Römer als »otium« schätzten, blieb ein Privileg bestimmter Bevölkerungsgruppen.

Im Grimm'schen Wörterbuch ist dennoch von einem »Spielraum«[47] die Rede und davon, dass »müszig« zu sein bedeute, »frei, ledig, locker, ungedrängt« zu sein. Doch diesen Spielraum machte den Musen zunehmend das Christentum streitig. Durch die christliche Arbeitsmoral rückte die »vita activa« statt der »vita contemplativa« ins Zentrum des Lebens. Jahwe ist schließlich wie Allah und im Gegensatz zu den antiken Gottheiten selbst ein Gott der Arbeit, der sechs Tage am Stück malochte. Immerhin aber hatte er einen Tag frei – ist also der Sabbat der Tag der Muße? Es ist der Tag einer ganz bestimmten Muße, denn das kontemplative Leben sollte nun nicht mehr der Philosophie oder den Künsten gewidmet werden, sondern dem Dienst an Gott. Das Leben als Wechsel zwischen Gebet und Arbeit: ora et labora.

Verpönt hingegen war das Nichtstun, der träge Müßiggang, den schon Benedikt von Nursia im 6. Jahrhundert als »Feind der Seele«[48] verurteilte. Ende des 14. Jahrhunderts erlaubte der spanische König in Barcelona eine öffentliche Uhr samt Glocke vor allem deshalb, weil Verschlafene und Müßiggänger damit zu tugendhaften Werken aufgerufen werden sollten.[49] Ob wohl schon der hart arbeitende Kain seinen Bruder, den Schafhirten Abel, aus Neid auf dessen mutmaßlichen Müßiggang ermordete? In jedem Fall ließ Frau Holle im Märchen wie selbstverständlich Gold auf das fleißige und Pech auf das faule Mädchen regnen. Für Adelige und Eliten war Arbeit hingegen noch kein erstrebenswertes Ziel, sie stellten ihre Privilegien in antiker Tradition gerne weiter zur Schau. Noch Anfang des 19. Jahrhunderts kritisierte der Frühsozialist Henri de Saint-Simon diese »Klasse der Müßiggänger«[50]. Der armen Bevölkerung wurde da in Zucht- und Arbeitshäusern aber schon längst der »Faulteufel« ausgetrieben. Im Deutschen Kaiserreich wurden Müßiggänger schließlich als »Arbeitsscheue« kriminalisiert.

Heute ist die Muße zumindest in Form des Müßiggangs endgültig zum Laster der Moderne geworden. Wer im Duden nach Synonymen zu »müßig« sucht, findet »arbeitsscheu« und »faul«. Alles unterliegt einem Zweck, selbst die Kunst. Für Kreative wird die Muße ja noch hin und wieder toleriert – aber bitte nur, wenn dann auch etwas Neues erschaffen und das Selbst verwirklicht wird. Sonst heißt Muße im besten Fall, dass man in Wellnessoasen auftanken kann, um nachher seinen Sprit wieder rasant zu verfahren. In einer Zeit des Wohlstandes also, in der Muße für alle möglich wäre, ist diese zu einem Marketinginstrument verkommen. Es ist eine scheinbare Versöhnung von Arbeit und Kontemplation, die letztlich unter dem Primat der Effizienz steht. »Freizeit« aber ist nicht dasselbe wie freie Zeit. Und schon gar nicht wie Mußezeit.

Bereits Anfang der 19. Jahrhunderts notierte der Dichter Johann Gottfried Seume:»Sich amüsieren heißt etymologisch: die Muße loswerden. Amüsement wäre also das Vergnügen der Plattköpfe.«[51] Eine recht drastische Formulierung, die doch zeigt: Muße ist kein passiver Zeitvertreib, keine billige Gaudi und keine bloße Zerstreuung – selbst wenn auch das ab und an wichtig scheint. Muße jedenfalls lässt sich nicht vermarkten, eher noch könnten wir sie in Momenten des Wartens und Innenhaltens finden. Bloß tun wir uns damit eben schwer, wenn wir das genaue Lieferdatum nicht kennen und nicht mal wissen, ob sich die Warterei lohnt. Das aber schreckt die Musen ab – und Kairos sowieso. Der Gott des günstigen Augenblicks pfeift nämlich wie auch seine Halbschwestern auf die Same-Day-Delivery. Er kommt, wann er will.

4. Verlorene Blicke

Die meisten Menschen [wissen] gar nicht, wie schön die Welt ist und wie viel
Pracht in den kleinsten Dingen, in irgendeiner Blume, einem Stein, einer
Baumrinde oder einem Birkenblatt sich offenbart.[52]
Rainer Maria Rilke

Wo einst Beschaulichkeit war, ist heute Betrieb. Es mag also kaum verwundern, dass im Historischen Wörterbuch der Philosophie vom »Verlust«[53] der »vita contemplativa« in der Moderne die Rede ist. Doch das Leben braucht eben beide Pole, es ist Narziß und Goldmund zugleich.[54] Wenn wir allerdings des kontemplativen Lebens verlustig gehen, leidet unser Bedürfnis nach Ruhe – Muße und Kreativität kommen dann zu kurz. Kontemplation bedeutet Anschauung und Betrachtung, man richtet sein Augenmerk auf etwas oder, wie man früher gesagt hätte: Man wartet.[55] Gemeint ist dabei weniger die Aussichtsplattform am Flughafen – denn Kontemplation braucht die Beschaulichkeit. Und erst das kontemplative Innehalten öffnet unsere Blicke.

Nur wenn wir hinschauen, in uns hineinhören und unserer Umwelt Aufmerksamkeit schenken, können wir spüren, ob sich Kairos uns nähert. Wer seiner großen Liebe oder zumindest einer geeigneten Partnerin begegnen will, muss die Augen aufhalten – und abwarten. Vielleicht ist aber auch der Glaube an den einen, großartigen Moment eher ein Verkaufsargument der Optimierungsjünger, die einen zu diesem besten aller Momente geleiten wollen – natürlich nur gegen das nötige Kleingeld. Vielleicht gibt es ja ohnehin ganz viele unterschiedliche Chancen, womöglich ist gar jeder Augenblick irgendwie von Kairos beseelt und wir müssen bloß genau hinschauen, um seine Gunst zu erleben. Doch dieses Hinschauen, dieser gedehnte, ruhige Blick hat eben wenig mit taktischer Selbstdisziplin oder Belohnungsaufschüben zu tun.

Stattdessen müssten wir innehalten und Pausen machen. Im Rausch der Geschwindigkeit aber sind diese längst zu Störungen verkommen. Die Uhr macht ja schließlich auch keine Pause, seit sie nicht mehr aufgezogen wird. Oft bleiben nur noch abends im Bett ein paar Momente des An- und Innehaltens. Doch nach einem vollen Tag nicken wir meist schnell ein – oder wir ärgern uns, weil wir nicht einschlafen können, aber am nächsten Morgen wieder früh rausmüssen. Auch beim Warten könnten wir innehalten, theoretisch zumindest. Denn im Grunde hätten wir ja nichts zu tun. Es könnten Momente der Stille sein, in denen der Fluss der Ereignisse stockt und wir Zeit haben, um uns umzuschauen und vielleicht sogar Kairos zu begegnen. Doch der junge Gott mit der Stirnlocke hat sich vorher eben nicht per Messenger angekündigt. Und so wird beim Warten deutlich, wie all die Ablenkung, die ständigen Blicke auf unser Smartphone und die permanente Verführung zum Konsum verhindern, dass wir in Kontakt kommen – mit unseren Mitmenschen, mit der Welt und auch mit uns selbst.

Gerade um die kleinen und unscheinbaren Dinge, die sich nicht gleich in ihrer Schönheit offenbaren, wahrzunehmen, muss man innehalten und warten. Nur wer sich geduldig durch die Landschaft bewegt, sieht die Details. Man könnte das auch Achtsamkeit nennen. Den Schnellen aber vergeht Hören und Sehen. Denn wer die Welt im

Vorbeigehen vertilgen will, kann kaum mit ihr auf Tuchfühlung gehen. Diese zärtliche Berührung nämlich braucht Geduld. Wer sich mit einer neuen Umgebung vertraut machen will, wer ihr wirklich näherkommen oder verstehen will, wie Dinge konstruiert sind, ja wer sie selbst herstellen und so eine tiefere Sinnbeziehung zu ihnen aufbauen will, der braucht Zeit: um Bewegungen einzustudieren, Sinnzusammenhänge zu erfassen und auch um Fehler zu machen.

Doch heute schrumpft die Gegenwart – und mit ihr der Raum für Kontemplation. So wundert es nicht, dass Franz Kafka die Ungeduld für die »Hauptsünde« hielt, »die den Menschen aus dem Paradies vertrieb«[56]. Vielleicht ist damit ja auch das Paradies der kleinen, wundersamen Details gemeint. In jedem Fall erinnern Kafkas Notizen an Goethes Faust, der sich dem pausenlosen Streben nach immer mehr Wissen und Genuss hingab, dessen »Fluch vor allen der Geduld«[57] galt und dem Mephisto deshalb treffend unterstellte: »Ihm hat das Schicksal einen Geist gegeben, der ungebändigt immer vorwärts drängt und dessen übereiltes Streben der Erde Freuden überspringt.«[58] So wie Goethe selbst die Landschaft durch das Fenster der Postkutsche vorbeiziehen sah, so huschen heute die Worte auf der Twitter-Timeline vorbei. Ist es am Ende aber nicht die Welt selbst, die an uns vorbeizieht – und von der wir uns entfremden? Der Soziologe Hartmut Rosa deutet den einst marxistischen Begriff der Entfremdung in diesem Kontext als Folge der Beschleunigung und beschreibt ihn als eine spezifische Form der Weltbeziehung, in der Subjekt und Welt einander »indifferent oder feindlich« gegenüberstehen: »Man ›hat‹ beispielsweise Familie, Arbeit, Verein, Religion etc., aber sie ›sagen‹ einem nichts: Es findet keine Berührung mehr statt.«[59]

Wem aber der Blick für die Welt und ihre kleinen Wunder abhandenkommt, verliert auch leichter den Kontakt zu sich selbst – und zum eigenen Bauchgefühl. Das schnelle Denken des Ödipus, die rasanten und fehleranfälligen Entscheidungen, sie passieren in pausenloser Eile, ohne innezuhalten und in sich hineinzuspüren. Wer hingegen das Abwarten beherrscht, kann meist auch besser abwägen. Man kann kurz Abstand von der Eile nehmen und, wenn nötig, einen Schritt zurücktreten. Das gilt für die kleinen Pausen ebenso wie für die größte Pause unseres Tages: den Schlaf. Wenn wir träumen, hören wir in unser Unbewusstes hinein und verarbeiten Erlebtes. Was wohl passieren würde, wenn wir eines Tages keinen Schlaf mehr bräuchten? Bei Tageslicht lassen sich die Folgen der Pausenlosigkeit jedenfalls schon heute betrachten: Wer nicht mehr innehält, wird einfach mitgerissen.

5. Allein auf dem Doppelsitz

Die Zeit spricht. Sie spricht deutlicher als Worte.[60]
Edward T. Hall

Gemeinsam und doch einsam

Unter der hohen Geschwindigkeit leiden schließlich auch unsere sozialen Beziehungen. So war besonders die Großstadt für Georg Simmel schon vor über 100 Jahren nicht nur der paradigmatische Ort der Beschleunigung, sondern auch der Einsamkeit. Der große Soziologe sah die Moderne als einen Prozess der Individualisierung an – mit ambivalenten Folgen. Die Befreiung aus Zwängen und die soziale Vereinzelung seien nur zwei Seiten derselben Medaille, und beides werde gerade in ebenjenen Metropolen gut sichtbar. Simmel wusste, dass man sich »unter Umständen nirgends so einsam und verlassen fühlt, als eben in dem großstädtischen Gewühl«[61]. Das hat natürlich mit der Reizüberflutung zu tun, aber eben auch mit der Hektik: Wenn wir anderen nämlich nicht genug Zeit und Aufmerksamkeit widmen, kommen wir kaum miteinander in Kontakt. Immer stärker steht zudem unsere »Eigenzeit«, also die Zeit, die unseren Plänen und Wünschen entspricht, der sozialen Zeit der Gemeinschaft entgegen. Und immer weniger wollen wir uns dabei anpassen oder auf andere warten. Die Entfremdung von der Welt ist also auch eine soziale. Doch der Individualismus ist nicht nur ein Produkt der hohen Geschwindigkeit, sondern verstärkt diese zugleich noch. Darauf macht der Zeitforscher Robert Levine aufmerksam:[62] Wo Menschen individualistischer denken, spiele auch Leistung eine größere Rolle. Und dann ist Zeit eben Geld. Das wiederum trägt nicht gerade zum Miteinander bei.

All das zeigt sich in besonderer Weise beim Warten: Bushaltestellen, Wartezimmer, Amtsflure – weil wir ohnehin erst mal warten müssen, könnten sie Orte der Kommunikation und der Geselligkeit sein, eine Gelegenheit, um miteinander in Kontakt zu kommen. So wie die Bahnhofshallen im 19. Jahrhundert für die Menschen ein neuartiger Begegnungsraum waren. Doch der Normalfall ist heute ein anderer: Im öffentlichen Raum grenzt man seine Privatsphäre ab. Am Flughafen bauen Reisende um sich herum eine Burg aus Koffern, im Wartezimmer blättern Kranke in Magazinen oder verschränken die Arme. Im Bus sucht man sich stets einen Doppelsitz, die Blicke sind auf das Smartphone gerichtet oder schweifen am Bahnhof in Richtung Horizont, wo der Zug doch endlich erscheinen soll. Und alles nur, um bloß nicht untätig zu wirken und womöglich noch in ein Gespräch verwickelt zu werden.

Früher war das mal anders, wie erneut Georg Simmel berichtet: »Vor der Ausbildung der Omnibusse, Eisenbahnen und Straßenbahnen im 19. Jahrhundert waren Menschen überhaupt nicht in der Lage, sich minuten- bis stundenlang gegenseitig anblicken zu können oder zu müssen, ohne miteinander zu sprechen.«[63] Und auch heute gilt die Norm der Anonymität nicht überall – mancherorts bleibt man beim Warten nicht lange allein. Die Gründe dafür sind mannigfaltig: So scheinen der Individualismus und die Zeitnot die Menschen ebenso distanzierter zu machen wie ihr Reichtum und das hohe Konsumniveau.[64] Wer nämlich ständig ans Kaufen oder Surfen oder an die Hügel denkt, die woanders angeblich grüner sind, achtet kaum noch auf seine Mitmenschen. Das ruhigere Landleben wiederum wirkt dem Bedürfnis nach Distanz entgegen, das in der Ober- und Mittelschicht wohl größer als in der Unterschicht ist – ebenso wie es im Globalen Norden insgesamt ausgeprägter ist als im Globalen Süden. So fand die Soziologin Regina Kenen in einer Untersuchung[65] im Großraum San Francisco heraus, dass sich in einem

Waschsalon, der vor allem von der Weißen Mittelschicht besucht wurde, der Kontakt unter Fremden meist auf das Nötigste beschränkte, während man auf die Wäsche wartete. Die Leute vermieden Augenkontakt und gingen auf Distanz. In einem anderen Salon, der in einem ärmeren Viertel mit hohem Anteil an Latinos lag, kamen die Wartenden hingegen leichter ins Gespräch. Dort herrschte Geselligkeit und die Grenzen zwischen Bekannten und Fremden verschwammen.

Zugegeben: Nicht immer wäre das Warten bloß eine Gelegenheit zum Plausch, sondern oft erschwert es diesen auch. Da ist zum einen der Ärger über die verlorene Zeit, der unseren Blick für andere Wartende verstellt – schließlich stehen sie sinnbildlich für das Leid des Wartens und erinnern stets aufs Neue daran. Da sind aber auch die besonderen Anforderungen, die manche Wartesituation an uns stellt: Wir sind ständig auf Abruf, und wenn wir nicht rechtzeitig am Schalter erscheinen, verlieren wir unseren Platz in der Schlange. Weil alle möglichst schnell drankommen wollen, herrscht zudem Konkurrenz. Und schließlich trägt auch die Technik trotz aller Möglichkeiten der Vernetzung zur Anonymität bei: Wo man früher persönlich einen Termin machte, geht das heute per App, und während Menschen aus verschiedenen Schichten noch vor nicht allzu Langem am Schalter miteinander in Kontakt kamen, werden Bankgeschäfte inzwischen online getätigt. Im Wartesaal musste man einst aufpassen, dass sich niemand vordrängelt – längst werden dort Nummern gezogen. Diese »intelligenten Ticketautomaten« wurden in den 1960er-Jahren in Schweden entwickelt[66] und konnten erfahrene Schlangesteher zunächst durchaus verwirren: Kundinnen bildeten nämlich fortan keine Schlange mehr, sondern hielten bloß noch einen kleinen Zettel in der Hand und mussten aufpassen, wann ihre Nummer angezeigt wurde. Ob an Käsetheken im Supermarkt oder am Verkaufsschalter der Bahn – heute wundert sich darüber niemand mehr. Die sozialen Effekte indes sind zwiespältig:[67] Klare Regeln verhindern Konflikte und lassen den Wartenden mehr Spielräume. Zugleich aber verschwindet jeglicher Anlass zur Kontaktaufnahme. Reibung heißt Kontakt – er geht der reibungslosen Gesellschaft verloren.

Die bedeutungsschwangere Pause

Wer eine Botschaft sendet, muss nichtsdestotrotz auch heute noch auf eine Antwort warten. Dabei ist die Wartezeit selbst schon Teil der Kommunikation. So wichtig wie die Buchstaben sind die Räume zwischen ihnen. Auch beim Sprechen machen die Pausen die Musik, sie erzeugen die Dramaturgie und verleihen dem Gesagten Gewicht. Wer am laufenden Band redet, findet zudem keine Zeit, um zuzuhören. Wer wiederum pausenlos zuhören muss, kann das Gesagte kaum verarbeiten. Und je nachdem, wie lange wir etwas sacken lassen, eröffnet sich vielleicht eine ganz neue Bedeutungsebene – denken wir nur an so manchen Witz, den wir erst bei erneutem Nachdenken verstehen. Die Wartezeit zwischen Frage und Antwort, zwischen dem Witz und dem Lachen, zwischen der Botschaft und dem verzerrten Echo, diese bedeutungsschwangere Pause hat uns stets Raum für Interpretationen gelassen: Warum antwortet sie nicht? Ist ihm etwas passiert? Oder hat er mich plötzlich sitzenlassen? Hoffnung und Frust, tiefe Verbundenheit und große Erwartungen liegen in solchen Situationen stets nah beieinander.

Schließlich hängt unsere Kommunikation auch von der technischen Entwicklung ab. Früher konnten sich Menschen kaum über große Distanzen austauschen, wenn sie nicht gerade das Privileg besaßen, einen Boten zu beauftragen. Und wer doch mal einen Brief verschickte, musste tief in die Tasche greifen und wusste dennoch nie genau, ob und wann die Nachricht ankam. Noch Ende des 18. Jahrhunderts war ein Brief innerhalb der USA oft 40 Tage unterwegs.[68] Dank der Luftpost verkürzte sich diese Spanne gegen Ende des Ersten Weltkrieges auf drei bis fünf Tage. Wer nun eine Nachricht abschickte, erwartete alsbald auch eine Antwort. Und wer in großen Metropole wohnte, kam gar schon in den Genuss einer Art frühen Echtzeitkommunikation: In New York und Paris, in Berlin, Wien und vielen anderen Städten wurden ab Mitte des 19. Jahrhunderts unterirdisch Dutzende Kilometer Rohre verlegt, in denen Kanister per Luftdruck mit bis zu 40 Stundenkilometern hin- und hergeschossen wurden. Durchgesetzt hat sich die Rohrpost indes nicht, heute wird sie nur noch hausintern in Waren- oder Krankenhäusern verschickt.

Der Siegeszug des Telefons hingegen war nicht aufzuhalten. Seit Anbeginn war es auch ein Symbol des Wartens – und als es noch an einer Schnur hing, war man dabei kaum mobil. Man wartete vor öffentlichen Münzfernsprechern oder in den eigenen vier Wänden, wenn man auf den Anruf der Liebsten hoffte. Gewandelt hat sich aber auch die Dauer der Wartezeit – mit zunächst durchaus positiven Folgen. Verzögerungen können schließlich sogar Menschenleben kosten: Am Heiligabend 1814 sollte der Friedensvertrag von Gent den Britisch-Amerikanischen Krieg beenden. Doch weil diese Nachricht die andere Seite des Atlantiks zu spät erreichte, kam es am 8. Januar des kommenden Jahres zur Schlacht von New Orleans, bei der Tausende Soldaten ihr Leben verloren.

Während wir dem Ideal der Informationsübertragung in Echtzeit dank des mobilen Internets immer näherkommen, erscheint eine Kommunikation ohne Wartezeiten aber bloß auf den ersten Blick erstrebenswert. Es bleibt dann nämlich kein Raum mehr für Interpretationen, für Gefühle oder Phantasie. Und schließlich entsteht Intimität eben auch, indem wir auf andere warten und einander dabei in Gedanken nah sind. Doch was, wenn es keine Wartezeiten mehr gibt – oder unsere Toleranzschwelle dafür gleich null ist? Die Zeit spricht dann nicht mehr. Zugleich steigen die Erwartungen, schnell zu antworten und damit ständig vor dem Messenger zu hängen. Nun warten wir eben nicht mehr wochenlang auf einen Brief, dafür ständig auf eine kurze Nachricht. Wichtiger werden unsere Botschaften deshalb aber kaum.

Geduld: eine soziale Tugend

Das Warten ist also eine stille Kraft, die unsere sozialen Interaktionen prägt. Manches Vorhaben scheitert ohne diese Kraft gänzlich. Für eine wirkungsvolle Rache etwa muss man meist geduldig auf den richtigen Moment warten. Aber auch eine echte Entschuldigung muss warten können – gerade wenn unser Harmoniebedürfnis uns zur Versöhnung drängt. Wer es nämlich ernst meint und nicht bloß ein kleines »sorry« dahersagt, darf es nicht zu schnell sagen, sonst kommt leicht der Verdacht auf, man sage es eben doch bloß so daher. Geduldig zu warten hingegen zeigt an, dass man die eigenen Ziele nicht um jeden Preis durchboxt. Besser also man schläft noch mal darüber, vielleicht steht dann ja der Partner schon mit einem Strauß Blumen vor der Tür.

Geduld ist zugleich einer der wichtigsten Faktoren des Lernerfolgs. Geduldige Lehrerinnen konnten uns seit jeher mehr beibringen als ungeduldige, und sei es, weil wir weniger Angst vor den Nachsichtigen hatten. Aber auch Eltern sollten warten können, wenn ihre Kinder noch nicht so weit sind. Was den Umgang mit Jungen, Alten und Kranken in besonderem Maße beeinflusst, wirkt sich auch in anderen zwischenmenschlichen Beziehungen aus – die Ungeduld. Aus ihr entstehen Konflikte, in echten Freundschaften aber hört man sich zu und lässt sich Zeit. Wer hingegen bei seinem Gegenüber nur noch im Vorübergehen das Verwertbare abgreift, verhält sich am Ende wie die Stechmücke: Man hat sich vollgesaugt mit vermeintlich wichtigen Informationen, ist aber leer an Begegnungen.

In seinen Reflexionen *Das Gewicht der Welt* notierte der umstrittene Schriftsteller Peter Handke folgende Beobachtung: »Ungeduldig werden mit jemandem: weil ich ihm nicht zuschaue.«[69] Auf den ersten Blick mag das verwirrend klingen, glauben wir doch, ungeduldig zu werden, weil wir der alten Dame zuschauen müssen, die vor uns an der Supermarktkasse steht und jede Münze einzeln abzählt. Doch man kann die Sache eben auch anders betrachten: Wir sind ungeduldig, weil wir uns nicht für die Frau interessieren. Was verrät uns ihr Gesicht? Zählt sie jede Münze einzeln ab, weil sie alt ist – oder weil sie arm ist? Lächelt sie?

Zu warten bedeutet, auch mal zurückzustecken. Doch gerade das haben wir verlernt. Darunter leiden vor allem die Ökosysteme: Klimawandel, Vermüllung der Weltmeere und das Sterben der Arten sind die Folgen der beschleunigten Ausbeutung, die der Natur keine Zeit zur Regeneration lässt. Wir schlagen das Holz schneller, als es nachwächst, der großindustrielle Abbau von Rohstoffen raubt der Natur in kürzester Zeit, was in Tausenden von Jahren entstand. Unter den Modewörtern der Nachhaltigkeit, des Postwachstums und der Gemeinwohlökonomie haben sich zwar längst Alternativen entwickelt, doch womöglich kommen sie zu spät. Denn tragischerweise warten wir gerade dort ab, wo es um die großen Bedrohungen der Welt geht. Wir machen so weiter wie bisher – bis die Katastrophe unvermeidlich wird.

Damit ist auch die akute Krise der Politik direkt verwoben. In der subjektiven Ohnmacht, die schnelle und komplexe Welt kaum beeinflussen zu können, spiegelt sich nämlich ein realer Kontrollverlust wider: Heutzutage werden politische Entscheidungen meist von der »Vordringlichkeit des Befristeten« bestimmt. Oft gerät dadurch aber das große Ganze in Vergessenheit. Statt auf Entscheidungsspielräume verweisen Parlamente und Regierungen ob des hohen Tempos vor allem auf lauter Sachzwänge: die rasanten Ereignisse in der Finanzwelt oder die Drohung von Unternehmen, ihre Produktionsstätten zu verlagern. Aber auch ein Echtzeitjournalismus, in dessen Blitzlichtgewitter sich kaum ein Politiker als zögernd präsentieren will, lassen den Zeitraum für Entscheidungen und damit ihre Durchdachtheit schrumpfen. Dabei bräuchte gerade demokratische Willensbildung Zeit zum Zweifeln und Debattieren. In der Demokratie braucht es das geduldige Warten auf Kompromisse – in der Diktatur ist das anders. Paradoxerweise hat sich die Politik im Globalen Norden durch neoliberale Deregulierungen teilweise selbst um Gestaltungsspielräume gebracht, während diese vielen Ländern des Globalen Südens zwangsweise vorenthalten werden.

Wartezeiten und Pausen sind also nicht bloß bedeutungslose oder ärgerliche Lücken. Sie sind essenziell für das Funktionieren einer Gesellschaft – und für die Verbindung zwischen den Menschen. Wer aber nicht warten will, tut sich auch mit dem Verbinden schwer.

V. Die Warteschlange – eine Frage der Gerechtigkeit

*Die Gleichheit ist zugleich die natürlichste
und die trügerischste Sache.*[1]

Voltaire

Ob im Supermarkt oder am Ticketschalter, am Flughafen oder an der Theke unserer Lieblingsbar – obwohl alles immer schneller wird, müssen wir ständig warten. Bis auf die Theke, an der es auch mal ungestüm zugeht, reihen wir uns dabei meist brav ein. Kein schöner Anblick ist das, schließlich symbolisiert die Warteschlange die Ineffizienz des Systems, den kollektiven Aufschub und die gegenseitige Missgunst. Für viele ist es eine Art Prophezeiung all der verlorenen Zeit, bis wir endlich drankommen. Und je mehr Menschen dort anstehen, desto länger wird es dauern.

Auf der anderen Seite trägt die Warteschlange aber auch ein Versprechen in sich: Wenn wir schon warten müssen, dann soll es dabei wenigstens gerecht zugehen. Die Zeit eines jeden soll dasselbe wert sein.

Ist die Warteschlange also entgegen des ersten Eindrucks vielleicht sogar ein Indiz für gesellschaftlichen Fortschritt – und für die Gleichheit der Menschen? Oder wird in der Realität eben doch derjenige zuerst bedient, der sich dreist vordrängelt?

1. Zwischen Feudalismus und Demokratie

An Englishman, even if he is alone,
forms an orderly queue of one.[2]

George Mikes

Wer zuerst kommt, mahlt zuerst

Seit wann Menschen wohl in Warteschlangen stehen? Ob sich vielleicht schon Neandertaler vor ihren Höhlen einreihten? Naheliegender
scheint, dass Bauern auf mittelalterlichen Märkten oder Männer in
antiken Städten mitunter in Schlangen standen – etwa, wenn sie bei
den Wahlen nacheinander ihre Stimmtafel abgeben mussten. Und womöglich haben auch Leibeigene manchmal vor den Toren des Prunk-
palastes ihrer Feudalherren darauf gewartet, den hart verdienten Zehnt
abzuliefern. Eine doppelte Demütigung also. Doch bildeten die Wartenden dabei wirklich ordentliche Schlangen – oder doch eher unüber-
sichtliche Ansammlungen fluchender Menschen?

Wer zuerst kommt, mahlt zuerst – das ist das Prinzip der Warteschlange. Dabei ging es ursprünglich natürlich nicht um die hohen
Künste und die Malerei, sondern um das Mahlen von Getreide. Das
bis heute gebräuchliche Sprichwort hat seine Wurzeln im Mittelalter –
einer Zeit also, in der Rechtsvorschriften kaum schriftlich erfasst wurden. Einer der Ersten, der dies versuchte, war Eike von Repgow. Um
1230 sammelte er im *Sachsenspiegel* das geltende Recht seiner Heimat,
des östlichen Harzvorlandes. Zum Mühlenrecht[3], das die Pflichten
und Rechte der Müller regelte, steht dort geschrieben: »Die ok irst to
der molen kumt, die sal erst malen.«[4] Wer zuerst die Mühle erreicht,
soll auch zuerst mahlen dürfen.[5]

Gerade wenn es saisonal wenig Wasser gab oder kaum Wind wehte,
musste man auch mal etwas länger auf sein Mehl warten. Dabei wurde
die Mühle zum Kommunikationsort – davon zeugen Wirtshäuser, die
neben mancher Mühle standen. Sie boten den Gästen ein wenig Abwechslung und den Müllern eine zusätzliche Einnahme. Mancher

Mahlgast konnte dennoch nicht abwarten und versuchte, sich mit kleinen Zuwendungen einen Vorteil zu verschaffen und schneller bedient zu werden. Streit war also vorprogrammiert – das Mühlenrecht sollte dem entgegenwirken. Niemand sollte bevorzugt werden.

Dennoch war die Geltung dieser Gleichheit begrenzt. Es ist nämlich kaum denkbar, dass auch Adelige warten mussten. Oft gehörte den Feudalherren schließlich die Mühle und sie waren es, die den Müllern gegen eine Abgabe das Mahlprivileg erteilten. Die hohen Herren bekamen ihr Mehl also frei Haus geliefert oder schickten einfach ihre Knechte und Mägde, die dann unter ihresgleichen in der Warteschlange stehen durften. Verirrte sich doch mal ein Adeliger dorthin, sorgte vermutlich schon dessen feine Kleidung dafür, dass man ihn vorließ.

Die moderne Schlange

Letztlich lassen sich die frühen Beispiele der Warteschlangen also eher als Vorläufer für das verstehen, was sich erst im 19. Jahrhundert als regelmäßige Norm etablierte. In *Queuing for Beginners* schreibt der Historiker Joe Moran: »Die geordnete Schlange scheint zu Beginn des neunzehnten Jahrhunderts zu einer etablierten sozialen Form geworden zu sein«.[6] Das ergibt durchaus Sinn, schließlich markiert die Warteschlange eine Art Nadelöhr: Sie entsteht, wo zu viel Nachfrage auf ein zu kleines Angebot trifft. Zum einen setzt das größere Menschenansammlungen voraus, die in der Vormoderne die Ausnahme waren. Zum anderen braucht es überhaupt ein Angebot, auf das die Massen warten konnten – wo es nichts zu kaufen gab, da musste man sich auch nicht anstellen. Und wo noch keine Bahnen fuhren, da gab es auch keine Wartesäle. Seit der Industrialisierung aber verbesserte sich die Versorgungslage und viele Produkte waren nun erstmals käuflich zu erwerben. Auf sie konnten die Menschen nun warten.

Dabei wurde die Gleichheit der Wartenden immer wichtiger. Während das ziemlich ungleiche Schicksal der Menschen in der europäischen Vormoderne meist schon qua Geburt festgelegt war, wird die

Moderne von der Vorstellung geleitet, dass alle Menschen gleich sind – oder zumindest, dass sie gleiche Chancen haben sollen. Obwohl die Menschenrechte bei ihrer Proklamation für alle gelten sollten, wurden sie nicht für die Menschen aus den europäischen Kolonien wirksam, und obwohl sich an dieser grundsätzlichen Schieflage im Laufe der Geschichte wenig geändert hat, soll die Gleichheit bis heute ein wichtiger moralischer Gradmesser sein. Wer länger in der Schlange steht, soll zuerst bedient werden, egal, welchen Beruf, welches Geschlecht, welche Herkunft man hat. Zumindest ist das die Theorie. Es ist eine Theorie, die diametral zu feudalen Verteilungsprinzipien steht und sich deshalb erst in der Moderne entfalten konnte. Freiheit und Gleichheit sind die zwei großen Ideale dieses neuen Zeitalters – und während das eine epochale Versprechen für die Abschaffung des Wartens steht, zielt das andere auf die gerechte Verteilung der so wertvollen (Warte-)Zeit.

Und so symbolisierte auch die Zugreise im Grunde einen »egalitären Aufbruch«[7], wie der Frühsozialist Constantin Pecqueur 1839 hoffnungsvoll beschrieb: »Es ist derselbe Zug, dieselbe Kraft, die Große und Kleine, Reiche und Arme befördert; daher werden die Eisenbahnen zum unermüdlichen Lehrmeister der Gleichheit und Brüderlichkeit werden.«[8] Und auch das Warten auf die Züge stand mancherorts im Zeichen dieser klassenübergreifenden Erfahrung. Schließlich gab es an vielen Bahnhöfen zumindest in den Anfangsjahren der Eisenbahn nur einen Wartesaal für alle – was von denjenigen, die sich für etwas Besseres hielten, alsbald kritisiert wurde.

Wer hat's erfunden?

Doch die Gleichheit fand auch Anhänger. Die Vorstellung des Schlangestehens als egalitäre Praxis passt zumindest bestens zu den Mythen, die sich um die »Erfinder« der modernen Warteschlange ranken. Folgt man den Klischees, dann waren das die Briten. George Orwell, der Autor der großen Dystopie *1984*, imaginierte bereits während des Zweiten Weltkrieges einen fremden Besucher, der extrem beeindruckt war vom »ordentlichen Verhalten der englischen Massen, dem Fehlen von Geschubse und Zankereien und der Bereitschaft, Warteschlangen zu bilden«[9]. Der Komiker George Mikes urteilte 1946 in seinem Bestseller *How to be an Alien* über die Menschen im Königreich: »Sie genießen nicht viele Dinge, aber sie lieben es, in der Schlange zu stehen.« Diese Vorliebe scheint sich bis heute gehalten zu haben. Als im Spätherbst 2012 ein Geldautomat in Glasgow wegen eines Defekts zu viel Geld ausspuckte, stellten sich die Menschen brav an, um einen Teil davon abzubekommen.[10] Während der Straßenunruhen 2011 sollen laut Medienberichten sogar Hooligans eine Schlange gebildet haben, um sich dann ganz ungeniert in den aufgebrochenen Geschäften zu bedienen. Wer wiederum ein Ticket für das legendäre Tennisturnier in Wimbledon ergattern möchte, muss sich stundenlang in eine Warteschlange stellen und bekommt dafür extra einen 40-seitigen Leitfaden in die Hand gedrückt.

Irgendwie sind die Menschen in Großbritannien stolz auf ihre Schlangen, schließlich stehen die ja angeblich in der liberalen britischen Tradition von Anstand und Fair Play. Doch obwohl das Königreich als Wiege der modernen Demokratie gilt, deutet einiges auf einen anderen Ursprung der Warteschlange hin. Als sich der Historiker Thomas Carlyle 1837 als einer der Ersten mit diesem Phänomen befasste, lobte er nämlich die Franzosen für ihr Talent, »spontan in der Schlange zu stehen«. Dies unterscheide sie »von allen anderen Völkern, ob antik oder modern«. Das erscheint schlüssig, denkt man nur an den Wahlspruch der Französischen Revolution von 1789: »Freiheit, Gleichheit, Brüderlichkeit«. Auch die »queue«, das englische Wort für die Warteschlange, kommt ursprünglich aus dem Französischen und bedeutet dort Schwanz, Schlange oder Stil. Der Mythos der Briten als enthusiastische Liebhaber der Warteschlange hat sich dennoch bis heute gehalten. Zahllose Zeitungsartikel und Reisebücher betrachten das Schlangestehen als eine urbritische Tugend und raten den Reisenden, sich darauf einzustimmen, wenn sie in Richtung Great Britain aufbrechen.

2. Ein umkämpftes Ideal

The Socialist dream is no longer of Utopia, but Queuetopia.[11]
Winston Churchill

Kulturen des Schlangestehens

Die Warteschlange repräsentiert also hohe Werte. Und obwohl wir nicht gerne dort stehen, schmücken wir uns umso lieber mit den Werten der Gleichheit und Fairness. Der Anthropologe Edward T. Hall glaubt, dass die Warteschlange den »grundlegenden Egalitarismus«[12] der amerikanischen und westlichen Welt widerspiegelt. Eine Geschichte aus Indien, dem Land der Kasten, scheint das zu bestätigen. »Weil jeder unbedingt der erste sein wollte, fochten die Wartenden vor dem Schalter Ringkämpfe aus, statt sich geduldig in die Schlange zu reihen; und da die meisten von ihnen Hühner, Kinder und andere sperrige Gegenstände mitführten, war das Ergebnis ein allgemeines Gerangel, aus dem immer wieder Federn, Spielsachen und Hüte in die Luft flogen.«[13] Wenngleich die Geschichte des britisch-indischen Schriftstellers Salman Rushdie Fiktion sein mag, so scheint sie doch an die Realität auf dem Subkontinent angelehnt. Ein ähnliches Gerangel spielt sich jeden Abend in Bogotá ab. Die riesige Metropole wird von den Bussen des »TransMilenio« durchquert, die auf eigenen Fahrstreifen schneller vorankommen. Das ist nicht unerheblich, liegt Kolumbiens Hauptstadt im weltweiten Stauvergleich doch auf Platz eins.[14] Aber auch Busfahren ist kaum angenehmer, noch bevor die Türen aufgehen, wird geschubst und gedrängelt. Wer zu den Glücklichen gehört und einsteigt, muss im heillos überfüllten Bus weiter alle Kraft aufwenden, um nicht zerquetscht zu werden. Sind die Warteschlange und mit ihr das Gleichheitsideal also tatsächlich eine westliche Errungenschaft?

Die Realität ist wie so oft differenzierter. Deutsche U-Bahnhöfe erinnern vor allem während Großveranstaltungen eher an den »TransMilenio«. In Kuba[15] hingegen geht es laut Berichten gesitteter zu, ohne dass die Menschen immer gleich Warteschlangen bilden müssten: An Haltestellen fragt man einfach nach »el último« und der- oder diejenige, die zuletzt angekommen ist, hebt die Hand. Kommt dann der Bus, steigt man einfach nach dieser Person ein. In Nigeria wiederum mussten Auto- und Motorradbesitzer während der Benzinknappheit in den 1970er-Jahren viel Zeit an Tankstellen verbringen. Nach anfänglichem Chaos etablierten sich nach wenigen Wochen Warteschlangen, um sie herum entwickelte sich ein Sozialleben: Händler verkauften ihre Waren, auch Bettler versuchten ihr Glück. Trotz aller ethnischen, religiösen und sozialen Machtkämpfe, die in Nigeria bis heute zu Gewalt führen, akzeptierten die Menschen an der Tankstelle also ihre Gleichheit.

Ähnlich gesittet geht es zumindest beim Warten auf den Bus in Buenos Aires zu: Die Warteschlangen sind oft mehrere Hundert Meter lang und führen nicht selten um die nächste Straßenecke. Wo die Bahnen im Links- und die Autos im Rechtsverkehr fahren, mag man dies als Überbleibsel des englischen Einflusses auf den Melting Pot Argentinien begreifen – oder aber anerkennen, dass Gleichheit und mit ihr die Warteschlange keine exklusiv westlichen Ideen sind. Denn auch anderswo gab und gibt es egalitäre Lebensformen, zudem haben sich die Kulturen des Wartens nicht erst in der globalisierten Welt aneinander angeglichen. Vermutlich sind die Geschichten und Mythen rund um die Warteschlange also auch dazu da, Stereotype zu konstruieren. Es ist wie mit der modernen Sicht auf die Vormoderne: Der eigene Blick dient oft weniger dem, worauf man blickt, sondern entweder der nostalgischen Sehnsucht nach Gelassenheit oder der Abgrenzung sowie der Vergewisserung, selbst Teil einer angeblich fleißigen, pünktlichen und egalitären Gesellschaft zu sein.

Warten im Ostblock

Warteschlangen haben aber nicht nur deshalb hohen Symbolcharakter, weil sie für Gleichheit stehen, sondern auch, weil sie die Ineffizienz eines politischen Systems aufzeigen können. So wie im real existierenden Sozialismus[16], wo das Schlangestehen zur täglichen Routine gehörte. In der DDR warteten Bürgerinnen im Schnitt 12 Jahre auf ein Auto und 13 Jahre auf ein Telefon. Aber auch für fast alle Alltagsprodukte musste man sich anstellen. In Russland gab es dabei ein berüchtigtes System aus drei Schlangen: die erste, um Produkte auszuwählen, die zweite an der Kasse und die dritte an der Warenausgabe. Auf Südfrüchte durfte man ohnehin kaum hoffen, aber auch die Auswahl an anderem Obst und Gemüse war im Ostblock äußerst begrenzt. In der Erdbeerzeit war die Schlange auf dem Markt oft schon 30 Meter lang, wenn der Stand noch gar nicht aufgebaut war. Wer sein Bad fliesen wollte, musste unter Umständen jahrelang auf die Fliesen warten und bekam dann doch etwas anderes als bestellt. Die Folge: Stets hielt man Ausschau, und wo immer sich eine Schlange bildete, blieb man nach Möglichkeit selbst während der Arbeitszeit stehen – auch ohne zu wissen, was in den Regalen lag.

Das führte nicht nur zu enormen Arbeitsausfällen, sondern die Bilder der Warteschlange waren auch Ausdruck des planwirtschaftlichen Versagens. Und so verbot der sowjetische Diktator Josef Stalin ab 1939 kurzerhand die Warteschlangen – ohne aber die dafür verantwortlichen Versorgungsengpässe zu beheben. Angeblich standen in der Nacht auf den 17. April 1939 in Moskau über 400 000 Menschen wartend vor den Geschäften. Also patrouillierten nun Polizisten und schickten die Leute weg oder drehten die Schlangen manchmal aus Schikane einfach um. Die Ersten sollten die Letzten sein. Also entwickelten die Wartenden immer neue Strategien gegen die Obrigkeit: Sobald die Polizei auftauchte, zerstreute sich die Menge blitzschnell, um sich danach sogleich wieder zu formieren. Man versteckte sich in Hinterhöfen und Parks, Neuankömmlinge wurden informiert, wo sie das Ende der Schlange finden. Oder die Menschen taten so, als ob sie vor dem Geschäft spazierten beziehungsweise auf die Straßenbahn warteten. Sobald die Geschäfte öffneten, strömten die Menschen hinein – denn drinnen durften sie warten. Erst als die Deutschen 1941 in der Sowjetunion einmarschierten und der Krieg ausbrach, verschwanden die Warteschlangen vorübergehend aus dem öffentlichen Leben.

Später versuchten sozialistische Machthaber, das Warten kurzerhand zu einer Art praktischer Übung im Kommunismus umzudeuten: Wer jetzt in der »sozialistischen Wartegemeinschaft« ein Opfer bringe, werde später mit einer egalitären Gesellschaft belohnt. Geholfen hat es nichts. Vielleicht hatte die ständige Warterei im Gegenteil sogar einen Anteil am Zusammenbruch des Ostblocks. Pro Jahr soll die Sowjetbevölkerung etwa 30 Milliarden Stunden in Warteschlangen zugebracht haben – das entspricht der Jahresarbeitsleistung von 15 Millionen Menschen.

Diesseits des Eisernen Vorhangs

Aber auch im Westen[17] waren Warteschlangen einst Ausdruck eines existenziellen Mangels. Als etwa die britischen Männer im Zweiten Weltkrieg an der Front kämpften, sollten die Frauen das Unmögliche schaffen und eine ausreichende Versorgung sicherstellen. Der Mythos der schlangestehenden britischen Gentlemen begann also eigentlich mit den Gentlewomen. Weil sich der Staat um die Gesundheit der Frauen sorgte, wurden werdende Mütter mit einem Etikett ausgestattet. Auf diesem stand »Queue priority please«: Priorität in der Schlange, bitte. Britische Tugenden hin oder her, nicht alle fanden das gut – und so entstand der folgende Witz: Ein Verkäufer fragt eine Frau, ob sie schwanger sei. Diese antwortet: »Als ich die Schlange betrat, war ich es noch nicht.«

Der Frust über die schlechte Versorgung hielt auch in der entbehrungsreichen Nachkriegszeit zunächst an. Der alte Politfuchs Winston Churchill machte sich das zunutze, indem er die Warteschlangen ungeachtet der Mythen vom britischen Anstand zum Symbol der Labour-Regierung erklärte. Er erfand dafür gar den Begriff der »Queuetopia«. Es war auch ein Fingerzeit in Richtung Osten und sollte die Arbeiterpartei im wahrsten Sinne des Wortes in eine Reihe mit den

Kommunisten stellen. Churchill jedenfalls gewann die Wahlen 1951 – und in der Labour-Partei macht man für die Niederlage verärgerte Hausfrauen verantwortlich: Die letzte Wahl sei vor allem »in den Warteschlangen der Metzger und Lebensmittelgeschäfte« verloren gegangen. 1954 wurde die Rationierung wichtiger Güter schließlich abgeschafft und etwa zeitgleich die Selbstbedienung in Supermärkten eingeführt. Die Warteschlange diente aber auch weiterhin als politisches Kampfinstrument. So wollte die »Eiserne Lady« Margaret Thatcher in Churchills Tradition die angeblich sozialistische Politik der Labour-Regierung brandmarken und zog 1979 mit dem Motiv einer Warteschlange vor einem Arbeitsamt in den Wahlkampf. Dabei hatte sie gleich doppelt geschwindelt: Die Menschen auf dem Wahlplakat waren nämlich gar keine Arbeitslosen, sondern Anhänger der Konservativen, die für das Foto in einem Londoner Park eine Warteschlange imitierten. Weil jedoch nur 20 Freiwillige erschienen, mussten sie sich für mehrere Fotos aufstellen, die dann geschickt montiert wurden.

Während im Ostblock aber erst die Planwirtschaft zusammenbrechen musste, bevor die Warteschlangen ihre immense Bedeutung verloren haben, arbeitete man im kapitalistischen Westen mit etwas größerem Erfolg an ihrer Abschaffung. Um den Konsum zu steigern, wurde auch das kollektive Warten den Gesetzen der Effizienz unterworfen – mithilfe von »intelligenten Ticketautomaten« und einer eigenen mathematischen Teildisziplin. Bereits vor über 100 Jahren begründete der Mathematiker Agner Krarup Erlang die »Warteschlangentheorie«[18] und machte damit die Telefonvermittlung effizienter: Wie viele Leitungen braucht es, um die Wartezeit, aber auch die Kosten möglichst gering zu halten? Heute soll so beinahe alles optimiert werden: Ampelschaltungen und die Rotation von Krankenhausbetten, Flughafenkontrollen oder Prozesse in der Logistikbranche.

Die Psychologie des Schlangestehens

Auch im Alltag wollen wir das Warten stets optimieren und fragen uns bei jeder Gelegenheit, in welcher Schlange es wohl am schnellsten geht. Wir alle kennen das Ergebnis. Warum nur wählen wir immer die falsche Warteschlange? Nun, die Erklärung ist wenig mystisch: Gibt es vier Schlangen, liegt die Chance, die schnellste zu erwischen, nur bei einem Viertel. Zu 75 Prozent landet man also in der »falschen« Schlange – und ärgert sich. Eine Lösung indes gibt es auch: die »amerikanische Schlange«. Bei dieser Variante stehen alle Wartenden in einer einzigen Schlange, so wie oft bei der Passkontrolle am Flughafen. Die Gesamtwartezeit aller bleibt dieselbe, aber sie ist fairer verteilt. Allerdings wirkt die Schlange so länger. Und wir haben nicht mehr das Gefühl, das System mit einer geschickten Wahl umgehen zu können. Hier kommt die Psychologie[19] ins Spiel: Denn das Warten regt uns besonders dann auf, wenn wir dabei den Eindruck haben, untätig zu sein. Also hatten die Verantwortlichen am Georg Bush Airport in Houston eine Idee, um den vielen Beschwerden über lange Wartezeiten bei der Gepäckausgabe zu begegnen: Sie haben das Paketband einfach ans andere Ende des Gebäudes verlegt. So kommt die Wartezeit den Menschen kürzer vor, weil sie nun beschäftigt sind und weiter laufen müssen. Die Psychologie der Warteschlange findet also vor allem bei jenen große Beachtung, die ein kommerzielles Interesse an unserer Warterei haben.

Deshalb sind beim Disney-Konzern Dutzende Angestellte nur dafür zuständig, die Unterhaltung in den Warteschlangen der Erlebnisresorts zu organisieren. Weil die Wartezeit sich auch dann besonders lang anfühlt, wenn uns langweilig ist, beginnt die Show im Disneypark schon während des Wartens auf die eigentliche Show. Und auch anderswo soll das »Queuing Entertainment« die Wartenden bespaßen. Eine andere Strategie, um die Leute in der

Schlange zu halten, ist, sie ausreichend zu informieren. Wer unwissend wartet, ärgert sich nämlich doppelt. Deshalb die Durchsagen am Bahnhof, der Ladebalken auf dem Bildschirm oder das Tracking bei der Paketbestellung. Die uns suggerierte Kontrolle soll als Pille gegen die Ungeduld wirken. Doch all das scheint harmlos verglichen mit unserem Ärger, wenn jemand vor uns bedient wird, obwohl wir länger anstehen. Vordrängeln also ist die Todsünde der Warteschlange.

3. Zwischen Kooperation und Konkurrenz

Queueing is never just experienced and endured,
it is loaded with meaning.[20]

Joe Moran

Die Warteschlange ist Teil eines gesellschaftlichen Ringens um Gerechtigkeit und Fortschritt. Aber auch innerhalb der Schlange wird oft miteinander gerungen: Ob nachts vor einer Disco oder morgens im Supermarkt, das Ideal der Gleichheit wird im Alltag oft auf die Probe gestellt. Das war auch im ehemaligen Ostblock nicht anders. Um sich in die gesonderte Schlange stellen zu dürfen, die eigentlich für Schwangere, Invalide, Alte und Familien mit kleinen Kindern reserviert war, lieh man sich von Freunden schon mal ein Baby aus oder kreuzte mit einem Bekannten auf, der blind war. Das Misstrauen war dementsprechend groß, wie der Soziologe Joseph Hraba berichtet, nachdem er in den 1980er-Jahren Warteschlangen in Polen erforschte: Eine Frau mittleren Alters wird dort gefragt, warum sie in der bevorzugten Schlange stehe. Als sie antwortet, sie sei schwanger, entgegnen ihr Frauen gleichen Alters, dass sie dafür viel zu alt sei und doch bloß dick wäre.[21] Bereits Anfang des 20. Jahrhunderts berichtete der Soziologe Charles Horton

Cooley über die Drängler auf einem Postamt: »Die drohende Verzögerung ist nur eine Sache von Sekunden, aber hier handelt es sich um eine Frage der Gerechtigkeit, einen Anlass zur Empörung, eine Gelegenheit für einen Wutausbruch.«[22] Das Vordrängeln widerstrebt unserem Gerechtigkeitsempfinden, daran hat sich bis heute wenig geändert – es sei denn, wir bieten der Mutter mit Kind generös den Platz vor uns in der Schlange an. Meist vergessen wir dabei aber, diejenigen zu fragen, die hinter uns stehen. Die feine englische – oder französische – Art wäre es da wohl eher, einfach den Platz mit der Frau zu tauschen.

10 000 wartende Football-Fans

Was beim Schlangestehen passiert, stößt auch auf das Interesse der Forschung. Der Psychologe Leon Mann hält die Warteschlange gar für ein »embryonales Sozialsystem«[23], aus dem sich eine Menge über die Eltern dieses Säuglings lernen lasse: also über die Gesellschaft. Im August 1967 interviewten Mann und seine Mitarbeiter über 200 Wartende vor dem Melbourne Football Stadium. Dort standen etwa 10 000 Menschen in 22 Warteschlangen, um eine der begehrten Karten für die »world series« im australischen Football zu ergattern – obwohl die meisten Tickets bereits ausverkauft waren. Das gemeinsame Warten allerdings hatte unter den Fans seit einigen Jahren Kultstatus erreicht. Doch wie organisieren sich die Menschen, wenn ihnen gerade keine Security auf die Finger schaut und keine Absperrgitter den Weg weisen?

In Melbourne erschienen manche Fans bereits Tage, bevor die Ticketschalter öffneten. Schließlich gilt auch auf der anderen Seite der Erde: First come, first served! Doch um dieses Vorrecht zu bestätigen, reicht es nicht, einmal dagewesen zu sein, man muss ein sichtbares Opfer bringen: die eigene Zeit. Der heute omnipräsente Leistungsgedanke und die Bedeutung der (knappen) Zeit spielen eben auch in der Warteschlange eine wichtige Rolle. Trotzdem musste niemand permanent anwesend sein. Man konnte den eigenen Anspruch etwa dadurch abstecken, dass man einen persönlichen Gegenstand wie einen Klappstuhl liegen ließ. Andere Fans organisierten gemeinsam eine Art Schichtsystem, sodass sie abwechselnd die Warteschlange verlassen konnten. All das zeugt ebenso wie die ausgefuchsten Strategien gegen Stalins Warteverbot vom Willen zur Kooperation. In der Warteschlange reicht diese wichtige Triebfeder der Evolution bis zur Solidarität, andere vorzulassen.

Doch das gegenseitige Wohlwollen hat enge Grenzen: So sahen es die ungeschriebenen Gesetze vor, dass man nicht länger als zwei oder drei Stunden wegbleiben darf. Leon Mann berichtet, dass wütende Fans einmal spontan die Platzhalter von anderen Fans verbrannten, weil diese nicht rechtzeitig aufgetaucht waren. Dahinter steckt neben der Vermutung, man selbst habe mehr investiert als andere, auch die pure Konkurrenz: Alle, die vor mir in der Schlange stehen, kosten mich Zeit und rauben mir womöglich die Chance, überhaupt etwas zu ergattern. Zugleich ist man selbst ein solcher Konkurrent für alle, die hinter einem stehen. Aus der Konkurrenz wiederum entsteht der Egoismus – oder umgekehrt. Das Vordrängeln jedenfalls war auch unter den Football-Fans keine Seltenheit. An einem frühen Augustmorgen des Jahres 1967 wurden fünf Männer in ein Krankenhaus gebracht, nachdem in der Warteschlange mehrere Schlägereien ausgebrochen waren. Meist waren die Reaktionen auf das Vordrängeln aber weniger heftig. Die Fans errichteten Barrikaden und versuchten, Drängler durch laute Rufe zu vertreiben. Oft zeigte der soziale Druck die gewünschte Wirkung.

Dreistigkeit siegt

Im Schutze der Dunkelheit aber änderte sich das. Insgesamt versuchten viele Nachzügler, sich einen besseren Platz zu verschaffen – und nicht wenige waren damit erfolgreich. Denn obwohl viele Befragte im Interview für den Fall des Vordrängelns physische Gewalt ankündigten, sah die Realität anders aus: In Wahrheit stößt Dreistigkeit meist auf Passivität – vor allem weiter hinten in der Schlange. Dort hatten die Wartenden weniger Zeit zusammen verbracht und waren deshalb schlechter organisiert, um gemeinsam Drängler abzuwehren. Zu ähnlichen Ergebnissen kam Stanley Milgram in seinen Untersuchungen in den 1980er-Jahren. Bereits 1961 zeigte der Sozialpsychologe im berühmten »Milgram-Experiment«, wie schnell Menschen bereit sind, aus blindem Gehorsam heraus andere zu misshandeln. Nun schickte er seine Studierenden für einen neuen Versuch los: Sie sollten sich in New York dreist in verschiedenen Warteschlangen vordrängeln.[24] Damit brachte er nicht nur seine Mitarbeiter in Bedrängnis, sondern auch die Wartenden. Dennoch protestierte nur etwa die Hälfte von ihnen gegen die Störenfriede – meist mit einem bösen Blick oder einem kurzen Hinweis: »Wir alle warten hier!« Nur in zehn Prozent der Fälle wurde dem Drängler der Weg versperrt. Warum sind die Menschen so zurückhaltend?

Vielleicht war manchen die freie Sicht auf das Geschehen versperrt oder sie waren unsicher, ob sich der Typ gerade wirklich vordrängelt. Und wer will schon Ärger riskieren? Doch hinter der Passivität steckt nicht bloß die Angst um die eigene Gesundheit, sondern es geht auch um die Existenz der gesamten Schlange: Käme es nämlich zu einer offenen Keilerei, wäre dieses Zeichen des Kontrollverlustes womöglich ein Einfallstor für noch mehr Drängler und schließlich würde die ganze Ordnung zusammenbrechen. Also tolerieren Wartende bis zu einem gewissen Grad Regelverstöße, um das System am Laufen zu halten. Leon Mann bezeichnet diese Passivität treffend als »Verschwörung des Schweigens«[25]. Wie die großen Gesellschaftsordnungen ist also auch die Warteschlange ein selbsterhaltendes System. Kam in Milgrams Versuch übrigens ein zweiter Unruhestifter hinzu, stieg die Protestrate auf bis zu 90 Prozent an. Ob dabei auch die Angst eine Rolle spielt, dass die Ausnahme zur Regel wird?

In jedem Fall gesellen sich zum Egoismus Desinteresse und Gleichgültigkeit. Das wird besonders dann deutlich, wenn es ans Eingemachte geht: So liegt die unangenehme Verantwortung, die Drängler zu vertreiben, meist auf den Schultern der Person, die sich direkt dahinter befindet. In Milgrams Experiment kamen fast drei Viertel aller Beschwerden von Menschen, die hinter dem Geschehen standen und damit Zeit verloren. Wir befürworten Gerechtigkeit, aber wollen wir deshalb auch etwas riskieren? Dafür muss wohl mehr auf dem Spiel stehen – unsere wertvolle Zeit etwa. Zählt sie also mehr als unser Wunsch nach Gleichheit?

4. Das Windhundprinzip

> *Die Letzten beißen die Hunde.*
> Sprichwort

Das Prinzip, dass die Zeit eines jeden dasselbe wert ist, macht das Leben in der Warteschlange erträglicher – so wie schon das Mühlenrecht Streit verhindern sollte. Gleichheit ist also (auch) ein funktionaler Wert. Man könnte in diesem Sinne schließlich die gesamte Warteschlange als einen Akt der Kooperation bezeichnen – wir kooperieren aufgrund unseres eigenen Interesses. Die Warteschlange wird so zu einer Art Gesellschaftsvertrag, zu einer ungeschriebenen Übereinkunft, die besagt: Wer später kommt, stellt sich hinten an. Doch dieser Vertrag wird eben ständig gebrochen. Was ist die Gerechtigkeit am Ende überhaupt wert?

Zunächst profitieren ja nicht einmal alle Menschen innerhalb der Warteschlange gleichermaßen von ihrer angeblichen Gleichheit, wie ein erneuter Blick zu den Football-Fans zeigt. Obwohl die Chancen auf ein Ticket in der Nähe der Kassenhäuschen höher wären, versuchten die meisten Drängler weiter hinten ihr Glück, weil sie dort mit weniger Gegenwehr rechnen mussten. Verlierer indes sind immer die Menschen am Ende der Schlange – denn ihre Chancen auf ein Ticket schwinden nun mal mit jeder Person, die vor ihnen steht. Egal, wo sich diese Person hineindrängelt. Der Zeitforscher Robert Levine bemerkt deshalb: »Wenn wir diese Schlangendynamik auf die Gesellschaftsordnung im Großen übertragen, bestätigt sich noch einmal die Feststellung, daß die Menschen ganz unten immer die Verlierer des Wartespiels sind.«[26]

Das gilt besonders dann, wenn nicht genug für alle da ist. Die Letzten beißen dann die Hunde. Was bedeutet es also überhaupt, dass zuerst bedient wird, wer zuerst kommt? Es meint zweierlei: dass in der Warteschlange eine gewisse Gleichheit herrschen soll – und dass alles, was vorher war, ausgeblendet wird. Denn wer von Gleichheit spricht, tut so, als ob alle Menschen am Anfang ihres Lebens in einer Warteschlange standen und nach und nach mit denselben Startchancen ausgerüstet wurden. Doch das ist natürlich Quatsch. Wer zuerst kommt, mahlt zuerst – man nennt es auch das »Windhundprinzip«, weil der schnellste Hund zuerst drankommt, während manch anderer leer ausgeht.[27] Während aber bei vielen Rudeltieren das ranghöchste Männchen zuerst frisst, wurde das aristokratische Prinzip des Mittelalters für uns Menschen in der Moderne zumindest mancherorts abgeschafft. Heute gewinnt der Schnellste – man denke nur daran, wenn im Supermarkt eine neue Kasse eröffnet wird und gleich mehrere Leute darauf zueilen. Manchmal gewinnen aber auch diejenigen, die es sich leisten können, viel Zeit in der Warteschlange zu verbringen oder andere für sich anstehen zu lassen.

Nicht alle haben also die gleiche Chance, zuerst bedient zu werden. Und manche haben gar keine Chance: Die Lahmen und Langsamen bleiben ebenso wie die Armen oft ganz außen vor. Aus gutem Grund wird in der Notaufnahme von Krankenhäusern zuerst behandelt, wer die schlimmste Verletzung hat, und nicht, wer zuerst da war. Manche Menschen gehen aber auch einfach ins Privatkrankenhaus. Die eigentliche Frage müsste also lauten: Wer muss auf Lebensnotwendiges hoffen und wer kann andere für sich in der Schlange eines Luxusgeschäftes stehen lassen?

Mit der Verkehrsrevolution im 19. Jahrhundert war auch die Hoffnung eines demokratischen Aufbruchs verbunden: Klassenschranken sollten durchbrochen werden, indem alle Menschen gemeinsam warten und mit demselben Zug fahren. Doch schon wenige Jahre später gab es an größeren Bahnhöfen nach Klassen getrennte Wartebereiche. Und auch im Zug selbst haben sich die Hoffnungen kaum bewahrheitet: Schließlich fahren wir bis heute in verschiedenen Klassen – und manche können sich gar keine Fahrkarte leisten.[28] Umgekehrt müssen natürlich fast alle Menschen auf das Ausstellen eines Führerscheins oder den Steuerbescheid warten. Auch an der Ampel wird es für die einen nicht schneller rot als für die anderen. Und schließlich warten wir alle auf den Tod – doch statistisch warten reiche Menschen wegen ihrer höheren Lebenserwartung eben länger darauf. Und mehr noch: Wer über genügend Macht verfügt, hat nicht nur in der Warteschlange einen Vorteil, sondern kann andere hinhalten. Wer von den sozialen Begebenheiten des Wartens oder gar von Gerechtigkeit spricht, darf also von der Macht nicht schweigen.

VI. Im Netz der Macht

Warten lassen: ständiges Vorrecht jeder Macht,
›jahrtausendealter Zeitvertreib der Menschheit‹.[1]
Roland Barthes

Wer über seine eigene Zeit verfügt, hat Macht. Und wer über die Zeit anderer verfügt, hat noch mehr davon. Dabei ist gerade das Warten, wie der Soziologe Pierre Bourdieu findet, »eine hervorragende Weise, Macht und die Verbindung zwischen Zeit und Macht zu schmecken«.[2]

Nicht selten müssen Menschen ausharren, weil andere es so wollen. Solche Machtdemonstrationen haben eine überaus lange Tradition: Schon an den Höfen der ägyptischen Pharaonen hat sich mancher Bote zu Tode gewartet.[3]

Längst reagieren wir ungleich sensibler auf Ungerechtigkeiten und Machtgefälle – abgeschafft sind sie deshalb aber noch lange nicht. Es sind heute vor allem die Armen, die Machtlosen und Marginalisierten, die unter der Warterei leiden. Und so zeigt sich, dass sich die Verteilung der Wartezeiten vortrefflich als Indikator sozialer Ungleichheit eignet. Denn nur, wer die nötige Macht besitzt, kann selbst über seine Zeit entscheiden. Ansonsten tun das andere.

1. Warten und warten lassen

Allmächtig ist, wer nicht wartet,
wohl aber andere warten lässt.[4]

Pierre Bourdieu

Die Ohnmacht der Wartenden

Wer aus freien Stücken abwartet, um anderen eine Ehre zu erweisen, bleibt selbstbestimmt. Ohnmacht verspüren wir beim Warten hingegen vor allem, wenn wir dazu gezwungen sind. Denn dann verfügen nicht mehr wir selbst über unsere Zeit, sondern andere – höhere Mächte, arrogante Chefs, unwillige Bürokraten. Doch auch sonst geben wir unsere Eigenzeit ständig preis, weil Termine, Stechuhren und Öffnungszeiten unser Leben strukturieren. Oder weil andere uns mit einer kurzfristigen Deadline zur Eile zwingen. Dennoch erscheint uns das Regiment fremder Zeitpläne in kaum einer Situation so unangenehm wie beim Warten. Warum ist das so?

Zum einen, weil das Warten uns oft zur Untätigkeit verdammt: Wenn wir die Schlange verlassen, müssen wir uns wieder hinten anstellen. Selbst eine Unterhaltung ist oft nicht erwünscht – das Korsett sozialer Erwartungen zieht sich im Wartezimmer besonders eng zusammen.

Was die aufgezwungene Passivität für den Körper, ist die Ungewissheit für den Geist. Beides macht uns unruhig. Wie lange müssen wir noch ausharren? Und wird unsere Warterei überhaupt von Erfolg gekrönt sein?

Entscheidend für die Verfassung der Wartenden ist zudem, auf was sie warten: Die Ausstellung neuer Fahrzeugpapiere erwartet man nämlich in einer anderen Dringlichkeit als die langersehnte Aufenthaltsgenehmigung – auch wenn die Büros der zuständigen Sachbearbeiter einander zufällig gegenüberliegen.

Die Ohnmacht nimmt schließlich eine besondere Form an und kann uns mitunter ziemlich wütend machen, wenn andere uns warten lassen. Denn auf diese Weise wird der Zwang gleich doppelt unangenehm: Das Warten steht dann nicht nur dem Zeitgeist der Beschleunigung entgegen, sondern zu allem Überfluss ist die Zwangsentschleunigung auch noch sozialer Art: Andere Menschen berauben uns unserer Zeit, sie zwingen uns zum Stillhalten und demonstrieren uns so unsere Minderwertigkeit.

Die Arithmetik der Macht

Oft ist die Ohnmacht des einen also die Macht des anderen.[5] Für den großen Soziologen Max Weber bedeutete Macht »jede Chance, innerhalb einer sozialen Beziehung den eigenen Willen auch gegen Widerstreben durchzusetzen«[6]. Manche Politiker[7] sind geradezu dafür berühmt, ihre Amtskollegen ständig hinzuhalten und so ihren Machtanspruch zur Schau zu stellen. Aber auch die Frage, wie lange Unternehmen ihre Kundinnen warten lassen und damit ihren Profit steigern, hängt von der eigenen (Markt-)Macht ab – beziehungsweise von der Ohnmacht der Verbraucher. Solche Abhängigkeitsverhältnisse setzen sich bis in die Sehnsuchtsökonomie unseres Intimlebens fort: Schon das erste Date ist oft ein Tanz zwischen Liebe und Macht, wer alleine am für zwei gedeckten Tisch sitzt, kämpft mit der Ungewissheit. Und mit den unangenehmen Blicken. Wer zu lange wartet, haut einfach wieder ab – oder hält die andere beim nächsten Mal auch etwas länger hin. Im Berufsleben ist das hingegen nicht so leicht. Ob absichtlich oder nicht, oft lassen Vorgesetzte ihre Angestellten warten. Doch wehe, es ist andersherum – dann droht die Kündigung.

Nur wer über begehrte Dienstleistungen, Waren und Informationen oder schlicht über ein höheres Ansehen verfügt, kann seine Mitmenschen bedenkenlos hinhalten. Umgekehrt lässt sich die eigene Position in der Gesellschaft meist daran ablesen, wie lange andere bereit sind, auf einen zu warten.[8] Und so kommt es, dass diejenigen, die ohnehin mit wenig Macht ausgestattet sind, praktisch immer zur Verfügung stehen sollen, während Privilegierte ihre Termine kurzfristig absagen oder einberufen können – und man dann doch auf sie warten muss. Je ominöser uns jemand dabei seine Anwesenheit vorenthält, desto stärker macht das unsere Verwundbarkeit deutlich. Und je weniger sich die Mächtigen für ihr Verhalten legitimieren müssen, umso größer erscheint ihre Macht. Darüber verfügt schließlich auch, wer beispielsweise die rechtliche Gleichstellung von Minderheiten verzögert.

Das Kellner-Prinzip

Symbolisch für die Abwertung der Wartenden steht die Figur des Kellners, der auf Englisch »waiter« heißt, also Wartender. Vor allem in Nobelrestaurants wartet er ergeben auf einen Befehl, seine Aufgabe besteht vor allem darin, seine Zeit zu opfern. Während der Kellner oder der Nachtwächter aber immerhin dafür bezahlt werden, scheint die Zeit der Wartenden oft kaum etwas wert zu sein. Während sich manche Chefin oder Sachbearbeiterin für Verspätungen entschuldigt, geben sich andere ganz ungeniert: Im Laufe eines Gesprächs nehmen sie ein Telefonat an oder lassen einen plötzlich alleine im Raum sitzen. Warum halten wir all diese Pein aus?

Weil das, auf das wir warten, für uns einen Wert hat – sonst würden wir ja nicht so viel Zeit investieren. Dieser subjektive Wert wird dann zu einem objektiven, wenn er für andere sichtbar wird: durch lange Schlangen vor Geschäften oder Wartezeiten bei einer begehrten Ärztin. Im legendären Studio 54 in Manhattan, wo Stars schon mal nackt aufkreuzten, steigerten die Türsteher die Attraktivität des Clubs, indem sie willkürlich Wartende aus der Menge herauspickten, die sie für originell genug hielten, um mitzufeiern. Wer heute in den angeblich besten Club Europas will, weiß, dass man vor dem Berliner Berghain lange warten muss – um dann vermutlich doch abgewiesen zu werden. Doch selbst das ist ja eine Story wert.[9] Aber auch mittelmäßige Discos, die es sich kaum leisten können, Leute fortzuschicken, lassen gerne eine sichtbare Schlange entstehen, um den Wert dessen, was sich hinter verborgenen Türen abspielt, zu steigern. Und obwohl wir eigentlich alles sofort wollen, kann das, worauf wir nicht warten müssen, sogar an Wert verlieren – oder wer geht schon gerne in ein leeres Restaurant?

Weil wir begehren, was knapp ist, reduzieren manche Firmen gar künstlich ihr Angebot – so wie der Technologieriese Apple, auf dessen neue Produkte Kundinnen schon mal wochenlang warten müssen und die sie deshalb umso mehr begehren. Bereits Tage bevor der Verkauf beginnt, zelten Fans vor einer der Filialen – nur, um das neueste Gerät als Erste in den Händen zu halten, über das der Konzern zuvor geschickt erste Details lanciert hat. Solche Strategien der Wertsteigerung kennen auch all jene, die über die nötige Macht verfügen, andere hinzuhalten und so ihr Prestige zu steigern. Wer den »mächtigsten Mann der Welt« treffen will, muss ihm selbstverständlich die Ehre erweisen: Zunächst wartet man auf einen Termin und dann im Vorzimmer.[10] Vor dem Präsidenten darf schließlich kein Gast den Raum verlassen. Es ist eigentlich wie früher in den Vorzimmern der Könige.

Das extremste Beispiel einer solchen Wertsteigerung ist der unbekannte Godot aus Samuel Becketts großem Theaterstück. Godot leistet nichts und existiert womöglich nicht einmal, aber sein unermesslicher Wert bestätigt sich dadurch, dass Menschen ihr Leben lang auf ihn warten. Die Warterei kann also durchaus seltsame Blüten treiben. Umso mehr Menschen hinter uns in der Schlange stehen, desto größer scheint der Wert ein und desselben Produkts zu werden. Der Zeitforscher Robert Levine[11] erzählt eine ähnliche Geschichte aus dem sozialistischen Polen: Kunden, die mehrere Stunden darauf warteten, ein Paar Schuhe zu kaufen, haben sie danach sofort weiterverkauft. Der Preis richtete sich alleine nach ihrer Wartezeit – die Qualität der Schuhe spielte keine Rolle. Es gab ja ohnehin keine Auswahl.

In der Realität hat all das dennoch meist Grenzen: Wer würde sich schon bereitwillig in die längste der drei Schlangen an der Kasse stellen, nur um angeblich den Wert des Einkaufs zu steigern? Ein Unternehmen, das seine Kunden zwar ewig warten lässt, aber nicht hält, was es verspricht, kann seinen Ruf schnell ruinieren. Mit der Wartezeit steigen nämlich oft auch unsere Erwartungen. Die Mächtigen dürfen die Hoffnung ihrer Untergebenen also nie ganz zerstören. Pierre Bourdieu formuliert dieses Prinzip von Zuckerbrot und Peitsche als »Kunst, abzuweisen ohne abzuschrecken, in Atem zu halten ohne zu ersticken«. Eine andere Situation herrscht übrigens im Gefängnis: Gefangene können naturgemäß nicht selbst entscheiden, wann ihr Warten ein Ende hat.[12]

2. Der Teufel im System

> *Die Verteilung der Wartezeit stimmt*
> *mit der Verteilung der Macht überein.*[13]
> Barry Schwartz

Egal ob im Gefängnis oder zu Hause, auf der Arbeit oder im Restaurant – die Macht, andere warten zu lassen, entsteht nicht im luftleeren Raum, sondern ist Resultat bestehender Ungleichheiten. Persönliche Macht existiert kaum ohne strukturelle Macht: Der Chef kann vor allem deshalb über seine Angestellten bestimmen, weil der Kapitalismus die Menschen zur selbstausbeutenden Lohnarbeit zwingt. Oft steckt der Teufel also im System. Und so sind Wartezeiten aufgrund von strukturellen Diskriminierungen in einer Gesellschaft höchst ungleich verteilt. Zur Frage, wie gerecht die Verteilung von Gütern, Privilegien und Rechten ist, gehört also auch, wer wie lange dafür anstehen muss – und auf was man wartet. Während Menschen auf Lebensnotwendiges oder auf ein Ende von Krieg, Gewalt und Rassismus hoffen, stehen andere bloß für ein paar Minuten an der Kasse.

Geld wartet nicht

Wer warten muss, ist heute nicht nur arm dran, sondern meist auch wirklich arm. Diejenigen, deren Kühlschrank so leer wie der eigene Geldbeutel ist, müssen sich in die immer längeren Schlangen vor den

Tafeln einreihen. Wer hingegen über das nötige Kleingeld verfügt, kann im teuren Exklusivladen einkaufen, mit dem Taxi statt mit dem verspäteten Bus fahren und wird am Premium-Schalter sofort bedient. Betuchte Kundinnen müssen nicht mal am Bankschalter warten, denn zu ihnen kommt der Finanzberater auch gerne nach Hause. Und was ist der VIP-Eingang eigentlich anderes als ein institutionell legitimiertes Vordrängeln?

Während einst blaues Blut gegen das Warten immunisierte, ist es heute vor allem das Kapital. Früher schickte der Adel seine Mägde und Knechte, heute sind sie zwar niemandes Eigentum mehr, aber noch immer stehen Menschen für andere in der Schlange.[14] In der Ukraine stellten sich professionelle Schlangesteher zumindest vor dem russischen Angriffskrieg laut Berichten für ein paar Euro vor ausländischen Botschaften an und reichen Anträge auf ein Visum ein, in Brasilien dienen die »despechantes« als Vermittler zwischen wohlhabenden Bürgern sowie der Bürokratie und in Italien hat ein Mann namens Giovanni Cafaro daraus einen Ausbildungsberuf gemacht. Und auch unter die australischen Football-Fans mischten sich Spekulanten, die sich nur anstellten, um ihre Tickets weiterzuverhökern.

Wenn Privilegierte dann doch mal warten müssen, dann wenigstens komfortabel. Robert Levine berichtet, dass reiche Angeklagte öfter als arme das Geld für ihre Kaution aufbringen, um so in Freiheit auf einen Prozess warten zu können.[15] Und während Privatpatientinnen auf gepolsterten Sesseln auf den Arzt warten, sitzen Kassenpatienten meist ungleich beengter.

Rassismus

Doch nicht immer geht es nur ums Geld. Wer mit dem entsprechenden Pass in eine reiche Familie hineingeboren wird, braucht niemals beim Arbeitsamt, im überfüllten Krankenhaus oder bei der Ausländerbehörde zu warten. Mitte der 1970er-Jahre hat sich Barry Schwartz intensiv mit dem Warten als sozialem Phänomen befasst[16] und Patient*innen in den USA nach ihren Wartezeiten beim Arzt oder im Krankenhaus befragt. Das Ergebnis: Arme warten länger als Reiche – und die Schwarze[17] Bevölkerung trifft die Diskriminierung am stärksten. Während reiche Weiße im Schnitt nur 38 Minuten warten, liegt die Wartezeit für reiche Schwarze bei 59 Minuten – und damit sind es drei Minuten mehr als für arme Weiße. Arme Schwarze warten sogar 93 Minuten. Wie ist das möglich?

Der Soziologe Barry Schwartz erklärt diese Unterschiede mit der »Ökologie von Status, Klasse und medizinischer Versorgung«[18]. Demnach gibt es in reichen Gegenden mehr Ärzte und dadurch eine kürzere Wartezeit. Weil die meisten Menschen Ärzte in ihrer Nähe aufsuchen, profitieren diejenigen von kürzeren Wartezeiten, die in reicheren Gegenden wohnen. Das sind aber vor allem Weiße, während selbst reiche Schwarze eher in ökonomisch schwächeren Regionen leben. Dies führt Barry Schwartz auf die einstige rassistische Praxis der »Rassentrennung« zurück, die teils bis heute andauert. In dieser Tradition leben und arbeiten schließlich auch die meisten Ärzte, die selbst Weiße sind: Sie haben ihre Praxen in Wohngebieten mit mehrheitlich weißer Bevölkerung. Letztlich liegt der Grund für die Ungleichbehandlung also nicht in einer direkten Diskriminierung, aber eben doch in einer strukturellen und ökonomischen Benachteiligung, die aus historisch gewachsenem Rassismus entstanden ist.

Die Ungleichheit unter Gleichen

In seinen Studien kommt Barry Schwartz außerdem zu dem Schluss,[19] dass Menschen im monopolistischen Umfeld insgesamt länger warten, schließlich sinkt dort meist nicht die Nachfrage, sondern vor allem das Angebot. Wenn es aber keine Alternativen gibt, müssen dann nicht alle gleich lang warten? Verschwindet mit dem Wettbewerb also die Ungleichheit? Keineswegs. Auch im Labyrinth der Bürokratie ist es von Vorteil, über mehr Ressourcen zu verfügen: Der Millionär muss, selbst wenn er arbeitslos wird, nie aufs Amt. Woanders hilft ein

Schmiergeld. Als Barry Schwartz die Wartezeiten an einem Gericht in Chicago untersuchte, stellt er fest: Angeklagte, die einen Anwalt genommen haben, werden oft vor jenen bevorzugt, die sich keinen Verteidiger leisten können.

Gleichheit gilt also oft nur auf dem Papier – selbst dort, wo sie als oberster Grundwert betont wurde: im Sozialismus.[20] So hatte die Elite im Ostblock oft eigene Geschäfte, deren Regale natürlich nie leer waren. Zugang hatten neben hohen Parteifunktionären auch Angehörige der Armee und der Kriegsindustrie, später durften Beschäftigte aus Krankenhäusern und Kindergärten dort einkaufen. Aber auch in normalen Läden lief mancher »Held der Arbeit« mit einem Passierschein einfach an der Warteschlange vorbei – und an all den bösen Blicken. Privilegien konnte man sich schließlich auch durch Vitamin B erschleichen: Wer jemanden hinter der Theke oder im Politbüro kannte, bekam schon mal unter der Hand die begehrte »Bückware«, die deshalb so hieß, weil sie nur unter dem Ladentisch herausgegeben wurde.

3. Wartende Frauen

Frauen und Kinder zuerst!
Alter Verhaltenskodex

Die größte diskriminierte Minderheit der Welt ist eigentlich eine Mehrheit – das wird auch beim Warten deutlich.

Im Sozialismus

Die Historikerin Małgorzata Mazurek untersuchte das Schlangestehen im sozialistischen Polen[21] und berichtet, dass in den 1960er-Jahren 80 Prozent der täglichen Einkäufe von Frauen getätigt wurden, obwohl auch sie oft berufstätig waren. Pro Tag verbrachten Frauen im

Schnitt anderthalb Stunden mit dem Einkaufen – beziehungsweise mit dem Warten. Schuld war aber nicht etwa die Mangelwirtschaft, sondern die Frauen selbst. Dieses Bild vermittelte zumindest die zeitgenössische Presse. So schrieben die überwiegend männlichen und staatstreuen Journalisten über »unentschlossene« und »unzivilisierte« Kundinnen, die angeblich ihre Blicke über die Ladenregale schweifen ließen und damit den Betrieb aufhielten. So wurde nicht nur von leeren Regalen abgelenkt, sondern auch von der Vorherrschaft des Patriarchats. Aufgrund der Wirtschaftskrise stiegen die Wartezeiten in den 1980er-Jahren weiter an – auch Männer mussten nun öfter warten. Besonders oft reihten sie sich aber in die Schlangen der Geschäfte für Schnaps, Bier und Wein ein.

Aber nicht nur im real existierenden Sozialismus haben Frauen länger gewartet. Das tun sie auch jeden Tag vor öffentlichen Toiletten. Doch wenn es nur das wäre: Frauen warten weiterhin auf gleiche Bezahlung[22] – und auf mehr Teilhabe. Schließlich sind die meisten Posten in Chefetagen immer noch mit Männern besetzt.

In der Liebe

Doch selbst vor dem Zärtlichsten und Intimsten macht die Diskriminierung keinen Halt. Lange Zeit galt die Bereitschaft zu warten als Ausdruck der Liebe – und zwar vor allem der weiblichen. Während der Mann Abenteuer erleben oder die Welt retten wollte, sollte die Frau auf ihren Geliebten warten. An diesen Rollenbildern hat die Literatur einen großen Anteil: Während Penelope treu die Rückkehr ihres Odysseus ersehnt, widmet sich Homer in seinen Erzählungen vor allem dessen Abenteuern. Und auch in der käuflichen Liebe sind es bis heute meist die Frauen, die auf ihre männlichen Freier warten.

Doch selbst mit dem Tod hört das Warten nicht auf. Bis ins vergangene Jahrhundert war es in Mitteleuropa üblich, die eigene Trauer offen nach außen zu zeigen – durch schwarze Kleidung und soziale Enthaltsamkeit. Die Trauerzeit[23] war eine durch strenge Normen verordnete Zwangspause mit ungleichen Regeln: So galt im Wallis in früheren Jahrhunderten für Frauen eine Trauerzeit von zwei bis drei Jahren, für Männer war nur ein Jahr vorgesehen. In Frankreich sollten Edelfrauen beim Tod ihres Mannes sechs Wochen im Bett bleiben. Und im Islam sollen Frauen nach der Scheidung noch heute die »Iddah« einhalten, eine Zeit der Enthaltsamkeit, bis sie einen neuen Mann heiraten dürfen.

Für manche Frauen etwa aus höheren Hindukasten endete die Trauerzeit sogar erst mit dem eigenen Tod. Dafür entschied sich auch die britische Queen Victoria. Als ihr Gatte Albert 1861 verstarb, trug sie fortan nur noch schwarz. Damit wurde Victoria, die als ewige Queen fast 64 Jahre auf dem britischen Thron saß, auch zur ewig Trauernden. Erst zu ihrer Beerdigung trug sie auf eigenen Wunsch hin einen weißen Hochzeitsschleier – als Zeichen, dass die 40-jährige Wartezeit auf ihren verstorbenen Mann nun endlich ein Ende hatte. Noch zu Lebzeiten verfügte Victoria, dass um Ehemänner zwei bis drei Jahre, um Ehefrauen nur drei Monate zu trauern sei. Heute spielt die Trauerzeit zumindest in der westlichen Welt keine Rolle mehr. Das mag man als emanzipatorischen Fortschritt begrüßen – oder aber beklagen, dass für den tiefen Prozess der Trauer in unserer allzu schnellen Welt kaum mehr Zeit bleibt. Im Klassifikationssystem für psychische Störungen (DSM) konnte starke Trauer mit Symptomen wie Niedergeschlagenheit, Appetitverlust und Schlafstörungen als Depression gelten, wenn sie mehr als ein Jahr andauert – das war 1980. In einer neueren Version aus dem Jahre 2000 lag die »normale« Trauerzeit noch bei zwei Monaten, seit 2013 kann eine Depression gar schon nach zwei Wochen diagnostiziert werden.

Wartende Männer

Doch müssen wirklich immer die Frauen warten? Laut Berichten können sie etwa in Dubai einfach an Warteschlangen vorbeilaufen – aber ist das noch zeitgemäß? Die Benachteiligung, die Frauen beispielsweise in den Vereinigten Arabischen Emiraten noch immer erfahren,[24] ist es jedenfalls nicht. Männer müssen aber auch anderswo warten, an der Front auf den Beginn des Krieges etwa und angeblich auch ständig vor Umkleidekabinen oder Badezimmern – und zwar auf ihre Frauen. In mehreren deutschen Boulevardblättern stand es 2011 schwarz auf weiß: »Männer warten ein ganzes Jahr ihrer ohnehin kürzeren Lebenszeit auf Frauen.«[25] Bebildert waren die Texte mit sich schminkenden Frauen, zu Wort kam auch der »Soziologe Dr. Matthias Feise« von der Uni Bochum. Nur zeigt eine kleine Recherche: Diesen Soziologen gibt es offenbar gar nicht. Und so warten viele von uns wohl eher auf ein Ende von Klischees und Fake News.

Doch was, wenn Menschen in Lebensgefahr geraten – werden dann nicht Frauen und Kinder zuerst gerettet? Dieser Verhaltenskodex hat sich durch den Untergang der als unsinkbar gefeierten Titanic ins kollektive Gedächtnis gebrannt. Bei diesem Unglück überlebten nur rund 20 Prozent der männlichen Passagiere, aber 70 Prozent der Frauen und Kinder. Wie kam es dazu? Im Februar 1852 rammte das britische Truppentransportschiff Birkenhead[26] mit über 600 Menschen an Bord kurz vor der Küste Südafrikas einen Felsen und drohte zu sinken. Tragischerweise gab es, wie auch auf der Titanic 60 Jahre später, viel zu wenige Rettungsboote. Doch Leutnant Alexander Seton warf zunächst nur die bisher geltende Regel »Rette sich wer kann« über Bord. Mit gezücktem Säbel gab er stattdessen die Devise aus: »Frauen und Kinder zuerst!« Seton sollte mit diesem »Birkenhead Drill« in die Geschichtsbücher eingehen – und sterben. Während die meisten Männer ertranken, überlebten alle Frauen und Kinder. Müssen Männer also mitunter so lange auf ihre Rettung warten, bis nichts mehr zu retten ist? Ein Studie aus dem Jahr 2012, für die schwedische Forscher Daten von 15 000 in Seenot geratenen Passagieren auswerteten, kommt zu einem anderen Schluss: Was auf der Titanic und der Birkenhead passierte, war die Ausnahme. Während Frauen bei Schiffsunglücken nur eine Überlebenschance von 32,7 Prozent haben, liegt sie für Männer bei 35,7 Prozent,[27] Rechnet man die Titanic aus den Daten heraus, dann sinkt die Chance von Frauen, das Unglück zu überstehen, gar auf unter 27 Prozent, während die von Männern weiter steigt. Am meisten Überlebende gibt es übrigens unter Crewmitgliedern.

Einen Vorteil haben Frauen aber wohl doch: So wie wohlhabende Menschen dürfen auch sie länger auf den Tod warten.

4. Die Architektur der Macht

Vielleicht bin ich einmal ein Revolutionär gewesen.
Aber meine Empörung erlischt im Vorzimmer,
zerschellt an diesem Bollwerk der Reichen.[28]

Joseph Roth

Vielleicht nirgendwo werden die Machtspiele des Wartenlassens so deutlich wie in den amtlichen Wartestuben und den Behördenkorridoren dieser Welt. Dort trifft die institutionelle Macht des Staates mit der persönlichen Macht seiner Bediensteten zusammen. Das Ergebnis: Vermutlich an kaum einem Ort wird so viel gewartet.

Diese ewige Warterei ist nicht allein mit komplexen Abläufen oder einer schwerfälligen Bürokratie zu erklären, sondern sie wird auch als Machtinstrument eingesetzt. Zentral für diese Machtausübung sind die Räume und ihre Architektur: »Ämter sind steingewordene Herrschaft«[29], notiert der Soziologe Rainer Paris. Wer ein Wartezimmer betritt, akzeptiert die räumliche Trennung zu den Oberen und ist bereit, die eigene Zeit unterzuordnen. Die Ohnmacht verstärkt sich noch, wenn wir unser Schicksal durch all die anderen Wartenden vor Augen geführt bekommen.

Kafkas Wartesäle

Wohl niemand konnte die Verquickung von Macht, Bürokratie und Wartesälen so gekonnt beschreiben wie der promovierte Jurist Franz Kafka.

Gesetze, die niemand kennt, skurrile Urteile, die niemand versteht, bürokratische Endlosschleifen, die zu nichts führen – Kafkas *Prozess* ist der Prototyp einer sozialen Welt, die von einer allmächtigen und undurchsichtigen Macht beherrscht wird. Der fragmentarische Roman beginnt mit einem der berühmtesten Sätze der deutschsprachigen Literatur: »Jemand mußte Josef K. verleumdet haben, denn ohne daß er etwas Böses getan hätte, wurde er eines Morgens verhaftet.« Warum, das bleibt völlig offen – und zwar bis zum Schluss.

Der Mensch ist in ewiger Warterei gefangen, bei der das Wartezimmer zum paradigmatischen Ort der Ohnmacht im Angesicht undurchsichtiger Bürokratie wird. Ämter und Wartesäle beschreibt Kafka denn auch als konturlose Machträume und als dunkle, von Holzgittern begrenzte Gänge, durch deren Lücken die Wartenden beobachtet werden. Niemand kann in solchen Durchgangsorten zur Ruhe kommen: Kranke oder Arme warten auf Heilung und Unterstützung, doch ihre persönlichen Angelegenheiten werden durch die Öffentlichkeit des Wartezimmers ihrer Privatheit beraubt. Die Hilfebedürftigen sind dort also völlig ungeschützt. Wartezimmer seien geradezu »auf Anonymität, Unbequemlichkeit und Vereinzelung«[30] angelegt, schreibt denn auch Rainer Paris, nachdem der Soziologe über mehrere Wochen Berliner Amtsstuben studiert hatte. »Trotz aller ›demokratischen‹ Architektur und Bürgernähe bleiben die Grundmechanismen bürokratischer Herrschaft intakt. Rationalisierung, Technisierung und Reform stehen stets im Dienste von Effektivitätssteigerung und Kontrolle.«[31]

Kafka jedenfalls charakterisierte die Wartenden als gebückte Gestalten: »Sie standen niemals vollständig aufrecht, der Rücken war geneigt, die Knie geknickt, sie standen wie Straßenbettler.«[32]

Der ungeduldige Protagonist selbst verhält sich in Bezug auf die Warterei indes ambivalent: Obwohl sich Josef K. dagegen wehrt und brüllt: »Nein, nein […] ich werde nicht warten«[33], ergibt er sich letztlich doch in sein Schicksal. Er lässt am Ende sogar seine Hinrichtung über sich ergehen. Tragischerweise scheint der Protagonist erst in diesem letzten Warten auf den Tod seine Ungeduld zu verlieren. Die Ohnmacht des endlosen Wartens hat seinen Widerstand gebrochen.

Solche Erfahrungen machen Arbeitslose oder Asylbewerber bis heute jeden Tag aufs Neue.[34]

Der Staat und seine Patientinnen

Für das Warten auf dem Amt hat sich auch Javier Auyero interessiert. Mehrere Monate verbrachte der Soziologe auf dem Sozialministerium[35] der Millionenmetropole Buenos Aires. Den Warteraum des Sozialamts beschreibt er als tristen Ort: Der Boden ist vermüllt, aber für Hunderte Arme, Wohnungslose, Kranke oder alleinerziehende Arbeitslose gibt es nur 54 Plastikstühle. Weil eine gute Klimaanlage oder eine Heizung fehlen, ist es im Winter »extrem kalt« und im Sommer »unerträglich heiß«.

Trotzdem warten die Menschen dort oft stundenlang. Auyero charakterisiert die Hilfesuchenden als »Patienten des Staates«, denn um ihre Situation zu beschreiben, vergleichen sich die meisten von ihnen mit Patienten in einem Krankenhaus – so als ob die Warterei ein Naturereignis wäre wie eine Krankheit. Der Forscher bezeichnet die Geschichten der Menschen in Anlehnung an Kafka als »Prozess«: Termine werden willkürlich verschoben, Antragsteller einfach wieder weggeschickt. Angeblich ist oft kein Geld für Auszahlungen da, doch dafür werden Computersysteme verantwortlich gemacht – eine höhere Macht also, gegen die Widerspruch zwecklos erscheint. Die allgegenwärtige Unsicherheit, welche die Hilfesuchenden in der Welt da draußen erfahren, setzt sich also genau an jenem Ort fort, an dem sie eigentlich beendet werden sollte.[36] Und so ziehen viele Betroffene den Schluss, dass sie sich fügen und unterordnen müssen. Man setzt sich hin und wartet.

Hinter diesen Demütigungen steckt aber nicht nur die Willkür einzelner Beamter. Javier Auyero sieht vielmehr eine »Regierungstechnik« am Werk, die auf Konformität abziele. Weil Betroffene die Erniedrigungen und damit das Sozialamt meiden, entstehen dem Staat weniger Kosten. Und selbst wenn dieser niemanden verhungern lässt, so wird die Botschaft der Arbeitsgesellschaft doch ins Mark der Hilfesuchenden eingeschrieben: Wer nicht arbeitet, soll auch nicht essen. Schließlich hilft die Demütigung des Wartenlassens dabei, Hierachien zu zementieren.[37] Obwohl etwa der Akademiker im Dienste des Staates den Arbeitslosen empfangen und den Statusunterschied durch die persönliche Begegnung überbrücken muss, kann er ihn erst mal warten lassen. Soziale Unterschiede lassen sich also durch räumliche als auch zeitliche Distanzierung aufrechterhalten – zwischen den Unterprivilegierten auf der einen und dem Staat sowie dessen Vertretern auf der anderen Seite.

Wie Arbeitssuchende im Kapitalismus diskriminiert werden, das hat der Soziologe und Journalist Siegfried Kracauer bereits zur Zeit der Weimarer Republik beschrieben. Nach seinen Besuchen auf Berliner Arbeitsämtern notierte er: »Auch die Arbeitslosen harren an der Hinterfront des gegenwärtigen Produktionsprozesses. Sie scheiden aus ihm als Abfallprodukte aus, sie sind die Reste, die übrig bleiben.«[38] Die »Arbeitsnachweise« waren oft dunkle und stickige Räume, wo die Armut »immerwährend ihrem eigenen Anblick ausgesetzt«[39] war und wo die Arbeitslosen die Launen der Ökonomie wie Naturereignisse ertragen mussten. Und so notierte Kracauer: »Mir ist nicht eine Örtlichkeit bekannt, in der das Warten so demoralisierend wäre.«[40] Arbeitslose hatten kaum Hoffnung auf Veränderung und hörten bei der Verlesung der Angebote kaum mehr hin. Dennoch drängten sich viele von ihnen um den Beamten, der bei der Verkündigung der freien Stellen wie ein Priester ein kleines Podest bestieg und die gering dosierten frohen Botschaften auf die Bedürftigen niederträufeln ließ. Nur wer einen Glückstreffer landete, konnte die Welt des ermüdenden Wartens verlassen. Und wenngleich die Räume der Arbeitsagentur heute meist hell und modern sind, die Bittsteller nun »Kunden« heißen – an der Ohnmachtssituation hat sich wenig geändert.

5. Die Diktatur des Sitzfleischs

Wer warten kann, braucht keine Konzessionen zu machen.[41]

Sigmund Freud

Wer andere warten lässt, verfügt also über Macht. Manchmal kann es aber auch von Vorteil sein abzuwarten. Dies ist eine besondere, weil selbst gewählte Form des Wartens und oft ein Privileg der Mächtigen – denn nicht jede vermag es, die Dinge so einzurichten, dass die Uhr für sie und gegen andere tickt.

Sitzen bis zum Umfallen

Wer dazu in der Lage ist, Probleme einfach auszusitzen, Debatten ins Leere laufen zu lassen oder schlicht auf Ermüdungserscheinungen des Gegenübers zu warten, verfügt jedenfalls über einen entscheidenden Trumpf. Diesen Trumpf wusste der erste Kanzler der Bundesrepublik bestens auszuspielen. Konrad Adenauer verlängerte Kabinettssitzungen gerne bis in die Nacht hinein:[42] Sitzen bis zum Umfallen. Oder auch: Diktatur des Sitzfleischs, denn meist blieb »der Alte« am längsten auf seinem Stuhl kleben und setzte sich durch.

Eine ähnliche Strategie verfolgen bis heute manche Verteidiger am Gericht: Sie verzögern das Verfahren, wo immer es geht. Auch politische Verhandlungen werden ständig aufgeschoben und verschleppt: Als Österreich nach dem Zweiten Weltkrieg wieder zu einem unabhängigen Staat werden sollte,[43] begannen 1946 die Gespräche der Siegermächte. Doch aus strategischen Überlegungen blockierte zunächst die UdSSR die Verhandlungen, später wurden sie von den Westmächten verzögert. Der Staatsvertrag wurde schließlich erst 1955 nach neun Verhandlungsjahren unterzeichnet – mit der Bedingung, dass Österreich sich zur Neutralität verpflichtet.

Helmut Kohls Sitzfleisch

Je größer die eigene Macht, desto eher kann man einfach abwarten. Mit dieser Strategie treibt manchmal der eine Partner den anderen in den Wahnsinn. Ein Meister dieses Spiels mit passiver Aggression war Helmut Kohl. Obwohl der Pfälzer nicht gerade als Pferdeliebhaber galt, beherrschte er doch eine Technik, die bis dahin vor allem aus dem Reitsport bekannt war: das Aussitzen. Kohl saß über 16 Jahre lang im Sattel des Kanzleramtes – obwohl man dem 2017 verstorbenen Politiker weder besondere intellektuelle Fähigkeiten noch ein großes Talent als Redner nachsagte. Doch der ewige Kanzler ließ sich nicht aus der Ruhe bringen.[44]

Schon sein Weg nach ganz oben war von Geduld geprägt. Obwohl er 1976 als Spitzenkandidat der Union deren bis dahin zweitbestes Ergebnis einfuhr, blieb die sozialliberale Koalition bestehen und Kohl nahm auf der Oppositionsbank Platz, wo er der Dauerfehde mit seinem wortgewaltigen Fraktionskollegen Franz-Josef Strauß ausgesetzt war. Bei der nächsten Wahl hielt sich Kohl zurück, überließ dem bayerischen Urgestein die Kanzlerkandidatur – und die Niederlage. Als der richtige Moment gekommen schien, zog Kohl die FDP auf seine Seite, stürzte den bisherigen Kanzler Helmut Schmidt mit einem Misstrauensvotum und griff nach der Macht. Direkt zu Beginn seiner Kanzlerschaft wäre er dann beinahe über den »Flick-Skandal« um illegale Parteispenden gestolpert. Doch Kohl setzte erfolgreich auf seine bewehrte Taktik: leugnen, schweigen und abwarten. Auch andere Skandale überstand er auf diese Weise.

Einmal reagierte Kohl ganz schnell – und ging als »Kanzler der Einheit« in die Geschichte ein. Doch den Aufbau und die Integration des Ostens versäumte er ebenso wie eine Reform des Rentensystems. Öffentliche Kritik allerdings ließ Helmut Kohl regelmäßig an sich abprallen. Seine »dicke Haut«, das Phlegma, die Geradlinigkeit – all das war Teil seines Sitzfleisches, für das der Ex-Kanzler eben nicht nur wegen seiner fülligen Statur berüchtigt war. Es mag also kaum verwundern, dass seine politische Ziehtochter Angela Merkel genau jene Eigenschaften vorgeworfen wurden: Probleme auszusitzen – und damit zu einer Entpolitisierung der Gesellschaft beizutragen. Sein Schweigen jedenfalls nahm Helmut Kohl mit ins Grab: Zur CDU-Spendenaffäre, die 1999 publik wurde, gab er nie wirklich Auskunft. Nach seiner Abwahl 1998 war Kohl nicht nur politisch geschwächt, sondern durch seine Erkrankung zunehmend auch körperlich. Doch Kohls Attitüde überlebte seine Macht – was sein Bild in den Geschichtsbüchern nachhaltig beschädigte.

Kairos und die Macht

Man sollte den richtigen Moment also nicht verpassen, das lehrt uns bereits das vielleicht älteste Buch zur Kriegsführung. Der chinesische General Sunzi schrieb vor zweieinhalbtausend Jahren die bis heute beachtete *Kunst des Krieges*. Dort empfiehlt er, den richtigen Augenblick des Angriffs in geeignetem Gelände abzuwarten. Dann, so ist sich der General sicher, wird derjenige siegen, »der gut vorbereitet darauf wartet, den unvorbereiteten Feind anzugehen«.[45] Auch heute noch wird an der Front ständig gewartet – und wer hier das Warten abbricht, wird womöglich wegen Fahnenflucht erschossen.

Warum gerade Napoleon Bonaparte[46] trotz seines militärischen Genies die Ratschläge Sunzis nicht beherzigte? Der »Kaiser der Franzosen« wusste jedenfalls um die Gefahren eines Krieges gegen Russland – und maschierte doch 1812 siegessicher gen Osten. Mit der »Grande Armée«, der bis dato vielleicht größten Armee aller Zeiten, wollte Napoleon den Krieg mit einem schnellen Angriff entscheiden. Doch die Russen entzogen sich weitgehend den Kämpfen und lockten die Angreifer immer tiefer ins Landesinnere. »Parthertaktik« wurde die Verteidigung genannt, bei der Napoleons Armee zum Leid der eigenen Bevölkerung »verbrannte Erde« hinterließ.

Trotz Versorgungsproblemen ließ sich Napoleon immer weiter in den Osten locken, während die Russen auf den Wintereinbruch warteten. Mit weniger als 100 000 Mann eroberten die Angreifer schließlich Moskau und hofften auf eine Kapitulation – doch der Zar ließ sie erneut warten. Einer der französischen Generäle beschreibt später Napoleons Ratlosigkeit: »Er suchte sich zu betäuben, überließ sich dann einer trägen Ruhe, brachte die martervollen Stunden tödlicher Langeweile halb liegend, ja gleichsam empfindungslos zu und schien so […] die Entwicklung seiner schrecklichen Geschichte abzuwarten.«[47] Ende Oktober 1812 blieb nur der Rückzug. Nun ergriff die russische Armee die Gunst der Stunde und jagte Napoleon. Das Warten hatte sich gelohnt. Weil ab November die Temperatur auf unter minus 30 Grad sank, erfroren viele Soldaten der Grande Armée. Es war der Anfang vom Ende der französischen Herrschaft über Europa. Eine Million Menschen sind dabei ums Leben gekommen.

Ungeduld ist also auch in der großen Politik oft der falsche Ratgeber. »Ein unerläßliches Requisit des Staatsmannes ist die Geduld. Er muß warten können, bis der richtige Moment herangekommen ist und darf nichts überstürzen, selbst wenn der Anreiz noch so groß ist.«[48] Obwohl Otto von Bismarck als Hitzkopf bekannt war, ließ er sich für wichtige Entscheidungen die nötige Zeit. Der erste Reichskanzler des Deutschen Reiches verriet auch, wo er das gelernt hatte: »Ich bin von früh auf Jäger und Fischer gewesen, und das Abwarten des rechten Moments ist in beiden Situationen die Regel gewesen, die ich auf die Politik übertragen habe.«

Ein solcher Jäger war auch der Reporter Walter Winchell. Der ehemalige Varieté-Künstler gilt als Erfinder des modernen Klatschs und wurde ab den 1930er-Jahren zu einem der gefürchtetsten Reporter der USA. Winchell war für seinen aggressiven Stil bekannt. In seiner Autobiografie schrieb er: »Ich bin kein Kämpfer, ich bin ein ›Warter‹. Ich warte, bis ich einen Undankbaren mit offenem Hosenstall erwische und dann mache ich ein Foto.«[49]

VII. Die Kraft des Wartens

Standing on a street corner waiting for no one is power.[1]

Gregory Corso

Ob die Ohnmacht der Wartenden oder die ungleiche Verteilung der Wartezeiten, ob das ewige Herumsitzen auf dem Amt oder die Taktik, Probleme einfach auszusitzen – meist spiegeln Wartesituationen bestehende Machtverhältnisse wider. Aber geht es auch andersherum? Können Hierarchien beim Warten aufgebrochen werden?

1. Das Siddhartha-Prinzip

Warten kann ein wirksames Kontrollinstrument sein.[2]

Robert Levine

Hilft es vielleicht, eine andere Einstellung zum Warten einzunehmen, um der Ohnmacht zu entfliehen? Man könnte sich ablenken, meditieren oder an etwas Schönes denken. Oder man tut so, als würde man gar nicht warten. Das schützt zumindest vor unangenehmen Blicken.

Warten ist Zeit, und diese Zeit gilt es geschickt einzusetzen. Helmut Kohl hat es vorgemacht[3] – bloß, wie sollen es diejenigen, die nicht gerade über die Macht eines Regierungschefs verfügen, nachmachen?

»Mit der richtigen Einstellung ist Warten ein machtvolles Werkzeug gegen die Widernisse des Lebens«, schreibt der Zeitforscher Robert Levine. Er nennt diese Einstellung das »Siddhartha-Prinzip«[4], angelehnt an Hermann Hesses Erzählung. Der große Autor und seine Romanfigur, die an den Begründer des Buddhismus Siddhartha Gautama erinnert, hatten einiges gemeinsam: Beide wollten den ihnen vorbestimmten Weg nicht gehen. Also zogen sie hinaus, der eine, um Buchhändler und Schriftsteller zu werden, der andere, um als Mönch zu leben. Beide wurden auf ihre Weise reich belohnt: Hesse erhielt den Literaturnobelpreis, Siddhartha fand die Erleuchtung. Im Roman begibt sich der junge Inder dafür zunächst auf den Weg der Askese und schließt sich den Samanas an, den Bettelmönchen, die eine Erlösung vom eigenen Selbst suchen. Dort lernt er seine vielleicht wichtigsten Tugenden: »Jeder kann zaubern, jeder kann seine Ziele erreichen, wenn er denken kann, wenn er warten kann, wenn er fasten kann.«[5] Der Erzähler erklärt auch, warum: »Wenn, zum Beispiel, Siddhartha nicht fasten gelernt hätte, so müßte er heute noch irgendeinen Dienst annehmen, [...] denn der Hunger würde ihn dazu zwingen. So aber kann Siddhartha ruhig warten, er kennt keine Ungeduld.«[6] Es sind diese Eigenschaften, die Siddhartha unabhängig machen. Er ist bereit, so viel Zeit wie nötig verstreichen zu lassen, ohne sogleich eine Belohnung zu erwarten.

Wie das Warten die Ohnmächtigen stärken kann, wird auch in Robert Walsers Roman *Jakob von Gunten* deutlich: Der gleichnamige Protagonist besucht dort eine Dienerschule, wo er sich tagtäglich unterordnen und gehorchen muss. Der Alltag besteht aus stupidem Auswendiglernen und ständigem Warten auf eine mögliche Anstellung. Doch indem Jakob sich das erzwungene Warten zu eigen und zunutze macht, gewinnt es einen Eigenwert und gibt ihm seine Würde zurück: »Das eine weiß ich bestimmt: wir warten! Das ist unser Wert.«[7] Kann sich Jakob dadurch sogar über den strengen Institutsvorsteher ermächtigen? Kann der Knecht also, wenn er nur geduldig wartet, auf dem Thron des Herrn Platz nehmen? Der Philosoph Georg Wilhelm Friedrich Hegel sah das Verhältnis zwischen Herr und Knecht in seiner berühmten Erzählung jedenfalls als dialektisch an: Der Herr wäre kein Herr, wenn der Knecht ihn nicht als solchen anerkennen würde.[8] Ob sich freiwillige Unterordnung indes tatsächlich als eine Form des Widerstandes verstehen lässt? Im echten Leben bedeutet stilles Abwarten allzu oft, dass man die Verhältnisse, die einem schaden, noch bestärkt, weil man sie eben regungslos hinnimmt. Wann man nun gegen das Warten aufbegehren soll, weil Geduld Unterwürfigkeit bedeutet, und wann man doch besser stillhält, diese Entscheidung kann einem kein Ratgeber abnehmen.

In jedem Fall aber gilt: Umso existenzieller die Ohnmacht der Wartenden, desto weniger Möglichkeiten bleiben ihnen – und desto vermessener ist es, Ratschläge zu erteilen. In unterschiedlichem Ausmaß können viele von uns dennoch von Siddhartha lernen, wie man abwartet und die eigene (Warte-)Zeit einsetzt. Auf diese Weise wird der Knecht vielleicht nicht zum Herrn, aber er kann zumindest strategisch seine Situation verbessern. So wie schon die unterlegenen Russen Napoleons Grande Armée im Jahre 1812 in die Flucht schlugen, weil sie abwarten konnten.[9]

2. Eine kleine Kulturgeschichte des (Hunger-)Streiks

Taten statt Worte![10]
Emmeline Pankhurst

Die Ultima Ratio

Wer es Siddhartha tatsächlich gleichtut, lernt nicht nur zu warten, sondern auch zu fasten. Die Nahrungsaufnahme zu verweigern und in den Hungerstreik[11] zu treten, heißt auch zu warten: auf die Erfüllung der eigenen Forderungen – oder auf den Tod. Die Gewalt gegen sich selbst ist das große Druckmittel dieses an sich gewaltfreien Widerstandes. Bereits im frühen Mittelalter war in Irland die Tradition des »Troscad« verbreitet: Wer einen sozial Höhergestellten eines Unrechts beschuldigte, kam zu dessen Haus, verkündete seine Anklage und begann nach festen Regeln zu fasten. Kam es zu keiner Einigung und der

Hungerstreik endete tödlich, musste der Beschuldigte die Familie des Toten entschädigen.

Meist war das Fasten früher jedoch auf religiöse Motive beschränkt und diente der Buße, der Erleuchtung oder der Reinigung. Das änderte sich Ende des 19. Jahrhunderts. Während Hunger bis dahin eine große Bedrohung war und als Strafe Gottes oder Folge eigenen Versagens galt, konnte die Nahrungsverweigerung nun, in Zeiten besserer Versorgung, sogar zum moralischen Vermögen werden: Nur Kraft ihres Willens besiegen Menschen den eigenen Körper – und riskieren ihr Leben. Zumindest aber ihre Gesundheit. Der Hungerstreik ist die Ultima Ratio derjenigen, die im Machtpoker über keine anderen Mittel verfügen, etwa weil sie im Gefängnis sitzen. Nicht immer erreichen Streikende damit ihre Ziele und nur selten endet die Nahrungsverweigerung tödlich – aber oft können Einzelne durch ihre Hingabe auf Missstände aufmerksam machen. Schon in den 1870er-Jahren haben es russische Sozialrevolutionäre aus den Gefängnissen des Zarenreichs so in die internationale Presse geschafft. Bis heute braucht der Hungerstreik die Öffentlichkeit, um Druck auszuüben. Was andernfalls passieren kann, berichtete der Dichter Erich Mühsam 1921 anlässlich des Hungerstreiks eines kommunistischen Mitstreiters: »Sie haben ihn verenden lassen wie eine Ratte und sind mit sich und der Welt zufrieden.«

Den Hungerstreik berühmt gemacht haben wohl die Frauen, genauer: die »Suffragetten«[12]. Sie kämpften in den USA und in Großbritannien für das Frauenwahlrecht. Eine ihrer Protagonistinnen war Emmeline Pankhurst. 1903 gründete sie die »Women's Social and Political Union«, die mit kreativem Widerstand Hunderttausende Frauen mobilisierte. Als die Londoner Polizei am 18. November 1910, dem »Black Friday«, eine Frauendemonstration brutal niederknüppelte, radikalisierte das den Protest. Nun warfen die Frauen Schaufenster ein, legten Brände, bewaffneten sich mit Schlagstöcken. Viele wurden verhaftet – und traten in den Hungerstreik. Marion Wallace Dunlop machte es 1909 vor und wurde nach fünf Tagen vorzeitig entlassen. Ihre Nachahmerinnen aber ließ der britische Staat zwangsernähren –

per Schlauch durch die Nase. Die Öffentlichkeit reagierte auf diese Bilder geschockt, die entwürdigende Praxis wurde zum Symbol willensstarker Frauen im Kampf gegen ein unerbittliches Regime. Die Regierung sah sich erneut zum Handeln gezwungen und entließ die Feministinnen im Rahmen des »Cat and Mouse Act« von 1913 aus der Haft – zumindest, bis sie bei besserer Gesundheit waren. Dann setzte sich das Katz-und-Maus-Spiel fort und die Frauen mussten wieder ins Gefängnis. Ihr Kampf wurde mit Beginn des Ersten Weltkrieges jäh unterbrochen, Emmeline Pankhurst mobilisierte nun lieber für die Waffenproduktion. 1918 erhielten die britischen Frauen schließlich ein eingeschränktes und 1928 das volle Wahlrecht – wenige Wochen nach dem Tod von Emmeline Pankhurst.

Der wohl berühmteste Hungernde der Geschichte indes war ein kleiner, schmächtiger Mann: Mohandas Karamchand Gandhi.[13] Seine Strategie des zivilen Ungehorsams entwickelte »Mahatma« in Südafrika, wo er 20 Jahre lebte, als Anwalt arbeitete und für die Rechte der dort lebenden Inder kämpfte.[14] Dafür kam er mehrfach ins Gefängnis und trat in den Hungerstreik – er selbst sprach aber häufig vom »Fasten«, das Gandhi auch der Selbstreinigung diente. Zurück in seiner Heimat, kämpfte Gandhi gewaltfrei für die Unabhängigkeit Indiens, mehrfach initiierte er einen »Hartal«, einen friedlichen Massenstreik samt Fasten. 1947 konnte sich die ehemalige Kolonie endlich von den Briten lossagen – und wurde gegen Gandhis Willen in das muslimische Pakistan und das hinduistische Indien geteilt. Um einen Krieg zwischen beiden Staaten zu verhindern, verweigerte Gandhi erneut die Nahrung. Seine Strategie blieb stets dieselbe: Die Bilder des zerbrechlichen und äußerst populären Mannes gingen um die Welt – und erzeugten enormen Druck. Doch mit seinem Einsatz für Frieden zog er den Hass religiöser Hardliner auf sich, ein Hindunationalist erschoss den 78-Jährigen am 30. Januar 1948.

Wie in Indien hat der Hungerstreik auch in Irland eine lange Geschichte. Auf diese Tradition griffen 1981 inhaftierte Kämpfer der »Irish Rebublican Army« zurück. Ihr Hungerstreik während des Nordirlandkonflikts, in dem sich irische Katholiken und protestantische Unionisten erbittert bekämpften, ist in seiner Härte wohl unübertroffen.[15] Nach Jahren blutiger »Troubles« mit Tausenden Toten saßen Hunderte nordirische Kämpfer im berüchtigten Maze-Gefängnis. Sie wollten als politische Gefangene anerkannt werden, doch die britische Regierungschefin Margaret Thatcher entgegnete bloß: »Verbrechen ist Verbrechen, das ist nicht politisch.«

Also beschlossen die Inhaftierten, in den Hungerstreik zu treten. Im Frühjahr 1981 erstellten ihre Kommandeure eine Liste mit Freiwilligen, bevorzugt wurden alleinstehende und gesunde Männer. Jeder Hungernde hatte zudem einen »Schatten«, der darauf wartete, im Todesfall anstelle des Gestorbenen in den Hungerstreik zu treten. Weil ein Schattenmann aber durch das lange Warten hätte demoralisiert werden können, hatte er noch einen Schatten. Der erste Hungernde war zugleich der bekannteste Gefangene: Noch während seines Streiks wurde der 27-jährige Bobby Sands ins britische Unterhaus gewählt – und starb kurz danach im Gefängnis. Die Männer verloren ihre Stimme, ihr Augenlicht, erbrachen Blut, manche blieben bis zu ihrem Sterbetag bei Bewusstsein. Kieran Doherty hielt gar 73 Tage durch. Dieser eiserne Wille erschütterte Irland – und die Welt. Die unnachgiebige Haltung der britischen Regierung indes stieß international auf Kritik. Obwohl die Gefangenen ihre Forderungen nicht durchsetzen konnten, brachen sie ihre Aktion im Herbst 1981 ab, weil sich sowohl ihre Familien als auch katholische Geistliche dagegen aussprachen. Kurz danach machte die britische Regierung doch noch Zugeständnisse. Die Gewalt auf den Straßen freilich ging weiter. Dennoch war der Hungerstreik, der zehn Todesopfer forderte, womöglich ein erster Schritt weg vom bewaffneten Kampf hin zum Verhandlungstisch. 1998 kehrte in Nordirland jedenfalls endlich Frieden ein – nach fast 30 Jahren Bürgerkrieg.

Der berühmteste Nahrungsverweigerer der bundesrepublikanischen Geschichte dürfte der inhaftierte RAF-Mann Holger Meins sein, der im November 1974 infolge eines Hungerstreiks starb und damit eine Welle der Solidarität für die RAF auslöste.[16] Weniger radikal waren die Kalikumpel im thüringischen Bischofferode. Als Anfang der 1990er-

Jahre die Schließung ihrer Grube drohte, begann ihr Protest: Besetzungen, Demonstrationen und ein Hungerstreik, mit dem sie auch Helmut Kohls Sitzfleisch herausforderten. Die Bilder der geschwächten Bergmänner erreichten das Kanzleramt. Kohl erwog, das Kaliwerk weiterlaufen zu lassen. Ende 1993 war dann aber doch Schluss. Immerhin: Die Bergleute erhielten Abfindungen und konnten ihre Kritik an der Abwicklung ehemaliger DDR-Betriebe in die Öffentlichkeit tragen. Bereits 1975 beschloss der Weltärztebund, dass künstliche Ernährung gegen den Willen eines Gefangenen zu unterlassen sei. Dennoch wurde die Inderin Irom Sharmila 16 Jahre lang zwangsernährt, 2016 beendete sie ihren Hungerstreik – um stattdessen bei Wahlen zu kandidieren. Gewählt wurde sie nicht, aber ihr Protest machte zumindest auf die Militärherrschaft im indischen Bundesstaat Manipur aufmerksam.

Das Recht auf Streik

Nicht immer braucht es solch radikalen Protest – und nicht alle sind dafür bereit. Dennoch lässt sich von den Ausnahmefällen lernen: wie Menschen aus der Verzweiflung Mut schöpfen und Wartezeiten auch mithilfe der Öffentlichkeit für ihre Anliegen nutzen. Außerdem macht der Kampf der Hungerstreikenden deutlich, wie wichtig es ist, gemeinsam zu kämpfen – und gemeinsam zu warten. Der klassische Streik ist dafür ein Paradebeispiel: Er stellt der Macht der Arbeitgeber die Kraft des Kollektivs entgegen. Und die der Verzögerung. Denn auch die Mächtigen werden beim Streik zum Anhalten gezwungen, Arbeitgeber warten dann auf den Fortgang der Produktion und damit auf ihren Gewinn. Aber auch Reisende müssen am Bahnsteig ausharren, und manchmal bleibt wochenlang der Müll liegen. Das soll zusätzlichen Druck erzeugen – und kostet oft Sympathien. Eine besondere Form des Streiks ist der Bummelstreik, bei dem Arbeitnehmerinnen zwar regulär zur Arbeit erscheinen, aber die Abläufe irgendmöglich verzögern.

Der vermutlich erste überlieferte Streik der Geschichte ereignete sich vor mehr als 3000 Jahren im ägyptischen Dorf Deir el-Medineh:[17] Die privilegierten Arbeiter, welche die Königsgräber erbauten und pflegten, konnten durch Arbeitsniederlegungen zumindest einen Teil der ihnen versprochenen Lebensmittelrationen erstreiten. Nachdem im Mittelalter vor allem Handwerker sowie Bergleute streikten, traten im Zuge der industriellen Revolution auch Industriearbeiter massenhaft in den Ausstand und erkämpften so Lohnerhöhungen und Arbeitserleichterungen. Oft wurden Streiks aber auch brutal beendet – wie etwa der Generalstreik von Berliner Arbeitern im März 1919. Den anschließenden Protest schlug die Staatsmacht mit aller Härte zurück, die »Märzunruhen« forderten 1200 Todesopfer. Aber noch aus anderen Gründen gingen Streikende lange Zeit hohe Risiken ein, schließlich kostete sie der Streik viel Geld und war stets mit der Gefahr verbunden, dauerhaft die Arbeit zu verlieren.

Ab dem 19. Jahrhundert wurden Arbeitsniederlegungen zunehmend von den zunächst verbotenen Gewerkschaften organisiert. So konnte schließlich das Koalitionsrecht erkämpft werden, also das Recht der Arbeiterinnen und Arbeiter, sich zusammenzuschließen. Seither führen die Gewerkschaften offiziell die Verhandlungen, sie ersetzen ihren Mitgliedern einen Teil des entgangenen Lohns und erleichtern damit auch das Warten. Ein Streik ohne gewerkschaftliche Anbindung hingegen ist weiter rechtswidrig. Das Gelingen eines Ausstandes hängt dabei stets von Machtfaktoren ab: Wie entbehrlich sind die Streikenden, wie gut sind sie organisiert – und auf welche Gegenwehr treffen sie? Während manchmal wenige Hundert Streikende eine ganze Region oder einen kompletten Flughafen lahmlegen können, beendeten die Mitarbeiter des Congress Hotels in Chicago ihren Streik für bessere Löhne 2013 erst nach zehn Jahren – ohne Erfolg.

3. Gelebte Solidarität

Die Konkurrenz überwinden

Die Geschichte des Streiks zeigt eindrücklich, wie viel mehr man gemeinsam erreichen kann. Wer als Einzelne gegen das Warten aufbegehrt, kann es sich leicht mit der Vorgesetzten oder dem Sachbearbeiter verscherzen, ohne etwas bewirkt zu haben. Besteht aber die Möglichkeit, dass noch andere sich erheben beziehungsweise sitzenbleiben, dann kann die Kraft der Vielen wirklich etwas verändern. Freiheit, Gleichheit – und Brüderlichkeit. Die Solidarität ist eines der drei Versprechen der Französischen Revolution und damit ein durchaus wichtiges Ideal unserer Epoche. Aus gutem Grund wurde sie zur klassischen Tugend der Arbeiterbewegung, denn diejenigen, die über weniger Macht verfügen, müssen besonders gut zusammenhalten: »Einer für alle, alle für einen!«[19] Gewerkschaften haben schließlich versucht, die gegenseitige Unterstützung zu institutionalisieren – beim Streik muss man sich aufeinander verlassen können.

Doch das typische Szenario des Wartens ist ein anderes, wie bereits bei der näheren Betrachtung der Warteschlange deutlich wurde: Jeder will möglichst schnell drankommen. Und wo eine begrenzte Anzahl an Gütern zur Verfügung steht oder die Zahl der Sachbearbeiter dem Ansturm an Kundinnen nicht gewachsen ist, da verschärft sich der Wettbewerb.[20] Doch nicht selten beruht die Knappheit auf künstlicher Verknappung – weil Werbestrategen es so wollen oder weil genug für die wirklich Zahlungskräftigen übrig bleiben soll. Der Grund für die allgegenwärtige Konkurrenz ist zudem ein ideologischer: Der Homo oeconomicus ist das Leitbild des wirtschaftsliberalen Kapitalismus – und längst haben wir es verinnerlicht. Rational und klug ist heute, was uns einen Vorteil verschafft.

Solidarität würde hier also zunächst bedeuten, die Konkurrenz zu überwinden. Und die Anonymität. Meist nämlich beschränkt sich der Kontakt unter Wartenden darauf, Kontakt zu meiden. Manchmal ändert sich das wie von selbst. Wenn etwa der Zug mitten im Winter im Nirgendwo stehen bleibt und die Reisenden auf unbestimmte Zeit warten müssen, entwickelt sich eine Art Schicksalsgemeinschaft. Die Menschen schimpfen dann nicht nur gemeinsam auf die Bahn, sondern leisten auch Fremden Hilfe: Kooperation statt Konkurrenz. Doch solch kleine Notsituationen bleiben die Ausnahme, alsbald hat sich die Schicksalsgemeinschaft wieder aufgelöst und die Solidarität ist dahin.

»Demgegenüber scheinen lange Prozesse des Wartens ein höheres Vergemeinschaftungspotenzial aufzuweisen«[21], notiert der Warteforscher Andreas Göttlich. Ob man nun im Schwangerschaftskurs auf die Geburt eines Kindes oder im Gefängnis auf Freilassung wartet, ob man als Glaubensgemeinschaft auf den Messias oder eben als Fangruppe vor dem Stadion wartet – wer genug Zeit mit anderen teilt, kann engere Bindungen aufbauen. In den vom Psychologen Leon Mann untersuchten Warteschlangen vor dem Football-Stadion zeigte sich: Wo die Menschen mehr Zeit miteinander verbrachten, waren sie auch besser gerüstet, um gemeinsam Drängler abzuwehren. Und wo Kundinnen sich zusammenschließen, wird die Macht der Unternehmen kleiner. Sich gegenseitig zu unterstützen kann den Wartenden neuen Mut geben – und das Warten erträglicher machen. In einer Studie zeigt der Wissenschaftler Lijun Tang,[22] wie die Frauen von chinesischen Seefahrern mit der monatelangen Wartezeit umgehen, wenn ihre Männer unterwegs sind. Indem sie sich zusammentun und über ihr Schicksal sprechen, indem sie ihre Erfahrungen vor allem über das Internet miteinander teilen, wird ihr Schmerz gelindert: Geteiltes Leid ist eben oft halbes Leid. Der Soziologe Javier Auyero wiederum berichtet, wie die Menschen auf dem Sozialamt in Buenos Aires Netzwerke bilden, um die demütigende Wartezeit zu ertragen: Frauen teilen sich die Kinderbetreuung, Hilfsbedürftige versorgen sich mit Tipps. Auyero bezeichnet das Wohlfahrtsbüro dementsprechend »als Ort intensiver Geselligkeit inmitten allgegenwärtiger Unsicherheit.«[23]

Anderswo muss die Isolation erst durchbrochen werden. Das kann Mut erfordern und eine Überwindung sein. Vielleicht aber hilft es auch gegen die Anonymität, dass wir uns einfach mal auf das Warten und auf unsere Mitmenschen einlassen. So kann Empathie entstehen – und ein solidarischer Umgang mit der Zeit.[24] Die Schwarze Bürgerrechtlerin und Schriftstellerin Maya Angelou jedenfalls war trotz ihres bewegten Lebens mit vielen Schicksalsschlägen überzeugt: »A friend may be waiting behind a stranger's face.«[25]

Betrachten wir also die alte Frau vor uns an der Kasse, die ihre Münzen abzählt, mit Wohlwollen. Lassen wir uns nicht vom Ärger über sie von den strukturellen Machtverhältnissen ablenken[26]. Bitten wir den armen Mann, der hinter uns in der Schlange steht, vor und setzen so im Kleinen ein Zeichen. Die Zeit trennt uns nicht nur von anderen, sondern sie kann uns auch miteinander verbinden. Probieren Sie es doch einmal aus: Verschenken Sie Zeit! Das kann Freude machen und andere zur Solidarität animieren. In jedem Fall wird die Warteschlange auf diese Weise zum Ort der Begegnung.

Und das wiederum kann den Mächtigen gefährlich werden. Vermutlich verbot der sowjetische Diktator Stalin die Warteschlangen auch aus Angst vor der subversiven Kraft, die dort mitunter entsteht. Denn wo Menschen über längere Zeit gemeinsam warten, kommt durchaus »das Potenzial für politischen Dissens«[27] auf, wie Berichte aus dem Ostblock nahelegen. Dort erzählte man sich in den Warteschlangen satirische Witze, man diskutierte und lachte, die Menschen umgingen gemeinsam die Warteverbote. Die Historikerin Malgorzata Mazurek berichtet, dass Warteschlangen »einen potentiell gefährlichen Kommunikationsraum« darstellten, »aus dem heraus eine zufällige Menschenansammlung sich in eine Demonstration verwandeln konnte«[28] – auch wenn das natürlich nur selten passierte.

Bildet Banden!

Der Soziologe Jochen Dreher hat sich besonders für solch widerständige Warteprozesse interessiert – und sie anhand eines Beispiels aus Argentinien systematisch unter die Lupe genommen: Während der Diktatur in den 1970er- und 1980er-Jahren war die Sozialwissenschaftliche Fakultät der Universität von Buenos Aires aus politischen Gründen geschlossen, danach wurde sie zwar wiedereröffnet – doch die 30 000 Studierenden kamen mehrere Jahre in Kellern und später in einem baufälligen ehemaligen Krankenhaus unter. Stets wurden sie vertröstet, doch dagegen regte sich Widerstand: Professorinnen und Studierende protestierten gemeinsam, das Rektorat der Uni und das Bildungsministerium wurden besetzt, die mediale Aufmerksamkeit war groß. So konnten die Wartenden den Mächtigen Zugeständnisse abringen, bis das neue Gebäude 2016 schließlich mit einer Sonderbewilligung der Regierung fertiggestellt wurde. Wird das Mysterium der Macht also durchschaut und die Warterei als illegitim empfunden, können sich Ehrfurcht und Ohnmacht in Wut verwandeln.[29] »Besonders in Zeiten der Krise kann Warten als Moment des Widerstands fungieren [...] Auferlegtes Warten kann in diesem Sinne als Auslöser von Solidarisierungsprozessen fungieren und Protestbewegungen gegen die Mächtigen auslösen«[30], notiert Jochen Dreher. Leichter kommen solche Bewegungen natürlich ins Rollen, wenn die Betroffenen eine kritische Grundhaltung mitbringen.

Als ein Geflüchteter im Frühjahr 2018 aus einer Massenunterkunft im baden-württembergischen Ellwangen abgeschoben werden sollte, solidarisierten sich viele Bewohner und die Polizei musste die Abschiebung abbrechen. Natürlich kam sie drei Tage später mit einem Großaufgebot wieder. Der Fall schlug in der ohnehin rechtspopulistisch aufgeheizten Öffentlichkeit hohe Wellen, der deutsche Innenminister sprach von einem »Schlag ins Gesicht der rechtstreuen Bevölkerung«[31]. Dabei war eigentlich etwas anderes viel bemerkenswerter: die Solidarität der zum Warten Verdammten. Sie entsteht manchmal gerade als Reaktion auf Verzweiflung und Unsicherheit.

Kirchenasyl

Eine besondere Form solch gelebter Solidarität ist das Kirchenasyl.[32] Es ist zugleich ein gutes Beispiel, wie Ohnmächtige sich ermächtigen,[33] indem sie die Wartezeit für sich nutzen, um Schutzfaktoren anzuhäufen und sich Verbündete zu suchen. Ursprünglich stammt das Wort »Asyl« aus dem Griechischen und meinte einen Ort der Zuflucht – so wie ja auch die »Geduld« einst einen Schutzraum beschrieb. Solange ein Mensch dort ausharrt, müssen seine Verfolger auf Rache und Behörden auf die Bestrafung warten. Das Asyl stand oft unter göttlichem und manchmal auch unter dem Schutz der Könige. Seit Menschengedenken gibt es solche Zufluchtsorte – auf den Tonga-Inseln waren es bestimmte Grabstätten, bei den Kikuyu in Ostafrika die heiligen Feigenbäume und bei den Griechen und Römern die Tempel. Später ging diese Tradition auf das Christentum über, im Mittelalter fand das Kirchenasyl sogar Eingang in geltendes Recht und der Friedensbereich um Kirchen wurde zwischenzeitlich auf 60 Schritte ausgeweitet. Die weltliche Macht endete also vor den Kirchentoren.

In die Bundesrepublik kehrte diese Praxis 1983 zurück, als der Berliner Pfarrer Jürgen Quandt spontan drei palästinensischen Familien Kirchenasyl gewährte – mit Erfolg. Es wurde ein genereller Abschiebestopp in den Libanon erlassen, wo seinerzeit Krieg herrschte. Bis heute bewegt sich das Kirchenasyl am Rande der Legalität, eine Räumung erfolgt dennoch nur äußerst selten – was auch mit dem öffentlichen Druck zu tun hat. Und so gewähren Kirchen Geflüchteten bis heute vorübergehenden Schutz, weil diese erkrankt sind, hierzulande familiäre Bindungen haben oder eine Abschiebung lebensgefährlich wäre. Es geht darum, Zeit zu gewinnen und eine vorschnelle, mitunter gar rechtswidrige Abschiebung zu verhindern, um Fehler im Asylverfahren nochmals prüfen zu lassen oder Gerichtsurteile abzuwarten.[34] Oft müssen

Geflüchtete auch eine bestimmte Frist aussitzen: Wer in ein anderes EU-Land abgeschoben werden soll, wo den Menschen mitunter Obdachlosigkeit oder Folter drohen, muss bis zu 18 Monate ausharren – dann erfolgt die Prüfung des Asylverfahrens in Deutschland.[35] Es kommt aber auch vor, dass Geflüchtete jahrelang in den engen Gemeinderäumen bleiben und auf eine bessere Zukunft warten müssen.

Obwohl es schwerfällt, kann es also manchmal ratsam sein, abzuwarten und auszuharren – denn in dieser Zeit können die Karten neu gemischt werden.

4. Vom Attentismus zum Aktivismus

Wie herrlich ist es, dass niemand eine Minute zu warten braucht, um damit zu beginnen, die Welt langsam zu verändern.[36]

Anne Frank

Handlungsmacht zurückgewinnen

Zu warten kann ein wirksames Instrument der Kontrolle sein und sogar scheinbar Ohnmächtige ermächtigen. In manchen Situationen mag es aber auch ratsam sein, das Warten abzubrechen – etwa wenn es uns lähmt und zum Nachteil gerät oder wir zu lange zögern, sodass Kairos schon längst über alle Berge ist. Zu warten kann ebenso die falsche Entscheidung sein, wenn uns geschickte Werbung in die Warteschlange treibt. Wir geben dann freiwillig unsere Zeit dahin, um später auch noch unser Geld loszuwerden. Ständig stehen wir bereitwillig in endlosen Warteschlangen – etwa weil wir einen neuen Film unbedingt in der Premierenvorstellung sehen wollen. Da stehen wir nun in der Kälte und riskieren einen Schnupfen, aber die Schlange will einfach nicht kürzer werden.

Warum also nicht einfach nach Hause gehen, es sich gemütlich machen und den Film übernächste Woche ganz ohne Warterei genießen? So bleiben wir gesund, sparen Zeit und können nebenbei unsere Selbstwirksamkeit spüren. Doch was, wenn die eigene Chefin uns viel zu lange hinhält? Dann will die Frage, ob wir das Warten abbrechen, wohl gewählt sein. Nicht immer ist das sinnvoll, in jedem Fall aber können wir die Wartezeit dazu nutzen, in uns zu gehen und uns zu fragen, ob sich das alles lohnt. Nicht umsonst vermerkt etwa das *Findebuch zum Mittelhochdeutschen Wortschatz* bei der »púse«, der Vorgängerin der Pause: »Abwägung, Abschätzung«[37].

Um Handlungsmacht zu erlangen, ist es also ratsam, einen Schritt zurückzutreten, das Smartphone aus der Hand zu legen und sich zu fragen: Warum warte ich? Und wer profitiert davon? Wer freilich ein (kommerzielles) Interesse an unserer Warterei hat, versucht natürlich, uns bei der Stange zu halten – beziehungsweise in der Schlange: Profis sorgen für das Queuing Entertainment und freundliche Stimmen versichern uns am Telefon, die nächste freie Leitung gehöre nur uns alleine. Zugleich soll uns die Musik in der Warteschlaufe wohl am (kritischen) Nachdenken hindern. Dennoch glaubt der Soziologe Pierre Bourdieu, dass, wenn man von Situationen totaler Macht absieht, sich das Wartespiel nur mit »Billigung des Opfers«[38] spielen lasse: »Man kann jemanden auf Dauer nämlich nur in dem Maße hinhalten, [...] in dem er sich auf das Spiel einläßt.«

Der Mann vom Lande

Ungleich komplizierter wird die Situation, wenn das Warten eine existenzielle Dimension annimmt – und womöglich ein Leben lang dauert.[39] Die Journalistin Friederike Gräff hat für ihr Buch über das Warten einen Gefängnisinsassen besucht, der die meisten Jahre seines Lebens hinter Gittern verbrachte. Von ihm erfährt man: ›Im Gefängnis habe ich gewusst: Hier komme ich nicht raus. Da habe ich auf nichts gewartet. Ich habe einfach versucht, das Warten abzustellen – dann kann man auch nicht mehr enttäuscht werden.«[40]

Das ist aber gar nicht so einfach, denn oft ergreift das dauerhafte Warten von den Betroffenen Besitz: Wer etwa als Langzeitarbeitsloser jahrelang auf die Integration in die (Arbeits-)Gesellschaft wartet, identifiziert sich meist mit dem Leben im Wartezustand. Ähnliches passiert mit chronisch Kranken oder Asylbewerbern, die jahrelang auf Heilung warten oder in einer beengten Unterkunft ausharren müssen. Solch ohnmächtiges Warten macht mürbe und passiv. Andere halten sich am Strohhalm der Hoffnung fest: Gläubige erwarten über Generationen den Messias, Hinterbliebene hoffen bis zum eigenen Tod darauf, dass der im Krieg verschollene Partner wiederkommt. Solch ein Warten lässt sich nur schwer »abbrechen« – die entscheidende Frage ist vielmehr, wie es das Leben beeinflusst: Heiratet die Witwe irgendwann wieder, kann der Witwer ein eigenes Leben führen – oder bleiben sie wie gelähmt?

Wer wiederum sein ganzes Leben auf die große Liebe wartet, wartet womöglich genau deshalb vergebens: Denn so wenig sich die Liebe erzwingen lässt, so unwahrscheinlich ist es, dass sie eines Tages einfach an unserer Tür klingelt, während wir uns im Schlafzimmer verkriechen. Ob nun romantische Idealvorstellungen aus Hollywood oder die eigene Beziehungsangst uns erstarren lassen – diese Lähmung manifestiert sich im Warten. Und genau dann ist es der falsche Weg. Umso bedeutsamer und existenzieller das Erwartete erscheint und umso länger wir darauf warten, desto eher wird das Leben der Wartenden selbst zu einer bloßen Möglichkeitsform, die im Traum an ein besseres Morgen zerrinnt. Oder eben im Albtraum an eine noch schlimmere Zukunft – bis man sich schließlich zu Tode wartet, so wie Kafkas Mann vom Lande.

Die Kurzgeschichte[41] beginnt so: »Vor dem Gesetz steht ein Türhüter. Zu diesem Türhüter kommt ein Mann vom Lande und bittet um Eintritt in das Gesetz. Aber der Türhüter sagt, daß er ihm jetzt den Eintritt nicht gewähren könne.« Also wartet der Mann und fragt, ob denn Aussicht auf späteren Einlass bestehe. »Es ist möglich«, antwortet der Türhüter und warnt sogleich davor, ohne Erlaubnis einzutreten: »Ich bin mächtig. Und ich bin nur der unterste Türhüter. Von Saal zu Saal stehen aber Türhüter, einer mächtiger als der andere.« Der Mann vom Lande ist verwundert, schließlich soll das Gesetz doch allen offenstehen – dennoch wartet er ab, und obwohl er die anderen Wächter nie zu Gesicht bekommt und das Tor offen steht, traut er sich nicht hinein. Weil sich der Türhüter weder bitten noch bestechen lässt, wartet der Mann so lange ab, bis er alt und gebrechlich ist. Mit letzter Kraft fragt er den Türhüter, warum denn in all den Jahren niemand außer ihm Einlass verlangt habe. Die Antwort fällt wohl nicht nur für den sterbenden Mann schockierend aus, sondern auch für Kafkas Leserinnen: »Hier konnte niemand sonst Einlaß erhalten, denn dieser Eingang war nur für dich bestimmt. Ich gehe jetzt und schließe ihn.«

Kafka wirft mit seiner Parabel eine Menge Fragen auf – die wohl drängendste davon ist: Warum ergibt sich der Mann vom Lande so ohnmächtig in sein Schicksal? Wieso geht er nicht einfach fort oder bringt ein wenig mehr Mut auf und durchschreitet die Tür? Wer Entscheidungen so lange hinauszögert, bis die eigenen Träume längst geplatzt sind, hat definitiv zu lange gewartet. Das Warten scheint hier vor allem ein Symbol für Lethargie und Angst, für Unterwürfigkeit und Resignation zu sein. Eine solche Haltung findet sich auch im religiösen Kontext. Bereits die biblische Geschichte von Hiob, der durch Gottes schwere Strafen in seinem Glauben geprüft wird, lehrt uns: Der Mensch muss das Leid der Welt über sich ergehen lassen und auf Erlösung warten. Oft genug dient denn auch der Hinweis auf ein glückliches Jenseits oder auf die Allmacht Gottes dazu, Menschen in eine passive Haltung zu drängen.

Auf der anderen Seite reden wir uns das Warten auch manchmal selbst schön und finden umso mehr Gründe, die Hoffnung aufrecht zu erhalten, je länger wir schon warten. Schließlich wäre sonst ja alles umsonst gewesen. Seit jeher gibt es Prognosen zum Weltuntergang – doch bisher hat sich kein Untergangsszenario bewahrheitet. Was also tun diejenigen, die ihr ganzes Leben auf den Tag X ausgerichtet haben, an dem die Welt dann aber doch nicht untergehen will? Das erforschte der Psychologe Leon Festinger bereits in den 1950er-Jahren. Er schlich sich in eine Sekte in Chicago ein, deren Anführerin den Weltuntergang für den 21.12.1954 ankündigte. Ihre Anhänger bereiteten sich intensiv darauf vor, und als die Apokalypse ausblieb, erklärten sie einfach, dass sie die Katastrophe durch ihren Glauben verhindert hätten. Anders war die kognitive Dissonanz, der Zwiespalt zwischen der eigenen Einstellung und der Realität, nicht auszuhalten. Manchmal ist der Grund für Fatalismus und Unterordnung aber auch schlichter Opportunismus. Viele Menschen warteten die Entwicklung während der Machtergreifung der Nazis ab, um dann zum eigenen Vorteil mit dem Strom zu schwimmen.

Warum wir nicht mehr warten können

Das Gegenteil dieses »Attentismus« ist der Aktivismus: Er setzt statt auf das Warten auf die Tat. Aktivisten halten es also mit Barack Obama: »Change will not come if we wait for some other person or some other time. We are the ones we've been waiting for.«[42] Einer der berühmtesten Aktivisten des vergangenen Jahrhunderts ist Martin Luther King, der mit zivilem Ungehorsam in den 1950er- und 1960er-Jahren gegen die Unterdrückung der Schwarzen Bevölkerung in den USA kämpfte. Dabei wusste King, dass sich die Verhältnisse nicht von alleine wandeln und man Privilegien (gemeinsam) erkämpfen muss. 1964, als Martin Luther King den Friedensnobelpreis bekam, wurde auch sein Buch veröffentlicht, es trägt den Titel: *Why We Can't Wait* – »Warum wir nicht warten können«. Und tatsächlich konnten die Bürgerrechtler das Wahlrecht für Schwarze sowie die offizielle Abschaffung der sogenannten Rassentrennung erstreiten. 1968 wurde Martin Luther King bei einem Attentat erschossen.

So wie der große Bürgerrechtler hoffen auch die Befreiungstheologen auf Veränderung im Hier und Jetzt. Mitte des 20. Jahrhunderts haben sie in Südamerika eine christliche »Kirche der Armen« gegründet – und obwohl viele von ihnen katholisch sind, warten sie nicht bloß auf die Erlösung im Jenseits, sondern wollen auch im Diesseits dafür kämpfen. Der ehemalige Bischof Pedro Casaldáliga formuliert den Spagat so: »Man muss warten können und sich zugleich darüber im Klaren sein, dass die Lage dringlich ist und man nicht nur einfach abwarten kann.«[43] In diesem Sinne fordern heutzutage weltweit vor allem junge Klimaaktivistinnen um die Schwedin Greta Thunberg und die »Fridays For Future«-Bewegung eine nachhaltige Umweltpolitik. Statt weiter passiv auf die Katastrophe zu warten, solle die Politik endlich aktiv werden gegen die Klimakrise.

Auch die Tiefenökologin Joanna Macy plädiert für das aktive Handeln, aus dem Hoffnung erwachse: »Aktive Hoffnung ist kein Wunschdenken. Aktive Hoffnung wartet nicht darauf, von einem einsamen Helden oder sonst einem Erlöser gerettet zu werden. Aktive Hoffnung ist das Erwachen für die Schönheit des Lebens, in deren Namen wir handeln können.«[44]

Soll man die Revolution also besser heute noch starten oder doch den Lauf der Geschichte wachsam abwarten, um aus dem »revolutionären Attentismus« heraus im richtigen Moment zuzuschlagen? Diese Frage ist auch unter Berufsrevolutionären umstritten. Nachdem der russische Zar in der Februarrevolution 1917 vom Thron gejagt wurde, bekämpften sich die Aufständischen untereinander: Die Menschewiki strebten einen gemäßigten Übergang an, während das Ziel von Lenins Bolschewiki war, die proletarische Revolution am besten sofort zu vollenden. Sie rissen die Macht in einem Bürgerkrieg an sich und errichteten schließlich eine Terrorherrschaft – alles im Namen hoher Ideale, auf deren Verwirklichung die russische Bevölkerung allerdings jahrzehntelang vergeblich wartete.

Nicht immer ist es also leicht, den richtigen Moment zu finden, um das Warten abzubrechen. Das wusste auch der ehemalige Kritiker des sozialistischen Regimes und spätere tschechische Staatspräsident Václav Havel. Im Laufe seines bewegten Lebens hat er gelernt, dass man für Veränderungen mutig eintreten, aber ebenso geduldig abwarten muss. Geschichte, so schreibt Havel, sei ein endloser Prozess: »Die

Welt und die Geschichte werden von einer eigenen Zeit beherrscht, in die wir kreativ eingreifen, aber über die wir niemals die vollständige Kontrolle erlangen können.«[45]

VIII. Mach mal langsam

And you were given this swiftness, not for haste,
nor chiefly that you may go where you will,
but in the rush of everything to waste,
that you may have the power of standing still.[1]

Robert Frost

Auch Zwangsentschleunigte können also aus ihrer sozial bedingten Ohnmacht des Wartens heraustreten, indem sie sich selbst auf die Streckbank der Warterei begeben, sich solidarisch zusammenschließen und wenn nötig das Warten abbrechen.

Im Alltag der meisten Menschen wirkt aber vor allem noch eine andere Kraft, die sie nicht zwangsentschleunigt, sondern im Gegenteil zu immer mehr Tempo zwingt: Die Rede ist von der allgegenwärtigen Beschleunigung. Zur Selbstermächtigung gehört also auch der Kampf gegen die Hektik. Der profilierteste deutschsprachige Zeitsoziologe Hartmut Rosa spricht in diesem Zusammenhang von einem »Beschleunigungstotalitarismus«[2], den er als »mächtigsten Dämon unserer Lebensführung« bezeichnet. Wie können wir uns gegen diesen Dämon wehren? Kann uns vielleicht sogar das Warten aus der Beschleunigungsfalle führen?

1. Warten statt beschleunigen

Geduld ist die Tugend der Revolutionäre.[3]

Rosa Luxemburg

Warten heißt Aufschub – und ist deshalb in mehrfacher Hinsicht ein Sandkorn im Getriebe der pausenlosen Verwertungsmaschinerie. So heißt es in der Einleitung des Buches *Geduld. Die Kunst des Wartens*: »Unter den Bedingungen des Konsumzwanges und Zeitverschleißes wirken Geduld und Trägheit systemsprengend.«[4] Wer zur Rushhour an der Kasse seine Münzen betont gelassen aus dem Portemonnaie holt, kann mit diesem performativen Anti-Aktionismus ziemlich provozieren. Wer im Strom des Gedränges einfach innehält, macht sich unbeliebt – und mitunter sogar verdächtig. Wer kann es sich schließlich schon leisten, am Bahnhof oder am Flughafen einfach stehen zu bleiben? Eine Arbeitslose vielleicht oder gar ein Terrorist? Die (Warte-)Zeit dennoch – oder gerade deshalb – ungenutzt verstreichen zu lassen, einfach in die Luft zu schauen oder sich auf den Moment einzulassen, heißt, dass man sich der Verwertungslogik widersetzt. Weil wir diese längst verinnerlicht haben, müssen wir uns dabei auch gegen unsere innere Antreiberin durchsetzen. In der modernen Welt ist der Sinn an den Fortschritt gekoppelt, es ist das, was uns einen Mehrwert verschafft. Doch wer nicht voranschreitet, macht sich dieser wirtschaftlichen Aneignung unzugänglich. »Wer wartet, steigt aus dem schnellen Fluss des Gegebenen aus. Er verweigert sich dem Effizienzterror«[5], notiert die Journalistin Friederike Gräff. Langsamkeit kann also auch subversiv sein. Der Schriftsteller Tom Hodgkinson hält das Bummeln dementsprechend für einen Akt der Auflehnung: »… es ist Freiheit, es ist zugleich ein Tritt in den Hintern der Autorität und ein Vergnügen an sich.«[6]

Doch gegen die Zeitverschwendung springt uns der Konsum zur Seite, als sei es Kairos höchstpersönlich. Aber im Gegensatz zu diesem verschwindet jener nicht wieder, im Gegenteil, die Lust am Konsum haftet uns an – und versüßt unsere Wartezeit. Doch zu viel Zucker ist eben ungesund. Die Maxime aber, dass Zeit Geld sei, gleitet uns gleichsam widerstandslos und selbstverständlich von den Lippen. Wer dem widersteht und auch das Smartphone einfach lautlos stellt, wer abwartet, verweilt und die Zeit einfach so verstreichen lässt, »trotzt dem hegemonialen Imperativ der Geldzeit«[7], wie Harold Schweizer notiert. Der Literaturwissenschaftler weiß, dass diese Art des Widerstandes unspektakulär ist – dafür aber lässt sie sich praktisch überall anwenden: im Morgengrauen an der Bushaltestelle, im Neonlicht beim Arzt, in der Abenddämmerung an einer dunklen Straßenecke. Wir brauchen dafür keine App und auch kein Diplom, sondern nur die Haltung Siddharthas: Wir müssen einfach mal abwarten.

Wer das Warten also nicht in sinnvolle und sinnlose Zeit unterteilt, widersteht dem Zwang zur ökonomischen Verwertung. Und wer so lange mit dem Kauf eines Produkts wartet, bis er es wirklich braucht, spart Geld – und Zeit. Warten statt shoppen. Der Aufschub kann also auf verschiedene Weise ein Ausstieg aus dem Ereignisstrom sein. Vielleicht lassen sich ja auch die schleppenden Bewegungen mancher Verkäufer oder die Verzögerungen durch Verwaltungsbeamte als kleiner Widerstand gegen die Anforderungen einer allzu schnellen Zeit verstehen. Dasselbe gilt womöglich für Angestellte, die sich nach ihrer Krankheit etwas mehr Zeit lassen, bis sie wieder in das Hamsterrad der Arbeit eintreten. Manchmal zeigt sich die Freiheit also in der Verzögerung.[8]

Die Journalistin Andrea Köhler assoziiert mit dem Warten schließlich das Schwelgen in Phantasien – gerade bei Kindern. Trotz mancher Klage über die Langeweile betrachten sie die Wartezeit oft als »verdachtslose Zeit«, die sie zum Trödeln und Spielen nutzen: »Die nicht vom Gedränge der Großen bestimmten Stunden sind dann beseelt von der unermüdlichen Korrektur der Wirklichkeit. Warten ist so die erste Einübung in das utopische Denken – in den Widerstand gegen die Zumutungen einer von anderen verplanten Welt.«[9] All das gilt auch für Erwachsene: Wenn wir uns fragen, warum und auf was wir wirklich warten, stoßen wir nicht nur auf dahinterliegende Machtstrukturen, sondern manchmal ebenso auf versteckte Hoffnungen und Visionen einer besseren Zukunft. Das Warten bietet den Raum für solch kritische Gedankenspiele.

Auch dem großen Kritiker Walter Benjamin war nach Abwarten zumute, für ihn war nämlich nicht etwa der Fortschritt die Revolution, sondern vielmehr die Unterbrechung »Der Engel der Geschichte […] möchte wohl verweilen […]. Aber ein Sturm weht vom Paradiese her, der sich in seinen Flügeln verfangen hat und so stark ist, daß der Engel sie nicht mehr schließen kann. Dieser Sturm treibt ihn unaufhaltsam in die Zukunft, der er den Rücken kehrt, während der Trümmerhaufen vor ihm zum Himmel wächst. Das, was wir den Fortschritt nennen, ist dieser Sturm.«[10]

2. Rutschende Abhänge

Es gibt kein richtiges Leben im falschen.[11]
Theodor W. Adorno

Entschleunigung: eine teure Illusion

Im alltäglichen Warten liegt also ein widerständiges Potenzial, zumindest theoretisch. Praktisch nämlich ist es gar nicht so leicht, einfach abzuwarten. Weil wir alle Kinder unserer Zeit sind, zählt Gelassenheit kaum zu unseren größten Stärken – deshalb wenden sich immer mehr Menschen der Entschleunigung zu. Bereits im 19. Jahrhundert stritten Gewerkschaften für eine Arbeitszeitverkürzung, Ärzte diagnostizierten massenhaft die Nervenkrankheit Neurasthenie. Ein Mediziner namens Doktor Nacke soll angeblich »jungfräuliche Damen vor dem Besteigen selbstfahrender Kutschen«[12] gewarnt haben, da die durch das schnelle Fahren hervorgerufenen Erschütterungen zu »sinnlicher Enthemmung« führten. Heute gibt sich die Forschung ungleich seriöser. Die Regale der Buchläden quillen wie die Zeitungsfeuilletons über ob all der Ratgeber zum besseren Zeit- und Selbstmanagement. Dort lässt sich nachlesen, wie man den Alltag, seinen Schreibtisch sowie den Zeitpunkt des Orgasmus optimiert, sich von der Prokrastination befreit und Zeitpotenziale effektiver ausschöpft. Im vorliegenden Buch wurde dies bereits unter dem Stichwort »Oasen der Langsamkeit« kritisiert – sie stellen faktisch eine Fortsetzung der Beschleunigung in einer Umgebung vermeintlicher Ruhe dar. Demgegenüber versprechen andere Ratgeber tatsächlich Abhilfe: Ihnen geht es nicht darum, durch Effizienz noch schneller zu sein, sondern alles dreht sich um die

Wiederentdeckung der Langsamkeit. Wie kann man im hektischen Alltag Ruhe finden, gelassen Karriere machen und vom überfüllten zum erfüllten Leben gelangen? Ist es womöglich vor allem eine Frage der richtigen Einstellung, ob man sich hetzt oder nicht, ob man gelassen warten kann oder unruhig auf die Uhr schaut?

Das Gegenteil scheint in Wahrheit der Fall zu sein: Sollten Entschleunigung oder Zeitnot eine subjektive Entscheidung sein, dann wird diese unter objektivem Zwang getroffen. Wer sich wirklich aus dem hektischen Weltstrudel herauszunehmen versucht, muss nämlich nicht nur mit der Angst leben, etwas zu verpassen, sondern es drohen ganz reale und mitunter hohe Folgekosten.[13] Wer sein Smartphone einfach ausmacht und so für die Vorgesetzten oder den Lebenspartner nicht mehr erreichbar ist, muss mit einer Kündigung oder der Trennung rechnen. Wer sich gar jahrelang auf einen Biobauernhof zurückzieht, riskiert, seine Chancen für den Wiedereintritt in diese Gesellschaft zu verspielen. Weil sich alles rasant verändert, gibt es kaum noch Ruhepole. Der Soziologe Hartmut Rosa beschreibt dieses Phänomen mit der Metapher der »rutschenden Abhänge«[14]: Wer nicht permanent nach oben strebt, wird automatisch hinabgespült. Die Konkurrenz zwingt die Menschen sogar beim Warten zu immer mehr Tempo – aber auch ganze Städte, Länder und Unternehmen rennen in diesem Geschwindigkeitswettbewerb gegeneinander an. Wer den rasenden Zug dennoch verlangsamen will, indem er den Fuß aus dem fahrenden Wagen auf den Boden setzt, landet womöglich im Krankenhaus. Oder auf dem Sterbebett. Wir können den schnellen Weltenlauf nicht alleine aufhalten.

Also organisieren sich die Beschleunigungsgegner kollektiv. Slow Food ist nicht nur eine Lebenseinstellung, sondern auch eine internationale Graswurzelbewegung mit Tausenden von Mitgliedern alleine in Deutschland. In Österreich ruft der »Verein zur Verzögerung der Zeit« zur Langsamkeit auf und in den USA proklamiert das »voluntary simplicity movement« seit Jahrzehnten einen minimalistischen Lebensstil, um dem Kreislauf aus Arbeit, Konsum und Zeitnot zu entgehen. Daran knüpft eine neue Bewegung des Minimalismus an, bei der es darum geht, möglichst wenige Dinge zu besitzen. Und vielleicht lässt sich gar der Rechtspopulismus von Donald Trump oder der AfD als Versuch deuten, der unverstandenen Welt durch kollektives Rückgängigmachen der Temposteigerung zu begegnen. Bis auf die Neue Rechte, welche die Gesellschaft aber nicht nur von der Beschleunigung, sondern auch von Freiheit, Gleichheit und den Menschenrechten kurieren will, haben diese Bewegungen bisher allerdings nur sehr begrenzten Einfluss. Oft hält unser Wille zur Entschleunigung ja kaum der Langsamkeit anderer Stand: Sogar am Slow-Food-Truck soll sich die Bedienung doch bitte beeilen, um uns nicht noch länger warten zu lassen. Und wer in Deutschland als Politikerin eine Wahl verlieren will, muss sich bloß für ein Tempolimit aussprechen – oder von Verzicht reden.

Dass es diesen aber braucht, um der ständigen Beschleunigung und dem Wachstumszwang zu entgehen, lässt sich kaum ernsthaft bezweifeln. Bloß ob das reicht? Innerhalb sozialkritischer Bewegungen tobt seit Langem eine Debatte darüber, ob wir durch ein anderes Kaufverhalten oder durch Konsumverzicht wirklich die Welt retten können oder ob das bloß eine Ablenkung von den eigentlichen Machtverhältnissen ist, ja ob der vorgeblich ökologische und soziale Konsum letztlich vor allem dem guten Gewissen dient.

Beschleunigungssog und Zwangsentschleunigung

Doch wer kann sich Entschleunigung, Langsamkeit und Verzicht überhaupt leisten?[15] Trotz rutschender Abhänge können sich Wohlhabende (freie) Zeit kaufen. Für die alleinerziehende Mutter mit den zwei Jobs ist es hingegen kaum machbar, eine Haushaltshilfe zu engagieren und beim Warten innezuhalten. Auch die Langsamkeit ist also ein Privileg:[16] Während Menschen zum Qigong im Park zusammenkommen oder ihr Slow-Food-Picknick im langsamen Sonntagstempo zelebrieren, räumen Marginalisierte im Hintergrund unbemerkt den Müll weg. Zur Entschleunigung haben sie keine Zeit. Wir leben schließlich in einem Herrschaftssystem, in dem manche arbeiten, um gut zu leben, und andere, um zu überleben. Doch was ist mit denen, die gar nicht arbeiten? Haben sie nicht unendlich viel Zeit?

Viele von ihnen haben vor allem keine Wahl. Beschleunigung und Flexibilisierungszwang lassen all jene zurück, die nicht so schnell und flexibel sind. Dies betrifft im globalisierten Turbokapitalismus ganze (Sub-)Kontinente, und während hierzulande Vereine als Orte der sozialen Zusammenkunft verwaisen, landen die Alten in Heimen und die Kleinen in Horten. Wer zu spät kommt, den bestraft das Leben. Und wer zu lange wartet, den ereilt dasselbe Schicksal. Vermutlich müssen also auch jene, die weniger unter Zeitdruck leiden, aber zum Warten gezwungen werden, oftmals als zwangsentschleunigte Modernisierungsopfer gelten. Arbeitslose beispielsweise werden strukturell ausgegrenzt und stigmatisiert, denn um am gesellschaftlichen Leben teilzuhaben, braucht man eben nicht nur Zeit, sondern auch Geld. Wer aber weder Kohle fürs Kino noch Ideen hat, sich anderweitig zu beschäftigen, empfindet vielleicht auch die freie Zeit eher als tote Zeit.

Hier die Zwangsentschleunigten, dort diejenigen, die sich die Entschleunigung nicht leisten können. Und dazwischen die rutschenden Abhänge. Ein gesundes Tempo hängt also vor allem von ökonomischen und sozialen Faktoren ab. Es geht bei der »Entschleunigung« im Grunde also um die Befreiung der Menschen vom gröbsten wirtschaftlichen Zwang und damit von der Fremdbestimmung über ihre Zeit. Und so müssten all die Ratgeber eigentlich vor allem eines raten: dass wir uns politisch engagieren, für ein (am besten weltweites) Grundeinkommen[17] und für die Institutionalisierung von Refugien, die sich der Beschleunigung entziehen. Das mag ein Sabbatical für alle sein oder mehr Urlaubstage, aber auch die Unterstützung von Postwachstumskonzepten.[18] Bei alledem geht es um nicht weniger als die Zukunft menschlichen Lebens – also um die Frage, welcher Wohlstand nachhaltig möglich ist. Hans Jonas lieferte 1979 mit seinem »Prinzip Verantwortung«[19] eine Vorlage: Um die Menschheit nicht zu gefährden, sollten unabschätzbare Risiken vermieden werden. Bereits die Haudenosaunee, die später auch Irokesen genannt wurden, orientierten ihre (politischen) Entscheidungen am »Sieben-Generationen-Prinzip«, also am Wohl der zu erwartenden siebten Generation nach ihnen.[20] Dabei geht es weniger um Wahrsagerei als um einen verantwortungsvollen und nachhaltigen Umgang mit den Ressourcen. Dazu zählt natürlich auch die Zeit. Innerhalb eines auf Konkurrenz und Wachstum ausgelegten Systems bleibt ein gesundes Tempo allerdings meist eine Utopie.

3. Zehn Lektionen gegen die Zeitnot

Lass dir Zeit![21]
Ludwig Wittgenstein

Ist also nichts zu machen? Sind alle Versuche, der Zeitnot und der schnellen Welt zu entfliehen, letztlich illusorisch? Und ist damit auch die Idee einer anderen Wartekultur gescheitert? Man könnte es ja trotzdem mal versuchen. Obwohl Ratgeber oder Wellnessoasen meist eine Kommerzialisierung des Versprechens nach Ruhe sind und damit eben gerade der Beschleunigung dienen, sollen hier in Kürze einige Lektionen präsentiert werden, die im Laufe der Recherchen und Reflexionen zu diesem Buch aufgetaucht und entstanden sind. Diese charmanten Ideen ersetzen keine Politik, sie sind nicht für alle gleichermaßen zu verwirklichen – und sie sollen keinesfalls als neuer Optimierungszwang verstanden werden, der nun eben auf weniger Optimierung zielt. Es sind Möglichkeiten, unsere unterschiedlich kleinen Spielräume auch zu bespielen. Denn, wie schon der französische Existentialist Jean-Paul Sartre vielleicht etwas überspitzt formulierte: »Es gibt Wirklichkeit nur in der Tat.«[22]

1. Der einzig wahre Rat

Die Hektik stiehlt uns die Zeit. Sie sparen zu wollen aber führt oft zu noch mehr Zeitnot – das wusste schon das kleine Mädchen Momo aus

Michael Endes gleichnamigem Roman: »Aber Zeit ist Leben. Und das Leben wohnt im Herzen. Und je mehr die Menschen daran sparten, desto weniger hatten sie.«[23] Wir beeilen uns und haben am Ende doch keine Zeit. Wir ärgern uns beim Warten, statt es einfach zu genießen. Ein ehrlicher (und wohl kaum zu vermarktender) Entschleunigungsratgeber müsste also vor allem auf eine Maxime setzen: Verschwende deine Zeit, wenn du zu wenig davon hast. Tue nichts, träume vor dich hin. Mache Dinge, die du dir sonst kaum zugestehst. Nur wer sich dem Verwertungsimperativ entzieht, kann die Zeit freilassen – und vergessen.

Wie das geht, lehrt uns erneut Hermann Hesses Siddhartha. Nachdem der junge Inder das Warten, das Denken und das Fasten bei den Mönchen gelernt hat, zieht er von dort weiter. Er will sein Selbst fortan nicht mehr überwinden, sondern kennenlernen. Über Umwege – er gibt sich zwischendurch dem Glücksspiel und dem Wein hin, verliert seine Geduld und wird unglücklich – landet er schließlich an einem Fluss bei einem Fährmann, wo er seine Tugenden wiederfindet. Zeitvergessen und geduldig beobachtet er den Fluss: »Er sah: dies Wasser lief und lief, immerzu lief es, und war doch immer da, war immer und allezeit dasselbe und doch jeden Augenblick neu!« Alles kommt und alles vergeht. Und so lernt Siddhartha, »daß der Fluß überall zugleich ist [...] und daß es für ihn nur Gegenwart gibt, nicht den Schatten Zukunft«[24].

Erst wer loslässt und sich dem Fluss der Zeit hingibt, kann ganz im Moment aufgehen. Und so fragt Siddhartha: »War nicht alles Schwere, alles Feindliche in der Welt weg und überwunden, sobald man die Zeit überwunden hatte, sobald man die Zeit wegdenken konnte?«[25] Siddhartha gibt den Dingen ihren Raum – beziehungsweise ihre Zeit. Bis sich ihm die Welt offenbart. Es ist nicht die Geduld der berechnenden Ökonomen, sondern die Bereitschaft, die Uhr abzulegen, sich dem Moment hinzugeben und einfach mal abzuwarten. Es ist die Bereitschaft, die Zeit zu »verschwenden« – um nachher mehr von ihr zu haben.

2. Weniger ist mehr

Weniger ist oft mehr, das wussten schon die alten Griechen. So soll der große Philosoph Sokrates gesagt haben: »Wie zahlreich sind doch die Dinge, deren ich nicht bedarf.«[26] In der Überflussgesellschaft gilt das erst recht. Wir sollten also aufhören, Zeit stets mit Geld oder wertvollen Erlebnissen zu verrechnen. Wir verpassen ja ohnehin ständig etwas – und das nehmen wir am besten gelassen hin. Denn wer möglichst viel will, verpasst vielleicht das Wichtige. Wer möglichst intensiv leben will, negiert am Ende die Intensität.[27] Und wer immer mehr Dinge gleichzeitig tut, kann sich auf kaum etwas wirklich einlassen – auch nicht auf das Warten. Das lehrt uns nicht nur der Buddhismus, sondern auch die moderne Psychologie. Eine Untersuchung der Universität Utah ergab: Wer beim Autofahren das Smartphone benutzt, fährt so ähnlich wie jemand, der 0,8 Promille Alkohol im Blut hat.[28] Wer hingegen verzichtet, hat weniger Stress. Außerdem macht Genügsamkeit unabhängig. Das bedeutet nicht, dass wir wie einst Diogenes in einer Tonne leben müssen. Und doch können wir von seiner Enthaltsamkeit das eine oder andere lernen. Heute geht es dabei vor allem darum, Kriterien für ein »Genug« zu finden und das grüne Gras diesseits des Hügels zu sehen, statt ständig auf dessen andere Seite zu schielen und jedem Impuls sofort nachzugeben. Dazu rät auch Tom Hodgkinson in seiner *Anleitung zum Müßiggang*: »In der ganzen Welt hat die Sucht nach Konsumwaren zu einer tödlichen Überarbeitungskultur geführt.«[29] Das Buch ist übrigens eine Empfehlung für alle, die sich aus der Kulturhistorie Unterstützung für den eigenen Müßiggang holen möchten.

3. Langsamkeit lernen

Bereits Mitte des 19. Jahrhunderts, so berichtete Walter Benjamin, gab es in Paris Großbürger, die Schildkröten spazieren führten.[30] Selbst wenn die Geschichte sich nicht so ereignet haben sollte und Benjamin bloß den Sozialtypus des Großbürgers karikieren wollte, so bleibt das Bild doch ein starkes: mit Schildkröten spazieren – welch ein Tempo! Wer es eilig hat, sollte am besten langsam machen. John Franklin, der Protagonist aus Sten Nadolnys *Entdeckung der Langsamkeit*, hat in diesem langsamen Modus die halbe Welt erkundet. Doch wem die Geduld nicht gerade in die Wiege gelegt wurde, muss sie wie Siddhartha erst lernen. Gerade die kleinen Pausen im Alltag sind dafür wie prädestiniert. Erproben Sie also, wo immer es geht, die Ruhe, verbringen Sie Ihre Zeit mit langsameren Zeitgenossen: mit Alten oder Trödlern, mit Katzen oder Schildkröten. Legen Sie sich jeden Tag eine Viertelstunde in die Hängematte und nehmen sich danach Zeit für eine andächtige Teatime. Seien Sie faul – wobei das eigentlich nicht das richtige Wort ist, schließlich sind wir ja kein altes Stück Obst. Laufen Sie so langsam Sie können, zumindest für einige Meter. Hetzen Sie weder körperlich noch gedanklich voran, sondern nehmen Sie Ihre Umgebung ganz bewusst wahr. Auch beim Warten lässt sich solche Langsamkeit lernen, indem man nicht ständig auf die Uhr schaut oder mit den Füßen scharrt, sondern einfach mal innehält. Der Bus kommt schließlich sowieso, wann er will. Bei alldem geht es natürlich nicht um ein Leben im Schneckentempo, sondern um die Rückeroberung der Zeitvielfalt in einer viel zu schnellen Welt.

4. Freiräume schaffen

Um Langsamkeit zu lernen, braucht es Freiräume, kleine und größere Oasen der Ruhe. Die Rede ist nicht von kostspieligen Digital-Detox-Seminaren oder Black-Hole-Hotels. Freiräume schafft man heute am besten, indem man loslässt, Grenzen setzt und die eigenen Ziele überdenkt. Nehmen Sie ein Sabbatical, Elternzeit, so lange es geht, arbeiten Sie nur noch halbtags – und brechen Sie wenn möglich mit der Steigerungslogik, in der man immer mehr erwirtschaften muss, weil man immer höhere Ausgaben hat. Tragen Sie so wenig wie möglich in den Kalender ein. Sonntags, am uhrzeitfreien Tag, bleibt selbstverständlich das Handy aus. Und im Urlaub erst recht! Das ist gar nicht leicht, aber so lässt sich die Herrschaft der Uhr und des Digitalen zumindest für einige Stunden oder Tage brechen. Denken Sie an Sartre und die Kraft der Tat. Dabei wird man einiges verpassen – und Lebensqualität gewinnen. Auch das Warten kann eine kleine Pause sein, wenn man es denn zulässt. Tom Hodgkinson rät dazu, nach dem Aufstehen so lange wie möglich im Bett liegen zu bleiben und Termine zu schwänzen, er empfiehlt die Siesta und das Schlendern. Ja in launiger Erzählung preist Hodgkinson neben ausschweifendem Sex gar den maßvollen Drogenkonsum an. Am Wichtigsten aber: Das alles sollte man ohne schlechtes Gewissen tun, ohne die protestantische oder sonst eine Arbeitsethik.

5. Die Let-it-be-Liste

Einen originellen Vorschlag, Freiräume zu schaffen und die Langsamkeit zu lernen, präsentiert der Zeitforscher Karlheinz Geißler. Der emeritierte Professor für Wirtschaftspädagogik, der keinen Führerschein hat und seit Jahrzehnten ohne Uhr lebt, rät statt zu noch mehr To-do-Listen zu einer »Let-it-be-Liste«[31]. Man nehme sich also eine Stunde Zeit und notiere, was man gerade oder am nächsten Tag alles nicht tut: telefonieren, Termine verabreden, auf dem Handy surfen, einkaufen und so weiter. Danach nimmt man sich noch eine Stunde Zeit, in der man all das sein lässt. Am besten sagt man vorher seinen Mitmenschen Bescheid, um Ärger zu vermeiden. Die Übung sollte man so lange wiederholen, bis man auch die »Let-it-be-Liste« sein lassen kann.

6. Achtsamkeit und Meditation

Weniger ist also mehr – und nichts ist manchmal alles, besonders dann, wenn man im Hier und Jetzt präsent ist. Doch das ist gar nicht so einfach. »Nur zu häufig vergessen wir, dass wir da sind, wo wir bereits sind«, glaubt der Molekularbiologe und Mediziner Jon Kabat-Zinn. Er hat versucht, die Kunst der Meditation in einen Ratgeber zu packen – und das ist ihm erstaunlich gut gelungen. In seinem Buch *Im Alltag Ruhe finden* heißt es: »Meditation ist die einzige absichtliche, systematische menschliche Aktivität, bei der es darum geht, nicht zu versuchen, die eigene Situation zu verbessern oder irgendwo anders hinzukommen als dorthin, wo wir sind.«[32] Kabat-Zinn weiß, wovon er spricht: Er hat als Pionier die Achtsamkeitspraxis systematisch in medizinische Behandlungen integriert. Doch wie geht das denn nun genau, das Meditieren?

Man muss, so glaubt Kabat-Zinn, weder im Schneidersitz sitzen noch die Augen schließen (auch wenn beides von Vorteil ist), sondern man kann im Stehen oder im Liegen meditieren, am frühen Morgen oder am späten Abend und natürlich auch beim Warten – man muss »nur« innehalten und achtsam sein, die Gegenwart zulassen, ohne sich ablenken zu lassen. Wobei das ja ständig passiert, auch gedanklich. Ist aber nicht weiter tragisch, beim Meditieren versucht man dann eben, die Gedanken loszulassen, um ins Hier und Jetzt zurückzukommen. Verzichten Sie also auf Urteile, wie sinnlos das ist, sondern streben Sie für den Moment nach nichts, zwingen Sie sich zu nichts. Seien Sie da, wo Sie sind – mit Ihrer vollen Aufmerksamkeit. Spüren Sie in sich hinein. Und wenn Sie das nächste Mal warten müssen, warten Sie einfach. Hilfreich ist, sich dabei auf den eigenen Atem zu konzentrieren – also im wahrsten Wortsinne eine Atempause einzulegen. Schließlich atmen wir immer, aber wir sind uns dessen kaum bewusst. Es ist fast wie mit dem Warten.

Alles schön und gut, werden Sie sagen, bloß: Dafür bleibt mir keine Zeit! Dann hören Sie, was Franz von Sales schon vor Hunderten von Jahren gesagt haben soll: Eine halbe Stunde Meditation, so glaubte der Schutzpatron der Schriftsteller, sei absolut notwendig – außer, wenn man sehr beschäftigt sei. Dann brauche man eine ganze Stunde.[33] Also dann: Halten Sie mal wieder inne. Am besten jetzt.

7. Ab ins Grüne

Innehalten, das geht besonders gut zwischen Bäumen und Sträuchern, umgeben von Wolken und Wind. Die Natur kennt keine Uhr, dafür aber die Zeitvielfalt: Während Ameisen immer in Bewegung sind und sich Faultiere kaum von der Stelle rühren, warten Samen und Pflanzen, bis ihre Zeit zum Keimen und Blühen gekommen ist. Und so ist die Natur nicht nur ein beliebtes Ausflugsziel, sondern zu Recht auch ein Lieblingsmotiv der Dichtung. In ihr suchte Johann Wolfgang Goethe die Rettung vor dem Veloziferischen. Dafür aber muss man sich auf das andere Tempo einlassen: »Man muß mit der Natur langsam und läßlich verfahren, wenn man ihr etwas abgewinnen will.«[34]

Auch viele andere Dichter huldigten der Natur als Ort der »vita contemplativa« und als Quelle ihrer Inspiration. Der Philosoph Friedrich Nietzsche notierte: »Wir sind so gern in der freien Natur, weil diese keine Meinung über uns hat.«[35] Und der Gesellschaftskritiker Bertolt Brecht erklärte: »Die Schwärmerei für die Natur kommt von der Unbewohnbarkeit der Städte.«[36] Während Menschen früher in Angst vor der übermächtigen Natur erstarrten, tritt diese seit der Moderne als Sehnsuchtsort und Gegenpol zur hektischen und industrialisierten Welt hervor. Der US-amerikanische Schriftsteller Henry David Thoreau zog sich 1845 für etwa zwei Jahre in eine Blockhütte im Wald zurück. Später hat er ein Buch über diese Zeit geschrieben: *Walden* ist längst zum Klassiker für Aussteigerinnen, Alternative und Umweltschützer geworden. Dort erklärte Thoreau die Motive für seine Stadtflucht: »Ich wollte tief leben, alles Mark des Lebens aussaugen, so herzhaft und spartanisch leben, daß alles, was nicht Leben war, aufs Haupt geschlagen würde.«[37] Spätestens in seiner Hütte am einsamen See muss Thoreau klar geworden sein: »Warum leben wir in solcher Eile, solcher Verschwendung? Wir fürchten den Hungertod, bevor wir hungrig sind.« In der Natur hingegen finden wir Ruhe, dort können wir das Werden und Vergehen beobachten oder einfach faul auf einer Wiese liegen. Und schließlich wartet es sich im Grünen auch schöner.

8. Auf die Wellenlänge kommt es an

Auf der Suche nach einer Antwort auf das Beschleunigungsproblem ist Hartmut Rosa auf die »Resonanz«[38] gestoßen. Sie ist das Gegenteil der Entfremdung, eine Form der Weltbeziehung, »in der sich Subjekt und Welt gegenseitig berühren und zugleich transformieren.« Das heißt, dass die Welt uns ergreift – und aktiviert. Bei der Resonanz geht es also um Lebendigkeit, um Emotionen und intrinsisches Interesse. Wir gehen der Welt entgegen und reagieren nicht nur passiv wir treten in einen Austausch – und erfahren so unsere Selbstwirksamkeit. Die Frage, ob die Welt uns in Schwingung versetzt, ob wir mit ihr in Resonanz treten und eine Wechselwirkung stattfindet, ob wir mit anderen Menschen wirklich in Kontakt kommen oder die Natur zu uns spricht, all das hängt entscheidend davon ab, ob wir uns die nötige Zeit dafür nehmen. Auch die Qualität des Wartens hat damit zu tun. Rennen wir an den Dingen vorbei oder bleiben wir geduldig stehen? Darüber hinaus hängt die Frage, ob man Resonanz erfährt, auch von unserer Einstellung und unseren Gefühlen ab: Sind wir bereit, uns mit der Welt in Verbindung zu setzen? Lässt man sich auf Neues, Unvorhergesehenes ein? Lächelt man seine Mitmenschen an, wenn man selbst angelächelt werden will?

Bleiben wir also neugierig und suchen nach Resonanzmomenten, nach Beziehungen, in denen wir uns authentisch fühlen und Anerkennung erfahren, nach Menschen, mit denen wir auf derselben Wellenlänge schwingen, nach Tätigkeiten, die uns begeistern und Freude bereiten. Zuerst mag man dabei an die Liebe denken, aber auch alltägliche Kleinigkeiten können uns innerlich berühren. Das kann für jede und jeden etwas anderes sein: Gemüse selbst anzubauen und sich im Resonanzraum der Natur zu bewegen, Schallplatten zu hören und keine Streams, sich fremden Menschen gegenüber zu öffnen, statt Angst zu haben. Es kann aber auch bedeuten, etwas zu tun, wozu man bisher nie den Mut fand, statt noch eine Serie zu schauen. Lassen wir uns dabei nur nicht täuschen: Auch die Werbeindustrie tut alles, um das Resonanzversprechen der bunten Warenwelt möglichst glaubhaft erscheinen zu lassen. Doch genau diese permanente Verfügbarkeit scheint der wahren Resonanz zu widersprechen.

9. Neugierde dehnt die Zeit

Wenn man oft Neues und Stimulierendes erlebt, kommt einem die Zeit im Nachhinein länger vor. Wer also ein Instrument oder eine Sprache lernt, kann die Zeit subjektiv verlangsamen – aber auch, wer sich in der Warteschlange auf Gespräche mit Fremden einlässt, wer auf unbekannten Wegen spaziert oder jeden Sonntag etwas anderes macht, erlebt die Zeit intensiver. Seien Sie neugierig und orientieren Sie sich an den Kindern – auch im Alter. Denn gerade dies scheint die (Zeit-) Krankheit des Älterwerdens zu sein, die dazu führt, dass die Uhr immer schneller tickt: Aus Angst und Gewohnheit verlieren wir die Neugierde. Und so suchen viele selbst im Unbekannten oft das Altbekannte. Halten Sie also Ausschau nach Neuem, auch gedanklich, bleiben Sie aktiv, brechen Sie mit Gewohnheiten, springen Sie auch mal ins kalte Wasser. Sprechen Sie Ihre Träume aus! Oder fangen Sie beim Warten an: Was haben Sie noch nie betrachtet, welche Geschichte malen Sie sich dazu aus, mit welchen Menschen stehen Sie jeden Morgen an der Bushaltestelle, haben aber noch nie ein Wort miteinander gewechselt?

10. Auf (Zeit-)Reisen gehen

Eine andere Möglichkeit, die Zeit zu dehnen und neue Eindrücke zu sammeln, ist das Reisen. Echte Reisen sind nämlich immer auch Zeitreisen: Man kann aus der (Uhr-)Zeit aussteigen, lernt andere Zeitkonzepte kennen – und wird so merken, dass die manische Hektik eben nicht naturgegeben, sondern ein Produkt unseres Zeitgeistes ist. Das wiederum kann helfen, gelassener damit umzugehen und das eigene, oft unreflektierte Zeitbewusstsein zu relativieren. Schon Mark Twain wusste: »Man muss reisen, um zu lernen.«[39] Solche Reisen sind übrigens nicht mit dem zweiwöchigen Pauschalurlaub zu verwechseln. Als der Zeitforscher Robert Levine auf eine einjährige Welt- und Forschungsreise ging, nahm es sich vor, nur zweite Klasse zu fahren, sich möglichst ohne Flugzeug fortzubewegen und spontan zu bleiben. Er empfiehlt, länger als drei Monate zu verreisen, um wirklich abschalten zu können und mit dem Flow zu gehen. »Danach fließen die Wochentage und sogar die Monate einfach ineinander«[40]. Das, so gibt der Forscher zu, muss man sich leisten können. Aber es braucht eben auch Mut und Mühe, sich vom Halt der Uhr in die maßlose Zeitlosigkeit zu verabschieden.

Dem durch die Uhr getakteten Leben steht die »Ereigniszeit« gegenüber. Sie begegnet einem vor allem dort, wo der Kapitalismus noch nicht alle Lebensbereiche durchdrungen hat, wie auch Robert Levine berichtet. »Ereignisse beginnen und enden, wenn die Teilnehmer im gegenseitigen Einverständnis ›das Gefühl haben‹, daß die Zeit jetzt richtig sei.« An solchen Gefühlen orientieren sich ganze Bevölkerungsgruppen – so etwa die Nuer aus dem Sudan. Im Monat ›kur« errichten sie Fischsperren und Lager bei den Viehweiden, im Monat »dwat« kehren sie wieder in ihre Dörfer zurück. Und wann ist nun kur und dwat? Ist doch klar: Wenn die Fischsperren und Lager errichtet beziehungsweise abgebaut werden. In Madagaskar, so berichtet Levine weiter, bekäme man auf die Frage, wie lange etwas dauert, zu hören: »die Zeit, die man zum Reiskochen braucht« oder »so lange es dauert, eine Heuschrecke zu braten«. Die Sioux wiederum hätten gar kein Wort für die »Zeit« oder das »Warten«, während die Hopi aus Nordamerika für ihre Verben keine Zeitformen kennen. Und anderswo fährt der Traktor oder der Bus eben erst los, wenn alle Plätze belegt sind.

Vielleicht können auch wir aus solchen Geschichten und Erfahrungen lernen, unseren eigenen Rhythmus zurückzuerobern und selbstbestimmter über unsere Zeit zu entscheiden. Ziel ist natürlich nicht die Abschaffung der Uhr, die in einer komplexen Gesellschaft als ordnende Kraft notwendig erscheint. Es geht vielmehr um eine ausgewogene Balance zwischen schnell und langsam, zwischen Tätigsein und

Nichtstun. Dafür braucht es nicht immer eine Weltreise, für den Anfang mag es reichen, mit offenen Augen durch den Alltag zu gehen. Das wäre in jedem Fall die Voraussetzung für eine andere, gelassenere Wartekultur.

IX. Das kleine Glück des Wartens

Man muss nur warten können, das Glück kommt schon.[1]
Paula Modersohn-Becker

In der angeblich so öden Wartezeit steckt also die Möglichkeit zur Ermächtigung – und zur Entschleunigung. Aber kann man sich auch glücklich warten?

Klar ist: Nicht jedes Warten lässt sich als subversiver Akt verklären und nicht jeden Aufschub kann man sich schönwarten. Vielleicht kann man im Nachhinein, wenn alles gut gegangen ist, auch aus schwierigen Wartesituationen etwas lernen – doch Freude oder Glück sind zumindest in der existenziellen Bedrohung kaum möglich. Wenn das Leben stillzustehen droht oder man auf die Feuerwehr wartet, weil es brennt, kann Gelassenheit ziemlich kontraproduktiv sein. In jedem Fall verbieten es solche Dramen, Ratschläge zu erteilen.[2] Gut gemeinte Tipps helfen aber auch jenen kaum weiter, die auf den rutschenden Abhängen unserer Gesellschaft besonders rasch weggespült werden.

Anders ist die Situation an der Bushaltestelle oder am Bahngleis. Manch besonders unruhigem Zeitgenossen mag man da durchaus zur Geduld raten, auch wenn man selbst noch innerlich damit kämpft. Zu warten kann ziemlich anstrengend sein und doch wohnt diesem Zustand mitunter großes Potenzial inne. Ob als Pause vom hektischen Alltag oder als Modus des kreativen Schaffens, ob als hoffnungsvolle Erwartung oder als Bindeglied zwischen den Menschen – das Warten kann das Leben auf vielfältige Weise bereichern.

1. Godot und das Geschenk leerer Versprechungen

> *Estragon: Komm, wir gehen!*
> *Wladimir: Wir können nicht.*
> *Estragon: Warum nicht?*
> *Wladimir: Wir warten auf Godot.*[3]
>
> Samuel Beckett

Warten auf Godot – was denn sonst!

Wladimir und Estragon warten auf Godot. Wer das ist, das wissen sie selbst nicht so genau. Und obwohl die beiden Protagonisten aus Samuel Becketts absurdem Theater zwischendurch sogar daran zweifeln, dass Godot jemals kommen wird, warten sie.

Samuel Beckett musste für sein Werk, das er 1949 fertigstellte, lange nach einem Theater suchen, das bereit war, *Warten auf Godot* aufzuführen.[4] Eigentlich war es seine spätere Ehefrau Suzanne Deschevaux-Dumesnil, die bei den Theaterleuten vorstellig wurde, während der Autor auf eine Zusage wartete. Zu riskant, zu waghalsig erschien vielen das Stück, in dem Beckett Theater gegen alle Regeln machte. Erst 1953 wurde die Tragikomödie[5], die die Menschen bis heute auf eigentümliche Weise berührt, in einem kleinen Theater in Paris uraufgeführt. Auf der Bühne passiert dabei fast nichts – und das Wenige kann man keinem Ort und kaum einer Zeit zuordnen. Vor allem aber lässt der Ire Samuel Beckett, der 1969 den Nobelpreis für Literatur gewann, das ausfallen, woran sich das Theater über Jahrhunderte gewöhnt hatte: den Höhepunkt. Godot kommt einfach nicht.

Ist das »freiwillige« Warten also letztlich Selbstbetrug? Oder doch der Rest an Hoffnung, die den Menschen noch bleibt? Dürfen wir uns Estragon und Wladimir vielleicht sogar als glückliche Menschen vorstellen?

Bis heute wird vor allem über die Frage spekuliert, auf wen da überhaupt gewartet wird. Manche halten Godot für Gott. Aber warten Wladimir und Estragon wirklich auf ihren Erlöser – oder doch auf den Tod? Spiegelt Godot womöglich das Streben des Kapitalismus nach immer mehr wieder oder die messianische Hoffnung des Marxismus? War es vielleicht ganz konkret der Glaube an eine bessere Zukunft nach dem Zweiten Weltkrieg? Und wird dieser Glaube zerstört, weil Godot niemals erscheint? Beckett wirft allerhand Fragen auf. Beantworten mochte er sie lieber nicht: »Hätte ich gewusst [wer Godot ist], hätte ich es im Stück gesagt.«[6]

Wenn aber weder Beckett noch seine Protagonisten Bescheid wissen, warum warten sie dann überhaupt? Sind sie vielleicht doch dazu verdammt, so wie schon Sisyphos im griechischen Mythos dazu verdammt war, einen Felsbrocken auf ewig einen Berg hinaufzuwälzen, wo er kurz vor dem Ziel immer wieder hinunterrollte? Für Albert Camus, den Philosophen des Absurden, müssen wir uns Sisyphos dennoch »als einen glücklichen Menschen vorstellen«[7]. Das wiederum klingt tatsächlich merkwürdig. Für Camus aber war etwas ganz anderes absurd: das Leben und die ständige Suche nach einem Sinn. Denn einen solchen gibt es nicht.

»Das Absurde klärt mich über diesen Punkt auf: es gibt kein Morgen. Das ist von nun an die Begründung meiner tiefen Freiheit.«[8] Für Albert Camus folgen aus der Sinnlosigkeit also weder Resignation noch der Suizid, sondern die Revolte. Das heißt, trotz aller Absurdität weiterzuleben, das erdrückende Schicksal anzunehmen – und es damit letztlich zu überwinden. Vielleicht bedeutet dies auch, dass wir uns selbst einen Sinn suchen müssen oder dass wir, wie es sich Camus vorstellte, Liebe und Solidarität leben und uns gemeinsam gegen die kollektive Sinnlosigkeit wenden. »Darin besteht die ganze verschwiegene Freude des Sisyphos. Sein Schicksal gehört ihm. Sein Fels ist seine Sache.«[9]

Auch in Becketts Theaterstücken fegt die Absurdität als Orkan über die Bühne. Übrig bleibt nur die nackte Existenz. Wladimir und Estragon rollen nicht mal mehr Steine, für sie bleibt bloß das Warten. Ist das auch unser Schicksal? Wir alle müssen oft vergebens warten – und doch sind wir hier, in dieser Welt, obwohl wir niemanden darum gebeten haben. Explizit an die Zuschauerinnen gerichtet sagt Wladimir: »Aber in dieser Gegend und in diesem Augenblick sind wir die Menschheit, ob es uns paßt oder nicht.«[10] Das Warten scheint für Beckett so wie Sisyphos für Camus eine Allegorie auf das Leben selbst zu sein. Wer an keine höhere Macht glaubt, an kein Leben nach dem Tod, für den bleibt eben nur das Leben selbst. Aber hieße das nicht gerade, dass man aufhört zu warten? Tun das nicht vor allem jene, die an etwas glauben, an Gott oder den Teufel oder die Erlösung? Warten Wladimir und Estragon letztlich also auf das gute Leben, statt es zu leben?

Hier soll eine etwas andere Perspektive angeboten werden. Wüssten wir, wer Godot ist, wäre das Warten vermutlich in Sehnsucht oder Angst getränkt. So oder so wäre die Wartezeit dann zweitrangig, es wäre eine Übergangsfrist, in der es nicht um das Leben selbst ginge, sondern um die Ziele, auf die man wartet. Aber so ist es nicht. Über Godot wissen wir nichts – beziehungsweise alles, was wir zu wissen glauben, entspringt unserer Projektion. Weil Godot also völlig abstrakt bleibt, wird das Warten auf ihn von allem Ballast befreit,[11] vom praktischen und vor allem vom metaphysischen, also letztlich auch von den Zielen unseres Wartens.

Die Kraft der Leere

Was bleibt, ist die Leere. Doch entsteht sie nicht gerade durch das Warten auf das große Unbekannte? Vielleicht ist es auch umgekehrt: Das Leben füllt die Leere, die immer da ist – und das »Warten auf Godot« erlaubt ihr, sichtbar zu werden. Normalerweise ist das ja anders: Ein Griff in die Tasche, und schon übertönt die Musik die Leere und die Nachrichten machen die Langeweile vergessen. Wladimir und Estragon aber setzen sich dem Nichts aus: »Wie die Zeit vergeht, wenn man sich amüsiert!«[12], bemerkt Wladimir und sagt beinahe trotzig: »Es ergibt sich eine Ablenkung, und was tun wir? Wir lassen sie ungenützt.«[13] Und so langweilen sich die beiden manchmal beinahe »zu Tode«. Dieses Gefühl wird in einer guten Inszenierung direkt auf das Theaterpublikum übertragen. Schauen Sie sich *Warten auf Godot* an und beobachten Sie, wie viele Leute auf ihre Uhr schauen, weil in ihren Augen nichts passiert. Sie fühlen die Pein der verlorenen Zeit – und warten gelangweilt auf das Ende.

Doch gerade dann, wenn man all die Ablenkungen abzieht, kann eine Menge passieren. Nicht ohne Grund wurde die Langeweile im 19. und 20. Jahrhundert von der Existenzphilosophie zu einem Dreh- und Angelpunkt des modernen Menschseins erhoben. Existenzphilosophen waren insofern besondere Vertreter ihrer Gattung: Sie debattierten zwar in den philosophischen Salons, wagten aber doch den Ausbruch aus dem Elfenbeinturm. Denn dort, in den Räumen der Theorie, könne der Mensch sein Dasein nicht ergründen – das gehe nur im Selbstvollzug, also in der Suppe der eigenen Existenz. Um es mit dem gleichsam berühmten wie umstrittenen Philosophen Martin Heidegger zu sagen: »Die Frage der Existenz ist immer nur durch das Existieren selbst ins Reine zu bringen.«[14]

Doch um das eigene Existieren wirklich zu erfahren, muss man aus dem gewohnten Alltag voller Ablenkungen heraustreten. Grundstimmungen wie Sorge, Ekel, Angst oder eben Langeweile, aber auch Erfahrungen von Absurdität und Tod können uns auf den Grund unseres Daseins werfen. Indem sie uns den Boden unter den Füßen entziehen, machen sie die Leere spürbar – und damit unsere Existenz. So nimmt die Philosophie Heideggers ihren Ausgangspunkt an einem Provinzbahnhof: Der Zug kommt einfach nicht, also vertreiben wir uns notgedrungen die Zeit. Doch was, wenn das nicht mehr geht, wenn die Langeweile uns grundlos ereilt oder genau dann, wenn wir uns ablenken? Heidegger nennt diese Stimmung »tiefe Langeweile«[15] und schreibt von einem »Gezwungensein zu einem Hören dessen, was die tiefe Langeweile zu verstehen gibt«[16]. Ablenkung scheint zwecklos, wir werden wie Wladimir und Estragon in die Nacktheit der Existenz geworfen. In dieser Stille gleichsam umso lauter zu hören ist das Ticken der Uhr. Die Zeit vergeht auch ohne Sinn. Der »Skandal des Wartens auf Godot«[17] ist also gar nicht so sehr das Warten, sondern die Zeit, die dahinfließt – es ist unsere Lebenszeit. Estragon spricht das Unausweichliche aus: »Wieder ein Tag weniger.«[18] In der Kürze dieser Wahrheit spiegelt sich die Kürze des Lebens. Zugleich liegt in der Wucht aber auch die Revolte – und die Erkenntnis.

Denn die Leere, so die Hoffnung Heideggers, macht uns nicht nur Angst, sondern sie weckt auch den Philosophen oder die Philosophin in uns. Wir fragen uns, wer wir sind und welchen Sinn das Leben für uns hat, wie wir zur Zeit stehen und ob sie sich wirklich mit Geld aufwiegen lässt. Indem wir »das Brummen aus den Tiefen des Lebens«[19] zulassen, können wir also eine tiefere Ebene unseres Seins ergründen. Auch negative Gefühle wie Angst, Machtlosigkeit oder Kummer, Einsamkeit oder Wut können sich in der Leere lichten[20] – und das kann ziemlich anstrengend sein. Viele Menschen müssen das täglich erleben, anderen bleiben solche Gefühle im Rausch der Geschwindigkeit meist verborgen. Wer sich nämlich »völlig gegen die Langweile verschanzt, verschanzt sich auch gegen sich selber«[21], wie schon Friedrich Nietzsche wusste. In der Leere liegt also eine Chance – und wenn wir diese nutzen, lassen sich die Langeweile wie auch die Langsamkeit durchaus als Privileg verstehen.

Wenn wir die Leere zulassen, wird der Zug dann endlich kommen? Die Philosophie des Absurden würde vermutlich noch einen Schritt weiter gehen: Es hält gar kein Zug für uns.[22] Trotzdem sind wir zum Warten verdammt. Ist das die Revolte: einfach zu warten und im Hier und Jetzt anzukommen?

Obwohl wir Godot stets antizipieren, geht es womöglich gar nicht um ihn oder darum, wie wir endlich unsere Ziele erreichen. Vielleicht geht es vor allem um den Weg dorthin. Also um das Warten[23] – und die Frage, wie man die Zeit verbringt. Und vielleicht liegt ja auch das Glück nicht immer in dem, worauf wir warten, sondern im Warten selbst. Wir sind glücklich, weil wir warten. Oder weil die Warterei eine Art Projektionsfläche für unser Glück ist. Doch dafür muss diese Fläche zunächst eben befreit werden von all dem Ballast, den das Warten heute mit sich bringt: von der Hektik und dem Ärger über die verlorene Zeit, von der automatisierten Ablenkung und dem zwanghaften Imperativ der Geldzeit. Wer sich für andere Warteerfahrungen öffnen will, muss sich auf das Warten einlassen, dabei in die Welt hinaushorchen – und in sich selbst hinein.

2. Die Magie des Verweilens

Schön war die Welt, wenn man sie so betrachtete,
so ohne Suchen, so einfach, so kinderhaft.[24]
Hermann Hesse

Die Zeit verträumen

Wer die Langeweile aushält, kann in der Weile verweilen. Was dann geschieht, beschreibt der Schriftsteller Dieter Wellershoff: »Langeweile [...] schließt die Welt nur zu, um sie neu wieder aufzuschließen. Sie löst den alten Pakt zwischen Ich und Welt, den die Gewohnheit, das Bescheidwissen, die festen Bedeutungen gestiftet haben, und erneuert hinter ihrer Nebelwand den Geheimnischarakter des Lebens.«[25] Aus der »Seelenlähmung« entspringt ein »unbestimmtes Warten«. Es ist ein kontemplatives, verweilendes Warten, das sich der Schönheit des Lebens öffnet und mit der Welt auf Tuchfühlung geht.

Im Grimm'schen Wörterbuch erfahren wir, dass, wer verweilt, abwartet und innehält, eine Bewegung unterbricht und sich mit etwas beschäftigt.[26] Zu verweilen kann also bedeuten, loszulassen und in die Magie des Moments einzutauchen. Während wir beim Verweilen da ankommen, wo wir sind, wollen wir beim Warten gerade von dort weg. Ungeduldig verlangt es uns nach mehr. In seinem Aufsatz über das »Warten als Widerstand« erklärt der Literaturwissenschaftler Harold Schweizer, es sei dieses »Tempo des Verlangens«[27], welches das Warten vom Verweilen unterscheidet. Deshalb endet das Warten, sobald der Zug kommt. Das Verweilen hingegen wäre ein Warten ohne Verlangen, das nicht so sehr von einem Ziel abhängt, sondern vielmehr von der Langsamkeit und der Geduld unserer Blicke.

Lässt sich dieser Unterschied überbrücken? Können wir auch beim Warten verweilen? Harold Schweizer findet: Wir müssen. Denn ebenso wie der Gegensatz zwischen unnützer und nützlicher (Warte-) Zeit sei auch die Trennung des Verweilens vom Warten »kulturell konstruiert«[28] – und damit überwindbar. Aber nicht überall dürfen wir beim Warten verweilen. In Bahnhöfen etwa ist es oft verboten »herumzulungern«. Und auch moralisch wird mitunter schweres Geschütz aufgefahren. Von den Vorwürfen, welche die Verweilenden ereilen, berichtete der britische Romantiker William Wordsworth bereits 1798 im Gedicht *Expostulation and Reply*. Dem Autor wird dort vorgeworfen, den halben Tag alleine auf einem grauen Stein zu sitzen und seine Zeit zu verschwenden. Doch William antwortet, dass ihn das Dasein betöre und dass seine Augen sehen, seine Ohren hören, der Körper fühle – ob er wolle oder nicht. Wordsworth schreibt von einer »weisen Passivität«, in der wir der Welt lauschen sollten. Sein Gedicht schließt mit folgenden Zeilen:

> '–*Then ask not wherefore, here, alone,*
> *Conversing as I may,*
> *I sit upon this old grey stone,*
> *And dream my time away.*[29]

Das Schöne und das Nichtidentische

Wenn man also die Zeit »verträumt« oder beim Warten innehält, dann steht der Blick still, man lehnt sich selbstvergessen zurück – und könnte dabei umfallen, sich im Verweilen verlieren und, wahrscheinlicher noch, man könnte darüber die eigenen Ziele aus den Augen verlieren, den Bus verpassen, zu spät zum Termin kommen. Dafür aber lässt sich die Welt mit anderen Augen betrachten. Ihr Geheimnischarakter erscheint hinter dem Nebel. Harold Schweizer findet, dass sich uns das Schöne offenbart, wenn wir »anhalten, stehenbleiben, uns anlehnen, herumhängen, verweilen, warten, beobachten, betrachten«[30]. Auch Hermann Hesses Siddhartha entdeckt erst durch die Tugend des geduldigen und verweilenden Wartens, wie entzückend die Welt ist.

Eine besondere Rolle spielt das Verweilen gleichfalls in der Philosophie des großen Kritikers Theodor W. Adorno, wo es als Modus Operandi der Erkenntnis zu einer Art Schlüssel zum Glück wird. Das mag überraschen, weigert sich Adorno in seiner häufig schwer verständlichen und kulturpessimistischen Theorie doch geradezu, das Glück oder Vorstellungen davon auszubuchstabieren. Stattdessen denkt er das Grauen der Welt und den Holocaust, die menschliche Barbarei und die strukturelle Gewalt des Kapitalismus ebenso permanent mit wie den Widerstand dagegen. Das Verweilen aber ist letztlich Teil dieses Widerstandes, denn es widersteht dem ökonomischen Verwertungszwang und der Gleichmacherei. Menschen machen sich die Welt nämlich nicht nur durch schweres Gerät und Waffengewalt Untertan, sondern auch durch die Sprache. Mit Begriffen und logischen Formeln wollen wir selbst im »Begriffslosen, Einzelnen und Besonderen«[31] alles erfassen. Doch das, was Adorno auch das »Nichtidentische« nennt, rieselt durch das grobe Raster – und die Wahrheit rieselt gleich mit. Sie liegt nämlich im Detail verborgen. Indem wir aber mit der ungeduldigen Walze der Sprache und der wirtschaftlichen Zweckmäßigkeit über die zarten Gebilde dieser Welt hinwegfahren, machen wir sie platt. Beziehungsweise: Wir machen alles platt, was sich nicht auf Anhieb deuten und kategorisieren lässt.

Wer vor einem Kunstwerk steht und es sogleich als »schön« oder »hässlich« qualifiziert, dem entgeht womöglich eine tiefere Bedeutung, welche man nur erfahren kann, wenn man bereit ist, »vorm Kleinsten zu verweilen«[32]. Aus gutem Grund war das Museum ursprünglich der heilige Tempel der Musen. Ähnlich verhält es sich in der Natur, überall lauert die »Spur des Nichtidentischen«[33], die dem »Naturschönen« innewohnt. Zu all diesen Besonderheiten können wir eine respektvolle »Nähe an Distanz«[34] entwickeln – wenn wir abwarten und unser Begehren zügeln. Das bedeutet: Wir geben der Welt Zeit, wir warten, dass sie zu uns spricht, bevor wir alles voreilig erklären wollen. Diese Langsamkeit der Betrachtung erst lässt das Schöne frei, wie Adorno in fast spiritueller Manier schreibt: »Der Blick, der ans eine Schöne sich verliert, ist ein sabbatischer. Er rettet am Gegenstand etwas von der Ruhe seines Schöpfungstages.«[35] Der verweilende Blick macht so die Farbtupfer im Grau der Welt sichtbar. »Fast könnte man sagen, daß vom Tempo, der Geduld und Ausdauer des Verweilens beim Einzelnen, Wahrheit selber abhängt: was darüber hinausgeht, ohne sich erst ganz verloren zu haben, [...] verliert sich am Ende im Leeren.«[36]

Auch im Alltag eröffnet das Verweilen den Blick fürs Besondere. Das kann eine Knospe sein, die wir an der Bushaltestelle plötzlich entdecken, aber auch der Sternenhimmel, den wir schon tausendmal gesehen haben und der uns doch magisch erscheint, weil wir ihn die halbe Nacht beobachten. Ebenso sind manche Gedichte Einladungen zum Verweilen – gerade wenn sie sich dem schnellen Zugriff verweigern. Und wie war das, als wir nach stundenlangem Warten im Auto das erste Mal das Meer hinter einem Hügel erblickten? Wie sehr freuen sich Eltern, wenn ihre Kinder nach langer Wartezeit das erste Wort sprechen – oder ihnen dabei helfen, die Schönheit der kleinen Dinge neu zu entdecken. Es ist nur ein Wort, ein Sonnenuntergang, eine Blume – und doch können sie uns beglücken. Erzwingen lässt sich all das freilich nicht, es braucht ein weises, lauschendes Abwarten.

In seinem Versband *Leaves of Grass* besingt Walt Whitman, einer der bedeutendsten US-amerikanischen Lyriker, diese Schönheit im scheinbar Unbedeutenden. Er lungert herum, schlendert und lädt seine Seele wie auch die seiner Leserinnen zum Verweilen ein, während er einen Grashalm bewundert. Er knickt ihn weder ab, noch läuft er gleichgültig daran vorbei, er berechnet keinerlei wirtschaftlichen Nutzen und versucht den Grashalm auch nicht als Kunstwerk zu verewigen – er betrachtet ihn einfach zärtlich in all seiner Vergänglichkeit. Sein Verlangen bleibt geduldig. »Ich habe weder Spott noch Einwände, ich bin zugegen und warte«, notiert Whitman. »Zärtlich will ich dich behandeln, krauses Gras.«[37]

Schlendern und flanieren

Zu solchen Pausen laden uns auch öffentliche Plätze und Bibliotheken, Parkbänke oder ein Waldspaziergang ein. Wir halten dabei inne, still stehen indes müssen wir nicht. Verweilen kann man nämlich auch beim Schlendern. Der langsame Schritt ist für den britischen

Autor Tom Hodgkinson gar der Inbegriff des Müßiggangs: »Der Fußgänger ist die höchste und mächtigste aller Daseinsformen: Er geht aus Vergnügen zu Fuß, er beobachtet, aber mischt sich nicht ein, er ist ohne Eile, er ist glücklich in der Gesellschaft seines eigenen Verstandes, er schlendert distanziert, weise und fröhlich dahin, göttergleich. Er ist frei.«[38] Gläubige wollen Gott auf Pilgerwanderungen näherkommen, urbane Flaneure lassen die Menschenmassen einfach an sich vorbeiziehen – ob mit oder ohne Schildkröte. Aber auch Literaten von Schiller bis Goethe, von Georg Büchner bis Robert Walser waren gerne zu Fuß unterwegs und haben über das Flanieren gedichtet.

Kein Wunder: Beim Gehen kommt man schließlich zur Ruhe, es ist der Stillstand in der Bewegung, das geduldige Warten auf den nächsten Schritt. Wer langsam läuft, wartet zugleich auf die Welt – und bekommt mehr von ihr mit. Das wusste schon der Dichter Johann Gottfried Seume, als er im Dezember 1801 zu einer der berühmtesten Wanderungen der deutschen Literaturgeschichte aufbrach.[39] Seine Eindrücke schrieb er im *Spaziergang nach Syrakus* nieder – obwohl der Fußmarsch von Sachsen nach Sizilien alles andere als ein lockerer Spaziergang war. Später notierte er: »Wer geht, sieht im Durchschnitt anthropologisch und kosmisch mehr, als wer fährt.«[40] Seume glaubte, »daß alles besser gehen würde, wenn man mehr ginge«.

Die Ewigkeit des Verweilens

Auch das Warten wäre eigentlich prädestiniert, um eine kurze Pause einzulegen und neugierig die Welt zu bestaunen. Für diejenigen, die dabei verweilen, entfalten die kleinen Dinge der Welt ihre Einzigartigkeit, und das Nichtidentische lässt seine Magie frei. So kann man am Ende in all der Vergänglichkeit doch eine Art Ewigkeit erfahren – es ist die Ewigkeit des Verweilens, ein Moment im Sinne des Kairos, dem Gott des rechten Augenblickes, in dem die Zeit stillzustehen scheint. Zumindest aber wird die Gegenwart so gedehnt, anstatt dass sie weiter schrumpft. Es kann uns dann ergehen wie Siddhartha, der am Fluss sitzt und feststellt, »daß es keine Zeit gibt«[41], und der nicht mehr weiß, »ob diese Schauung eine Sekunde oder hundert Jahre gewährt habe«. Wenn wir also tief – und meditativ – eintauchen in die »Trance des Wartens«[42], dann kann die Weile sozusagen ewig dauern – bis der Bus kommt und wir schnell wieder auftauchen müssen. Oder auch nicht.

3. Zielloses Zielen

> *Die Langeweile ist der Traumvogel,*
> *der das Ei der Erfahrung ausbrütet.*[43]
>
> Walter Benjamin

Die Geburt der Ideen

Die Schwangere muss auf die Geburt warten. Ebenso verhält es sich mit der Kreativität – auch auf die Geburt von Ideen müssen wir warten. Ein Bild malt sich selten im Handumdrehen, ein gutes Gedicht wird kaum auf Knopfdruck geschrieben. Die Frucht des fruchtbaren Einfalls muss erst reifen, die freie Entfaltung und die Innovation brauchen das Warten. Ständig werkeln, recherchieren, probieren Künstlerinnen Neues aus, sie suchen nach Inspiration – und müssen sich doch gedulden. Dasselbe gilt für alle, die komplexe Sachverhalte verstehen wollen, denn obwohl die Erregungsspirale der sozialen Medien uns etwas anderes suggeriert, ist Geduld die »Tugend des Denkens«[44]. Gemeint ist ein Denken, das einen langen Atem beweist – selbst wenn man nicht alles auf Anhieb versteht. Auch der Ende 2018 verstorbene Schriftsteller Wilhelm Genazino schätzte eine solch abwartende geistige Haltung: »Das Wartenkönnen, das Wartenmüssen ist die Grundbedingung jedes Verstehens.«[45]

Bildung und Kreativität kann man also nicht erzwingen, weil Unbewusstes sich entwickeln und neue Gedanken sich erst klären müssen.

Das Warten eröffnet dafür einen Raum. Der Literaturnobelpreisträger Hermann Hesse wusste das aus eigener Erfahrung. In seinem Essay »Die Kunst des Müßiggangs«[46] beschreibt der Schriftsteller, warum »so ein verdrehter Künstler« nicht einfach in Ruhe einen Pinselstrich neben den anderen setzt, »warum er vielmehr so oft unfähig ist, weiterzumachen, sich hinwirft und grübelt und für Tage oder Wochen die Bude schließt.« Es sei, so fährt Hesse fort, etwas in diesem Künstler tätig, was er am liebsten heute noch in ein sichtbares, schönes Werk verwandeln würde, »aber es will noch nicht. es ist noch nicht reif, es trägt seine einzig mögliche, schönste Lösung noch als Rätsel in sich. Also bleibt nichts übrig als warten.«[47]

Manche Musikerin schreibt ihre Songtexte ja angeblich auf dem Klo – vielleicht, weil man sich dort Zeit lässt. Der Grund mag aber vor allem sein, dass wir geniale Einfälle und den Zeitpunkt, an dem sie uns ereilen, nicht immer kontrollieren können. Manchmal kommt die rechte Eingebung kurz vor der Deadline in der größten Hektik oder die Musen bringen die Inspiration per Eilkurier – doch dann lassen sie wieder auf sich warten.

Nicht nur die Welt schließt sich also hinter dem Nebel auf, wenn wir abwarten, sondern auch die eigene Phantasie gibt dann Geheimnisse preis. Weil wir beim Warten nicht wissen, wie es weitergeht, stellen wir uns vor, was noch kommen könnte, wir imaginieren Alternativen und erweitern den Horizont des Möglichen. Ob während der nautischen Expeditionen unserer Vorfahren oder bei Raumfahrmissionen unserer Zeit – die Daheimgebliebenen warten auf Antworten ihrer Entdeckerinnen und rätseln über deren Verbleib. Aber manchmal geht unsere Phantasie auch auf einer Autofahrt mit uns durch oder wenn wir auf einen geliebten Menschen warten. Im Raum des Unbekannten wartet die Überraschung. Und gerade das spekulative Denken kann ziemlich kreativ sein. Zu warten heißt, einen Umweg zu gehen – und dort vielleicht von den Musen geküsst zu werden. Es sind, daran müssen wir in einer ruhelosen Zeit wohl erinnert werden, sanfte und anregende Küsse. Sie befruchten und inspirieren uns.

Gelangweilte Erfinder

Doch wer in die Oase möchte, muss eben zunächst die Wüste des Wartens durchschreiten. Dazu gehört neben der Unsicherheit auch die Langeweile. Sie ist das Tor zum Nichts[48] – und zur Kreativität. An ihre schöpferische Kraft glaubte etwa Friedrich Nietzsche:»Für den Denker und für alle empfindsamen Geister ist Langeweile jene unangenehme ›Windstille‹ der Seele, welche der glücklichen Fahrt und den lustigen Winden vorangeht; er muß sie ertragen, muß ihre Wirkung bei sich abwarten.«[49] Manchmal fordert uns die Langeweile geradezu auf, aktiv zu werden, denn wer sie ohne billige Ablenkung loswerden will, muss sich etwas ausdenken. Im Grimm'schen Wörterbuch lesen wir, dass man sich früher nach etwas sehnte, wenn man sich danach »langweilte«[50]. Aber damals war es wohl auch einfacher, der Ablenkung aus dem Weg zu gehen.

Als sich Martin Luther fast ein Jahr lang unter falschem Namen auf der Wartburg versteckte, weil der »Ketzer« zuvor für »vogelfrei« erklärt wurde,[51] überkam ihn die Langeweile. Also übersetzte er die Bibel ins Deutsche – ein epochaler Schritt in der Kirchengeschichte. Der Erfinder und Künstler Samuel Morse wiederum soll das Morsealphabet entwickelt haben, nachdem ihm auf einer Atlantiküberquerung mit dem Segelschiff Anfang der 1830er-Jahre so langweilig war, dass er nachts, inspiriert durch Gespräche mit den Mitreisenden, über die Nachrichtenübertragung auf großer Distanz sinnierte. Beim Warten haben wir Zeit zur Kontemplation, zum Innehalten – und zum Nachdenken.

Der griechische Mathematiker Archimedes[52] soll eine seiner bahnbrechenden Entdeckungen gemacht haben, als er in der Badewanne lag und feststellte, dass die Auftriebskraft seines Körpers genauso groß ist wie die Gewichtskraft des vom Körper verdrängten Wassers. Et voilà: Das archimedische Prinzip war geboren. Angeblich war der Denker darüber so entzückt, dass er aus der Badewanne sprang, nackt durch die Gegend lief und »Heureka« brüllte: »Ich habe es gefunden.« René Descartes wiederum soll am liebsten im Bett philosophiert haben, er erstritt sich schon zu Internatszeiten das Recht, bis mittags liegen zu bleiben, um zu denken. Kein Wunder also, dass Descartes glaubte, Körper und Geist seien zwei eigenständige Welten. Der Philosoph entwickelte diesen Dualismus entscheidend weiter und gilt zudem als Wegbereiter der Aufklärung.

Auch eine der wichtigsten Entdeckungen der Physik wurde beim Warten gemacht: Isaac Newton saß in einem Garten, wartete grübelnd auf Erkenntnisse und betrachtete einen Apfelbaum – da sah er den Apfel zu Boden fallen. Vermutlich fiel er nicht auf Newtons Kopf, wie manche Legende erzählt, aber eben stets in Richtung Erdmittelpunkt. Warum fiel der Apfel nicht auch mal seitwärts oder aufwärts? Newton begründete daraufhin die Gravitationslehre. Der große Ludwig van Beethoven wiederum flanierte gern täglich um die Stadtmauern Wiens – und während dieser mußevollen Stunden ging er im Kopf seine Kompositionen durch, bevor er sie zu Papier brachte.

Wartezeit als Mußezeit

Langsamkeit, Langeweile und Kontemplation, aber ebenso das Flanieren, das Verweilen und schließlich auch das Warten sind also der Humus, auf dem Kreativität und Produktivkräfte wachsen. Doch all die Warterei bringt natürlich wenig, wenn Ungeduld uns beherrscht. Dann übersieht man nämlich den Apfel, wenn er vom Baum fällt. Das Tor zur Muße bleibt dann verschlossen. Solche Auszeiten scheinen ohnehin aus der Mode gekommen zu sein – doch in jüngster Zeit erregen auch sie wieder vermehrt Interesse. So wurde im Jahr 2013 an der Universität Freiburg sogar ein Sonderforschungsbereich zur ›Muße‹ ins Leben gerufen. Sie wird dort mit gleichsam schönen wie paradoxen Worten als »bestimmte Unbestimmtheit, tätige Untätigkeit oder produktive Unproduktivität«[53] charakterisiert. Das Bestimmte an der Muße ist ihre Freiheit von Zwängen und Zwecken, das Unbestimmte ist das, womit wir unsere freie Zeit ausfüllen.

Es ist der »Spielraum«, von dem schon im Wörterbuch der Brüder Grimm die Rede war. Wir können Muße erleben, wenn wir tätig oder

untätig sind, in Gesellschaft oder alleine, bei der Arbeit, in der Hängematte oder beim Warten und Verweilen. Und vielleicht ist sogar das
gemeinsame Feiern eine besondere Form der Muße. Wir können diesen Spielraum auch im wahrsten Sinne des Wortes spielerisch füllen.
Wer nicht weiß, wie das geht, nimmt sich ein Vorbild an den Kindern – oder an Friedrich Schiller. Der große Dramatiker brachte das
(ästhetische) Spielen mit der Kunst und der Muße in Verbindung. Er
entwickelte den Begriff des »Spieltriebs«, eines Spielens mit der Schönheit, das darauf gerichtet sei, »die Zeit in der Zeit aufzuheben«[54].

Vieles kann, weil wenig muss. Das ist Muße. Und es ist zugleich die
Art und Weise, wie wir warten sollten, um die Wartezeit zur Mußezeit
zu machen. Gelassenheit, Langsamkeit und der Mut zur Lücke zeich-
nen diesen Modus des Wartens aus, den man auch mit »ziellosem
Zielen« umschreiben kann. Wir warten also auf etwas, auf eine Eingebung, eine Nachricht oder einfach auf einen Anruf – und doch sollten wir dabei offenbleiben für die Welt um uns herum und in uns
drinnen.

Diese Art des wachsamen und achtsamen Wartens wiederum ist
auch der Schlüssel zur Bildung. Es ist in Anlehnung an frühere
Wortbedeutungen eine pflegliche Haltung, ein aufmerksames Hinschauen – und zugleich ein an den alten Gebrauch der Geduld ange-
lehntes Geschehenlassen. Schon lange vor dem Turbogymnasium
und den Hochleistungskitas ließ Thomas Mann seinen Hochstapler
Felix Krull sagen: »Bildung wird nicht in stumpfer Fron und Placke-
rei gewonnen, sondern ist ein Geschenk der Freiheit und des äußeren Müßiggangs; man erringt sie nicht, man atmet sie ein; verborgene Werkzeuge sind ihretwegen tätig, ein geheimer Fleiß der Sinne
und des Geistes, welcher sich mit scheinbar völliger Tagdieberei gar
wohl verträgt.«[55]

Während Hermann Hesse solches Warten mit »absichtsloser Hingabe«[56] in Verbindung bringt, spricht der Meditationslehrer Jon Kabat-Zinn vom bewussten »Nicht-Tun«[57]: »Die innere Stille des Han-
delnden verschmilzt mit der äußeren Aktivität in einem solchen Maß,
dass die Handlung sich selbst ausführt: mühelose Aktivität. Nichts

wird erzwungen.«[58] Für den Moment geben wir uns dem *wu wei*[59] hin, dem Nicht-Handeln, das im Zentrum des Taoismus steht.

Auch der Philosoph Jean-Jacques Rousseau praktizierte die Muße als eine Art zielloses Zielen: »Ich beschäftige mich gerne mit Nichtigkeiten, beginne hundert Dinge und vollende nicht eins, gehe und komme, wie es mir einfällt, wechsle in jedem Augenblick den Plan, folge einer Fliege in all ihren Flügen, […] kurz, ich schlendere am liebsten den ganzen Tag ohne Plan und Ordnung umher und folge in allem nur der Laune des Augenblicks.«[60] Gerade die Zeit, in der wir an der Bushaltestelle stehen, wäre doch eine gute Gelegenheit, auf diese Weise im Strom des Lebens zu baden, statt ihn immer lenken zu wollen.

4. Das süße Nichtstun

Mir scheint nämlich selbst ein freier Bürger nicht wirklich frei zu sein,
der nicht irgendwann auch einmal einfach nichts tut.[61]

Cicero

Seinlassen und Hingabe, schön und gut – aber Nichtstun? Oder gar Faulheit? Schon in der Antike sollte dem verschwenderischen Umgang mit der Zeit und der stumpfen Unterhaltung eine Erziehung zur Muße entgegenstellt werden. Später wurde die Trägheit dann zur Todsünde des Christentums. Bald schon stand dafür der Müßiggang, der spätestens seit dem 13. Jahrhundert als aller Laster Anfang gilt.[62] Als die Religion schließlich an Bedeutung verlor, trat an ihre Stelle die Ersatzreligion: Auch der Kapitalismus verdammt die Faulheit, sie ist für die Abgehängten und Arbeitslosen reserviert. Dem Nichtstun haftet also ein bitterer Geschmack an. Trotz seiner Hommage an das Fallenlassen war auch Rousseau im Grunde dieser Meinung: »Die Muße, die ich liebe, ist nicht die eines Nichtstuers, der mit gekreuzten Armen in völliger Untätigkeit verharrt.« Ähnlich äußern sich die Freiburger Mußeforscher.[63] Und selbst eine Künstlerin wie Marina

Abramović, die in ihren Performances explizit nichts tun, distanziert sich von der Faulheit.[64]

Doch diese Entwicklung wird zunehmend zum Problem. Zum Glück des Menschen gehört nämlich nicht nur das Tätigsein, sondern auch die Pausen, die Erholung, das Nichtstun – und gar die Faulheit. So wie die Muße umfasst das Leben die gesamte Bandbreite zwischen aktivem und beschaulichem Sein. In einer Zeit allerdings, in der die »vita activa« zum einzig guten Leben geworden ist, fehlen uns vor allem die kontemplativen Momente. Solch ein Dasein abseits des Ereignisstroms zu kultivieren wäre also das Gebot der Stunde. Und gerade durch das Nichtstun könnten wir die Kräfte wieder zugunsten von Kontemplation, Freiheit und kreativer Entfaltung verschieben.

Sicherlich ist es auch eine Frage der Persönlichkeit, ob man zu Hektik oder Trägheit neigt. In einer ruhelosen Zeit aber ist eben vor allem das Nichtstun selten geworden. Und wenn es mit Aufmerksamkeit verbunden ist, dann ist es noch seltener träge. Der Schriftsteller Oscar Wilde formulierte treffend: »Gar nichts zu tun, das ist die allerschwierigste Beschäftigung und zugleich diejenige, die am meisten Geist voraussetzt.«[65] Sich all der Übersprungshandlungen zu verwehren kann äußerst anstrengend sein – probieren Sie es aus. Man muss sich dabei nämlich nicht nur gegen die ständige Verlockung, sondern auch gegen all die leisen und lauten, inneren und äußeren Widerstände durchsetzen. Sie warnen uns vor der Leere und davor, wertvolle Lebenszeit zu verschenken. Und gerade beim Warten ereilen uns diese Rufe: Wer rastet, der rostet! Welch Sünde! Wer sich dieser Verwertungslogik entziehen will, tut also am besten nichts oder schreibt eine »Let-it-be-Liste«[66].

Für François de la Rochefoucauld übte vor allem die Faulheit einen verborgenen Zauber auf die Seele aus, die dadurch plötzlich ihr eifriges Streben unterbricht. Mitte des 17. Jahrhunderts notierte er: »Um schließlich eine richtige Idee dieser Leidenschaft zu geben, muss man sagen, dass die Faulheit eine Glückseligkeit der Seele ist.«[67] Auch der Romantiker Friedrich Schlegel versuchte, der Arbeitswut ein Lob des Müßiggangs entgegenzusetzen. Dem Titanen Prometheus aus der griechischen Mythologie, »der als Schöpfer der Menschen und Tiere, für die Arbeit steht«[68] und den Karl Marx deshalb als »vornehmsten Heiligen und Märtyrer im philosophischen Kalender«[69] bezeichnete, stellte Schlegel den Helden Herkules entgegen: »Er hat auch gearbeitet und viel grimmige Unthiere erwürgt, aber das Ziel seiner Laufbahn war doch immer ein edler Müßiggang, und darum ist er auch in den Olymp gekommen.«[70]

Und sogar der vernünftige Aufklärer Gotthold Ephraim Lessing schrieb ein Gedicht, das er *Lob der Faulheit* nannte, und ein anderes mit dem Titel *Die Faulheit*, das wie folgt endet:

Laßt uns faul in allen Sachen,
Nur nicht faul zu Lieb' und Wein
Nur nicht faul zur Faulheit sein.[71]

Vielleicht ahnte Lessing, dass die Faulheit die Vernunft ist, die uns noch bleibt, wenn Aktionismus und Fleiß zum Fetisch werden. Der britische Gegenwartsautor Tom Hodgkinson führt diese Gedanken fort und rät in seiner *Anleitung zum Müßiggang* dazu, sich zu Hause ein »Schloss der Trägheit«[72] zu bauen, statt sich dem Imperativ des Ausgehens zu beugen.

Durch das Nichtstun wird schließlich auch Platz geschaffen für die Leere und die Langeweile, für das Verweilen und für Mußestunden. Untätigkeit ist also die Bedingung der Möglichkeit von Muße. Friedrich Dürrenmatt wusste: »Fleißig kann jeder sein, aber zur Produktivität braucht es eine gewisse Faulheit.«[73] Sie steht in einem flexiblen Wechselverhältnis zu Muße, Arbeit und Kreativität – ohne freilich zugunsten der Produktivität instrumentalisiert zu werden.[74] Es scheint am Ende eigentlich gar andersherum zu sein: Viele Entdeckungen und Erfindungen wurden gemacht, um sich das Leben zu erleichtern. Wer den Buchdruck erfindet, muss keine Bücher mehr abschreiben, die Erfindung des Rads erleichterte den Transport von Waren ebenso wie die Arbeit in der Landwirtschaft.

Fleiß ist also eigentlich nur Mittel zum Zweck – das Nichtstun ist das, was uns guttut. Wenn wir es kultivieren, kann es seinen bitteren

Geschmack verlieren – und zum *dolce far niente* werden. Zumindest aber wird es dann besonders süß, wenn wir eigentlich viel zu tun hätten. Natürlich schwor auch Hermann Hesse auf die »Kunst des Faulenzens«[75], die er in der westlichen Welt allerdings schon vor weit über 100 Jahren schmerzlich vermisste. Hesse lobte den Wein als »Träumespender« und schwärmte davon, alle viere von sich zu strecken und sich aus den *Geschichten von 1001 Nacht* vorlesen zu lassen: »Daraus entsprang ein wachsendes Erstaunen über die Vielheit des Geschehens und ein beruhigendes, völliges Vergessen meiner selbst, womit die Basis eines heilsamen, niemals langweiligen far niente gewonnen war.« Doch das müssen wir eben erst wieder lernen: nichts zu tun, abzuwarten – und es zu genießen. Erneut sei der Kulturphilosoph und Romantiker Friedrich Schlegel zitiert: »Warum sind denn die Götter Götter, als weil sie mit Bewußtseyn und Absicht nichts thun, weil sie das verstehen und Meister darin sind?«[76]

Aber es geht auch weniger spirituell: Weil das Nichtstun der ständigen Betriebsamkeit entgegensteht, wohnt ihm eine subversive Kraft inne. Faulsein, das ist auch die provokante Freude an der Ineffizienz, während überall das effiziente Leben gefeiert wird. Und während selbst der Kapitalismuskritiker Karl Marx der (befreiten) Arbeit huldigte, kritisierte sein ebenfalls sozialistisch orientierter Schwiegersohn Paul Lafargue den Arbeitskult. Im Jahre 1880 forderte er stattdessen ein »Recht auf Faulheit«. Wer nicht arbeite, solle trotzdem gut essen. »Das Proletariat hat sich […] von dem Dogma der Arbeit verführen lassen. Hart und schrecklich war seine Züchtigung«[77], schrieb Lafargue. »O Faulheit, erbarme du dich des unendlichen Elends! O Faulheit, Mutter der Künste und der edlen Tugenden, sei du der Balsam für die Schmerzen der Menschheit!«[78] Schließlich verweist Lafargue darauf, dass der christliche Gott ja selbst das erhabenste Beispiel der Faulheit sei: Schließlich habe er nach sechs Tagen Arbeit nicht bloß einen Tag geruht, sondern bis in alle Ewigkeit. Machen wir das Wartezimmer also zum Tempel – und tun dort göttergleich nichts.

5. Die Kraft der Hoffnung

Es besteht die ganze menschliche Weisheit
in den zwei Worten: Warten und Hoffen![79]
Alexandre Dumas

Indem wir uns beim Warten auf das Hier und Jetzt einlassen, indem wir verweilen, die Langeweile aushalten oder nichts tun, holen wir kleine und große Freuden in unser Leben und geben der Muße Raum. Zum Glück der Wartenden können aber auch Haltungen beitragen, die auf die Zukunft verweisen – und zwar auf eine bessere Zukunft. Sie füllen die Lücke des Wartens mit der Kraft der Utopie.

Hoffnung und Leidenschaft

Wer wartet, fühlt sich oft ausgeliefert. Menschen, die nach einer Flucht auf die Rückkehr in die alte Heimat warten, empfinden gerade das Exil zudem nicht selten als Provisorium – als großen Wartesaal. Manch einer findet eine neue Heimat, anderen bleibt nur die Hoffnung. Sie lindert die Qual der Ungewissheit und trägt die Wartenden durch die entbehrungsreiche Zeit, indem sie diese mit positiven Visionen füllt. Dabei können wir auf ein bestimmtes Ereignis hoffen, so wie Penelope auf die Rückkehr von Odysseus, oder wir können ein grundsätzliches Vertrauen in den Lauf der Dinge entwickeln. So kann Hoffnung geduldig machen: Obwohl das Hoffen nämlich ursprünglich auf das unruhige »Hüpfen«[80] verwies, erleichtert die Zuversicht das Abwarten. Man lässt den Dingen, wenn nötig, ihren Lauf und hält geduldig und optimistisch inne. Ohne Hoffnung hingegen wird es schwer in dieser Welt.

Auch das Warten auf Godot lässt sich auf diese Weise verstehen: Ohne ihre Hoffnung könnten Wladimir und Estragon gar nicht warten, ja vielleicht nicht mal leben. Sie zweifeln, aber sie verzweifeln nicht. Sie wissen, »nichts ist sicher«[81], aber sie probieren es weiter. Das

Warten auf Godot ist für die Antihelden eine Art Geländer, es gibt ihnen Halt. »In dieser ungeheuren Verwirrung ist eines klar: Wir warten darauf, daß Godot kommt.«[82] Václav Havel berichtet, dass viele Menschen in der sozialistischen Tschechoslowakei die Hoffnung auf ein Ende der Diktatur verloren hatten. »Und doch haben sie das Bedürfnis nach Hoffnung nicht verloren, denn ohne Hoffnung verliert das Leben seinen Sinn. Und deshalb haben sie auf Godot gewartet. [...] Er ist ein Ersatz für die Hoffnung – ein Stück Lappen, der verwendet wurde, um eine zerrissene Seele zu flicken, der aber selbst voller Löcher ist.«[83] Umso wichtiger das Erhoffte ist, desto eher kann die Hoffnung aber auch in Verzweiflung umschlagen.[84] Manchen Menschen wiederum bleibt nur noch die Hoffnung, um sich der schmerzhaften Gegenwart zu entziehen.

Eine bedeutende Rolle spielt die Hoffnung auch im religiösen Leben, Gläubige warten auf eine bessere Welt, auf Erlösung oder einfach auf den nächsten Feiertag. Der Marxismus wollte diese Hoffnung aus dem Jenseits auf das Diesseits wenden – und doch wurde das Leben im Namen hoher Ideale in Geiselhaft genommen. Ernst Bloch wiederum erhob die Hoffnung zum zentralen Moment seiner Philosophie.[85] Weil sie einen Mangel aufzeige und auf etwas Besseres ziele, das »noch nicht« existiert, liege in der Hoffnung eine subversive, utopische Kraft. Eine Kraft, die zur Veränderung der gesellschaftlichen Verhältnisse beitragen kann. Dieses »Prinzip Hoffnung« wird auch bei den Klimaprotesten oder während gesellschaftlicher Umbrüche wie dem Arabischen Frühling wirksam – und selbst wenn diese Demokratiebewegung am Ende weitgehend gescheitert ist, so bleibt zumindest die Hoffnung, auf eine Zukunft warten zu können, in der Freiheit zur Gegenwart geworden ist.

Das hoffnungsvolle Warten kann schließlich auch zu einer Reaktion auf eine Sinnkrise werden. Seinen aufgeklärten, gebildeten Zeitgenossen bescheinigte der Soziologe Siegfried Kracauer 1922 einen tiefen Glaubensverlust. Hinzu komme der »Fluch der Vereinzelung«. Beides scheint bis heute den Zustand unserer Epoche treffend zu charakterisieren. Was also tun? Während sich der »prinzipielle Skeptiker« dem

Glauben verschließt, entledigt sich der sehnsüchtige »Kurz-schluss-Mensch« allzu schnell seiner Zweifel. Einzig die »Wartenden«[86] verharren in einer Schwebesituation »vor verschlossenen Türen« – doch anders als bei Kafkas Mann vor dem Gesetz scheint die Aussicht auf Einlass berechtigt,[87] denn ihr Warten ist nicht passiv, sondern eine hoffnungsvolle »Vorbereitung des Nichterzwingbaren«[88]. Es ist ein ziel-loses Zielen.

Die Wartenden müssen also die Spannung aus- und die Sehnsucht wachhalten – dank der Hoffnung kann das gelingen. Wenn die Erwartung uns dabei nicht lähmt, sondern trägt, wenn ihre Kraft uns nicht vom Leben fernhält, sondern in dieses hineinströmt, dann kann aus der Hoffnung Leidenschaft erwachsen. So wie bei Penelope oder im Aktivismus von Joanna Macy[89], wie im Falle der Befreiungstheologen oder des Bürgerrechtlers Martin Luther King. Sie alle haben das War-ten mit dem Handeln verbunden und gezeigt, dass der Wunsch nach einer besseren Zukunft visionäre Kräfte im Hier und Jetzt freisetzen kann.

Kleine (Vor-)Freuden

Die kleine Schwester der Hoffnung ist die Vorfreude. Sie schielt eben-falls auf die Zukunft und entleiht das Glück aus dieser in die Gegen-wart. Aber sie ist harmlos und nicht so aufgeladen: Im Gegensatz zur oft vagen und unsicheren Hoffnung, die zugleich einen schweren Rucksack der Verantwortung trägt, hat die Vorfreude meist einen kon-kreten Anlass. Sie ist begründeter Optimismus – und gerät in einer Zeit, in der wir alles sofort wollen, doch unter die Räder des vermeint-lichen Fortschritts.

Dabei liegt gerade im Warten ein Glücksversprechen. Das wusste auch die Expressionistin Paula Modersohn-Becker: »Aber warten können, das ist's. Ich glaube, im Wartenkönnen liegt das halbe Glück.«[90] Der Zeitforscher Karlheinz Geißler sieht das ganz ähnlich: »Aufs Glück kann nur warten, wer warten kann. Denn das Warten aufs Glück ist bereits ein Teil jenes Glücks, auf das man wartet. Das Glück ist ein wartender, kein fahrender Geselle, sein Hauptwohnsitz ist ein Wartehäuschen.«[91] Gerade an den Landstraßen des alltäglichen Lebens stehen diese kleinen Wartehäuschen: wenn man sich auf eine langersehnte Verabredung freut oder während des Fastens auf das Essen. Wie die Vorfreude nach einem Konzert nochmals ansteigt, weil man auf eine Zugabe hofft. Diese wird überhaupt erst zu dem, was sie ist, wenn zwischen ihr und dem Konzert eine Pause liegt. Eine Pause, in der wir auf die Zugabe warten und sie nach Kräften herbeirufen. Können wir solche Vorfreude im Zeitalter des Sofortismus retten, ja sie vielleicht gar kultivieren?

Wer lernt, dass man nicht alles sofort haben muss und manches mit etwas Aufschub gar einen größeren Wert bekommt, empfindet vielleicht auch das Warten eher als Bereicherung. Verzicht macht uns also nicht nur unabhängiger vom Beschleunigungszwang, sondern dient ebenso der Vorfreude. Auf Erdbeeren im Winter verzichten, um das Klima zu schonen – aber auch, um die Vorfreude wachzuhalten? Vielleicht einfach aufhören, bei Amazon zu bestellen? Das Verlangen kann gesteigert werden, indem wir es hinauszögern. Walter Benjamin brachte dieses Prinzip recht subjektiv auf den Punkt, als er bekannte, dass ihm »Frauen um so schöner schienen, je getroster und länger ich auf sie zu warten hatte«.[92] Also dann: Warten wir ab. Die Journalistin Andrea Köhler beschreibt das so: »Das Hinauszögern, die Steigerung der Erwartungskurve, trägt aber auch das größte Glücksversprechen in sich: es ist die reale Gestalt der Hoffnung. Wenn wir etwas freudig erwarten, sind wir für Augenblicke wie ohne Bewußtsein.«[93]

Aber wie ist es mit Unangenehmem, sollen wir das etwa auch aufschieben? Überall werden wir vor solcher »Aufschieberitis« gewarnt: Wir sollen besser gleich erledigen, was zu erledigen ist. Doch im Grunde gibt es immer was zu tun, wie uns auch die Werbung glaubhaft versichert. Die Folge: Wir sind pausenlos beschäftigt. Demgegenüber wäre es wohl ratsam, öfter auf Mark Twain zu hören: »Verschiebe nicht auf morgen, was genauso gut übermorgen getan werden kann.«[94] So gewinnt man im besten Fall einen freien Tag. Wohl dosierte Prokrastination kann also auch eine Art der Faulheit sein, die uns Freiräume verschafft.

Natürlich sollte man nicht zu lange warten, denn sonst kann es zu spät sein. Gutscheine verfallen angeblich umso häufiger, je länger sie gültig sind. Und überhaupt: Hätten Sie das vorliegende Buch gekauft, wenn Sie auf die Lieferung drei Wochen hätten warten müssen? Gerade in der digitalen Welt erscheint es widersinnig, etwas künstlich in die Länge zu ziehen. Doch zum Glück gelten nicht überall die Gesetze des Digitalen: Man kann Spaziergänge planen und sich auf gemeinsame Ausflüge freuen, man kann den Terminkalender ausdünnen, um ihn dann gezielt mit schönen Ereignissen zu füllen. Denn bei allem Lob der Spontaneität braucht Vorfreude verbindliche Verabredungen, auf die man sich freuen kann.

Wissenschaftler legen uns zudem nahe, dass die Vorfreude auf Ereignisse größer ist als auf Produkte.[95] Wir sind also freudiger erregt, wenn wir auf den Urlaub oder einen Kuss warten als auf einen Computer oder den neuen Ferrari.

In jedem Fall aber braucht die Vorfreude Pausen, um sich zu entfalten. Zugleich ist sie auch die Freude, die sich am Blick in die Zukunft und an der positiven Erwartung selbst erfreuen kann. Im besten Fall steigert das Warten auf etwas dann auch das eigentliche Glück der Erfüllung. Dabei ist Vorfreude harmlos und kraftvoll zugleich, weil sie sich vor allem in unserem Kopf abspielt – und dort sind der Phantasie bekanntlich kaum Grenzen gesetzt. So kann die Vorfreude ein Strohhalm lebenswichtiger Hoffnung sein oder einfach den wenig prickelnden Alltag erhellen.

6. Traumhafte Utopien

Ich bin nichts als ein Horchender und Wartender, als solcher allerdings
vollendet, denn ich habe es gelernt, zu träumen, während ich warte.[96]

Robert Walser

Was liegt näher, als beim Warten in Gedanken zu schwelgen, von
Sonne und Meer zu träumen, von einem schönen Menschen oder von
zweien, von einer anderen Welt oder einem besseren Morgen. Wir erinnern uns an die Worte des französischen Schriftstellers Victor Hugo.[97]
Das Träumen sei das Glück – aber das Warten sei das Leben. Doch was,
wenn wir beim Warten träumen? Tagträume können ebenso zum
Glück der Wartenden beitragen wie Hoffnung und Vorfreude – aber es
braucht dafür nicht mal einen Anlass, sondern nur die Phantasie. Wie
das Warten verweist auch der Tagtraum oft auf die Zukunft, dabei geht
es aber nicht darum, irgendwelche Ziele zu erreichen, wenngleich uns
solche Vorstellungen auf dem Weg dorthin motivieren können.

Manche Psychologen behaupten, dass wir ein Viertel oder gar die
Hälfte unseres wachen Lebens tagträumen.[98] Doch nicht jeder Gedan-
kenschweif soll hier als Tagtraum verstanden werden. Ihre utopische
Kraft entfalten diese nur, wenn sie das Althergebrachte transzendieren
und sich nicht ausschließlich mit der überfälligen Steuererklärung befassen oder mit der Frage, warum wir beim Arzt so lange warten müssen. Es geht auch nicht darum, »seinen Träumen zu folgen« und in der
kapitalistischen Lotterie das große Los zu ziehen. Echte Tagträume
widersetzen sich vielmehr dem Realitätsprinzip, sie sind freier – und
dadurch subversiver. Erst wenn es dabei um uns und unsere Sehnsüchte geht, um unsere Welt und darum, was in ihr möglich wäre,
entfaltet die Phantasie ihre Kraft. Dann kann sie unser Leben bereichern – und verändern.

Zugleich sind Tagträume wohl die günstigste Art des Reisens. Man
kann praktisch von überall aus starten: in der Dusche oder beim Kochen, am Strand oder bei einer »Traumreise« auf der Couch einer Psy-
chotherapeutin. Manche Orte eignen sich besonders dazu, andere

kann man sich erträumen – bloß die mediale Welt scheint uns das Tagträumen nicht zu gestatten, weil unsere ganze Aufmerksamkeit im virtuellen Datenstrom gebündelt wird. Die kleinen und größeren Zwangspausen im Alltag hingegen sind wie prädestiniert – und so geht es gleich am Bahnhof los: Wir warten auf den Zug, während das Flugzeug unsere Gedanken ganz klimaneutral fortträgt.

Manchen Menschen erscheinen dabei Bilder vor ihrem geistigen Auge, andere erzählen sich vor allem Geschichten. In jedem Fall lösen sich unsere Gedanken willentlich oder wie von selbst vom Unmittelbaren, sie mäandern durch den Raum und lernen zu fliegen, sie schweben vom letzten Hinterstübchen unserer Erinnerung bis in das utopische Noch-Nicht, das dem hektischen Alltag verborgen bleibt. Diese Phantasiewelt lässt die Gewitterwolken über unserem Kopf weit hinter sich. Nass werden wir zwar trotzdem, aber dem Bahnhof und dem Regen können die Tagträume spielerisch neue Bedeutung einhauchen. So werden aus Wolken Superheldinnen, aus dem Panorama der Bäume am Flussufer träumen wir uns in die Welt des Amazonasbeckens. Es ist eine Trance, wie Kopfkino – und man selbst ist die Regisseurin, der Drehbuchautor, man macht die Requisite und wählt die Schauspielerinnen aus.

Dabei entstehen Kurzfilme, kleine Theaterstücke und Märchen. Klar, dass auch viele Schriftsteller das Tagträumen lieben: Dem türkischen Literaturnobelpreisträger Orhan Pamuk etwa ist mit seinem Buch *Istanbul* zugleich eine Hommage an seine Heimatstadt und an das kindliche Tagträumen gelungen. Doch nicht immer geht es romantisch zu, für manche sind Tagträume die letzte Zuflucht vor Krieg und Terror. Der jungen Anne Frank, die sich mit ihrer deutsch-jüdischen Familie in einem beengten Hinterhaus in Amsterdam vor den Nationalsozialisten verstecken musste, blieb ob der realen Bedrohung nur die Flucht in ihre Phantasie. Ihre Gedanken hielt sie in ihrem weltberühmten Tagebuch fest, es ist ein Zeugnis des (deutschen) Grauens, ein Buch voller Angst – und doch voller Hoffnung. Das Mädchen, das ständig emotional zwischen dem Warten auf Befreiung und dem Warten auf den Tod hin- und herpendelt, notierte am 14. April

1944: »Meine Würde, meine Hoffnung, meine Liebe, mein Mut, das alles hält mich aufrecht und macht mich gut!«[99] Im Spätsommer desselben Jahres wurde die Familie Frank von der Gestapo verhaftet, bis auf Annes Vater sind alle im Konzentrationslager gestorben.

Tagträume sind unser je eigener Mythos in der Nische einer manchmal grausamen Zeit, sie sind höchst individuell und doch stets »kulturelle Produkte«[100]. Sie spiegeln die Welt, ihre Grausamkeiten und unsere Hoffnungen. Für manche sind sie der letzte Trost. Vielleicht wurden Tagträume auch gerade deshalb im christlichen Mittelalter mitunter als Produkt des Teufels bezeichnet – weil wir uns mit ihrer Hilfe leichter der Kontrolle der Kirche und anderer Autoritäten entziehen können. Später brandmarkte sie Sigmund Freud als infantile Vorstufe pathologischer Störungen. Und in einer von Leistung bestimmten Zeit gelten sie schlicht als Zeitverschwendung – statt verpeilt vor sich hin zu träumen, sollte man sich besser organisieren.

Demgegenüber würdigte der französische Philosoph Michel de Montaigne vielleicht als Erster den Tagtraum als Quelle der Erkenntnis, sein eigenes Denken bezeichnete er als »schweifende Tagträume«[101]. Für Ernst Bloch hatten Tagträume ohnehin eine utopische Kraft, als wichtiger Teil des »Prinzips Hoffnung« waren es »allesamt Träume von einem besseren Leben«[102]. Für den Ethnologen Arjun Appadurai bieten kollektive Träume wiederum die Voraussetzung für gesellschaftlichen Wandel.[103] Und schließlich sind die Gedanken an eine bessere Welt für die Autorin Andrea Köhler selbst schon »Teil einer besseren Wirklichkeit und nicht bloß der schale Vorgriff auf eine schönere Zukunft. Solange wir solche Fiktionen nähren, sind wir vom Faktischen noch nicht gelähmt.«[104]

Abseits der Rationalität des modernen Lebens kann man in der Phantasie Alternativen durchspielen, bevor man nach ihnen greift. Wer sich scheiden lässt, hat das Alleinsein vorher vermutlich schon oft durchdacht. Der Tagtraum ist ein Refugium, ein Fluchtort, den man immer wieder aufsuchen kann. Nicht um ewig dort zu bleiben, sondern um gestärkt in die Welt zurückzukehren. Der Grat zwischen Eskapismus und der Unfähigkeit zu träumen, zwischen dem haltlosen Davonschweben und dem phantasielosen Realismus mag schmal sein – wer ihn zu gehen vermag, dem öffnen sich Türen zu Kreativität und emotionaler Stärkung. Und schließlich wirken sich positive Gedanken ja auch positiv auf unsere Gesundheit aus.

Wer übrigens nicht weiß, wie das geht mit dem Tagträumen, sollte Kinder beobachten – oder Menschen, die sich unbeobachtet fühlen: Sie lassen ihrer Phantasie oft freien Lauf, führen Monologe und plappern vor sich hin. Doch auch ihnen werden immer weniger Langeweile und Pausen gegönnt. Gerade deshalb sollten wir unsere Gedanken wieder häufiger freilassen. Und wenn uns das nächste Mal jemand sagt, »träum weiter«, dann träumen wir einfach weiter. Es wartet eine andere Welt auf uns.

7. Das Glück der Begegnung

Waiting is essential to how we connect as humans.[105]
Jason Farman

Was wäre unser Glück ohne die anderen Menschen, ohne die flüchtigen Begegnungen mit ihnen und die lebenslangen Bindungen, ohne die kurzen Blicke und die unvergesslichen Gespräche? Das menschliche Glück ist ein soziales. Und so ist das auch beim Warten. Rituelle Pausen festigen den Zusammenhalt, Auszeiten und Umwege ermöglichen Begegnungen und geben Geheimnisse preis, die im Rausch der Geschwindigkeit verborgen bleiben. Zu warten verbindet uns als Menschen, es kann ein Zeichen des Respekts sein – und ein Türöffner.

Reisen heißt warten

All das erfährt man auf besondere Weise beim Reisen. Wer unterwegs ist und die Augen aufmacht, wer von Blicken auf das vermeintlich »Fremde« ablässt, die nur der Selbstvergewisserung dienen, lernt nicht nur wirklich etwas über sich selbst, sondern auch über andere Menschen und ihre Vorstellungen vom Leben und von der Zeit. Doch reisen ist eben nicht gleich reisen. Während es bis ins 19. Jahrhundert ein Privileg der Wohlhabenden und der Elite war, können heute nicht mehr nur Adelssöhne etwas von der Welt sehen. Der Massentourismus macht es zumindest für einen großen Teil der Menschen im Globalen Norden möglich – mit sozial und ökologisch verheerenden Folgen. Dass das Wort »travel« vom französischen Verb »travail« kommen soll und etwas mit Arbeit zu tun hat, davon spürt der moderne Tourist jedenfalls kaum mehr etwas. Er tauscht die an das Abenteuer geknüpften Mühen gegen Bequemlichkeit. Der Urlaub ist zeitlich eng bemessen – also möchte man schnell dort ankommen, wo man hinwill. Aber hieße das nicht auch: die Ziele ohne die Mittel erreichen zu wollen?

Wer kaum innehält und wartet, kommt weniger in Kontakt mit der Welt und ihren Menschen. »Reisen sollte stets Erleben bedeuten, und etwas Wertvolles erleben kann man nur in Umgebungen, zu welchen man seelische Beziehungen hat«[106], notierte einst Hermann Hesse. Auf der Suche nach solch wertvollen, »authentischen« Erfahrungen sind heute vor allem Backpacker – und doch landen sie in einer exakt vermessenen Welt meist auf denselben ausgetretenen Pfaden. Dabei werden die Menschen vor Ort oft zu bloßen Statisten auf einer »Spielwiese der Selbsterfahrung«[107].

Der Unterschied zwischen dem Reisen und dem Tourismus liegt also weniger darin, ob man seine sieben Sachen im Rucksack oder im Rollkoffer transportiert, als im Respekt und in der Langsamkeit.

Wo der Weg tatsächlich das Ziel ist, da muss man warten können – nicht nur auf die Ankunft am Sehnsuchtsort, sondern vor allem auch dazwischen, auf das Unerwartete und das, was noch kommen möge. Wer einen reibungslosen Umstieg genießt, verpasst die Zwischenwelten – wer aber wartet, kann auf unbekannten Wegen wandeln, sich überraschen lassen und unverhoffte Begegnungen machen. Die dafür nötige Offenheit bereichert das Reisen – und das Warten.

An vielen Orten dieser Welt läuft die Infrastruktur ohnehin (noch) nicht besonders reibungslos, während Pausen ritueller Teil des Alltags sind. Wo die Ereignisse statt der Uhr den Tag strukturieren, da gehört das Warten einfach zum Leben dazu. Wer sich also an die lokalen Begebenheiten anpasst, sitzt womöglich stundenlang in einem Bus, der sich nicht von der Stelle bewegt. Oder man wartet tagelang auf den Stempel für das Einreisevisum, bis man versteht, dass ein paar Dollar die Wartezeit verkürzt hätten. Oft aber gilt auch: Wer auf die Schnelle etwas haben will, wird viel Geld für das Erstbeste bezahlen. Also wartet man besser – und lernt so dabei diese verlernte Kunst. Statt in teuren Kursen oder Ratgebern geht das nämlich am besten dort, wo es ohnehin Teil der Alltagserfahrung ist.

In einem Dorf im westlichen Ghana fährt der Bus einmal am Tag – wann er will. Ein Mangel? Aus Sicht vieler Bewohnerinnen schon. Doch wer gelernt hat, dass der Bus unpünktlich ist, macht das Beste daraus. So wird das Warten zur Kulturtechnik: Während man umringt von neugierigen Kindern gemeinsam herumsteht und plaudert, lernt man seine Umgebung und seine Mitmenschen kennen. Solch ein gedehntes, an sozialen Gegebenheiten oder am Rhythmus der Natur orientiertes Zeitverständnis erhöht auch die Toleranz gegenüber dem Warten – weil Langsamkeit gelassener macht. Und weil man dafür mit bleibenden Eindrücken, neuen Bekanntschaften und unerwarteten Geschichten belohnt wird.

Wer das Glück und das Privileg hat, wirklich auf Reise zu sein, für den wird das Warten zum Türöffner. Auf einer kleinen Insel im Südwesten Thailands sitzt man manchmal Stunden im Familienrestaurant, weil die Köchin nur zwei Kochplatten zur Verfügung hat. Und weil sie dort seelenruhig ein Gericht nach dem anderen zubereitet. Wer es ihr gleichtut und die Ungeduld überwindet, kann sich ganz dem Moment hingeben. Statt auf den leeren Teller schaut man gedankenverloren in den Sonnenuntergang. Ohne Stress wird irgendwann das frisch zubereitete Abendessen serviert – inklusive einer Einladung in die Küche. Wer die Welt und ihre Menschen kennenlernen will, muss lernen, sich in ihr zu verlieren. Und zu warten.

Das Glück der Begegnung

Wer die gegenseitige Distanz überwindet, kann am Bahnhof im Regen stehen und dem zaubert ein nettes Gespräch dennoch ein Lächeln auf die Lippen. Das Warten ist ein Möglichkeitsraum des Austauschs und der zufälligen Begegnung. Gerade deren Flüchtigkeit wäre doch ein guter Ansporn, um miteinander in Kontakt zu kommen – vermutlich sehen wir die andere Person ohnehin nie wieder. Solch eine Offenheit fällt auf Reisen besonders leicht, weil man den Alltag hinter sich gelassen hat und Überraschungen stets vor einem liegen. Aber auch vor der eigenen Haustür wartet es sich gemeinsam schöner.

Denken wir an die endlosen Schlangen vor den australischen Football-Stadien, die der Psychologe Leon Mann erforschte. Er berichtet von einer »Karnevalsatmosphäre«[108], in der das Anstehen zum Selbstzweck wurde: Die Menschen kamen mit Zelten und Wohnmobilen, mit Schlafsäcken und Thermoskannen, um gemeinsam zu singen und zu trinken, an Lagerfeuern zu sitzen und zu warten. Manche Fans wollten sogar ihren Wohnsitz in die Schlange verlegen und ließen sich dorthin Briefe schicken. Und vielleicht sind ja auch die nächtlichen Schlangen vor den Läden großer Technologieriesen nicht nur ein Produkt geschickter Werbung, sondern auch Ausdruck einer Sehnsucht nach Begegnungen. Ihr Glück erstrahlt in manchen Momenten auch für Wladimir und Estragon. Beim Warten auf Godot tun sie das, was glückliche Menschen eben tun: Sie unterhalten sich, sie diskutieren – und sie sind nicht allein. Pozzo, dessen Bekanntschaft sie zufällig machen, meint: »Je mehr Leute ich treffe, um so glücklicher bin ich.«[109]

Wer sich also auf die Situation einlässt und Momente der Leere und des Schweigens aushält, kann den »Fluch der Vereinzelung« überwinden. Dann vergeht sogar die Wartezeit schneller. Als ein Forscherteam Menschen an chinesischen Bushaltestellen zu ihren Erfahrungen befragte, zeigte sich: Wer sich mit jemandem unterhält, empfindet die Wartezeit als kürzer.[110]

Vielleicht wäre dies ja der Imperativ des schönen Wartens: Warte so, dass die Wartezeit nicht enden soll. Bei allem Lob der Leere ist es schließlich nicht verboten, beim Warten etwas Schönes zu tun, ein spannendes Buch zu lesen oder eben ein anregendes Gespräch zu führen.

Zeit verbindet

Menschen können sich beim Warten begegnen – und sie können sich durch das Warten näherkommen. Das vielleicht schönste Geschenk, das man anderen machen kann, ist die eigene Zeit. Wer warten muss, empfindet womöglich Demütigung, wer aber aus freien Stücken auf andere wartet, wartet ihnen auf – und zeigt Wertschätzung. Hunderttausende Amerikanerinnen und Amerikaner hatte an diesem Novembertag im Jahre 1963 jedenfalls niemand gezwungen, stundenlang in der Kälte vor dem Kapitol in Washington auszuharren. Dort war der Leichnam des ermordeten Präsidenten John F. Kennedy aufgebahrt. Die Menschen wollten ihrem Präsidenten die letzte Ehre erweisen – und opferten ihm ihre Zeit.[III] Sie warteten und ließen alles andere stehen und liegen. Ähnlich ist das auch während der Schweigeminute – man hält inne und gedenkt der Toten.

Zeit verbindet die Menschen: Unsere Kommunikation braucht die Pausen, aber auch unsere Gefühle und Phantasien gedeihen vor allem in den Zwischenzeiten. Und je tiefer wir miteinander verbunden sind, desto länger sind wir bereit, aufeinander zu warten. Wer seinen Respekt bekunden will, kommt zum Date also besser ein paar Minuten zu früh. So haben wir auch mehr Zeit, um unsere Vorfreude zu genießen. Zur Liebe jedenfalls gehört das Warten – für alle Geschlechter. Liebende warten auf einen Brief oder eine Message, auf einen Neuanfang oder das langersehnte Wiedersehen.

Wahre Verbundenheit aber zeigt sich auch in den schlechten Stunden, wenn man am Krankenbett des Freundes gemeinsam auf Genesung wartet. Und manchmal sogar auf den Tod. Wenn wir dabei die Ungeduld ablegen, teilen wir nicht mehr nur das Warten, sondern unsere Zeit. Wir verweilen bei unserem kranken Freund und teilen die Dauer der Existenz – auch wenn sie nie ewig währt.

Oft heißt Freundschaft aber einfach auch, einander zuzuhören und abzuwarten, wenn die andere mal umständlich abschweift. Aktives Zuhören braucht das Warten – und zwar nicht, bis man endlich reden darf, sondern ein geduldiges, aktives Abwarten, das sich ganz der anderen Person zuwendet. Zwischenmenschliche Güte und Zärtlichkeit sind stets geduldig, sie gründen auf Nachsicht und Sanftmut. Nur so kann man sich einander wirklich nähern – wenn man miteinander aufeinander wartet. Es ist ein Warten, bei dem es nicht um Angebot und Nachfrage oder die Verrechnung von (Warte-)Zeit mit Geld geht – sondern um Freundschaft und Liebe, um Intimität, Nähe und Vertrauen. All das entsteht in der Zeit des gemeinsamen Wartens.

Nachwort:
Die andere Seite der Insel

Alles nimmt ein gutes Ende für die, die warten können.[1]

Leo Tolstoi

Das Warten unterbricht den reibungslosen Ablauf, es ist eine Lücke in der Zeit. Doch diese Lücke muss keine lästige Hürde sein – im Gegenteil: Dem Warten wohnt ein wenig beachtetes, aber großes Potenzial inne. Es ist eine vielfältige und stille Kraft, die Übergänge schafft. Es verbindet uns mit dem Leben – und als Schmiermittel sozialer Beziehungen auch mit anderen Menschen.

Ja, das Warten kann manchmal wirklich ätzend sein – aber es ist eben doch viel mehr als das, mehr als bloße Fremdbestimmung und Langeweile, Abhängigkeit und verlorene Zeit. Wer die vielfältigen Bedeutungen des Wartens anerkennt, kann dazu ein neues Verhältnis entwickeln. Nur wenn man Selbstverständliches hinterfragt, kann man anders darüber denken. Wer beispielsweise die eigene Ungeduld anerkennt und sich vor Augen führt, woher sie rührt, kann etwas über sich selbst lernen und vielleicht gelassener warten – auch wenn an der nächsten Ecke nicht gleich eine Belohnung winkt. Wer sich wiederum in Erinnerung ruft, dass Warteschlangen ein demokratischer, egalitärer Fortschritt sein können und nicht nur ein Ärgernis, lernt vielleicht, diesen Ärger abzulegen.

Nicht alle haben dazu die Chance – und nicht immer ist das sinnvoll: Wird durch das Wartenlassen Macht demonstriert oder Ungleichheit manifestiert, dann wirkt Geduld womöglich kontraproduktiv. Wenn Wartende aber ihre Situation erkennen, wenn sie die gegenseitige Konkurrenz und die Vereinzelung überwinden, kann das auch den Mächtigen gefährlich werden – oder zumindest das

Warten erträglicher machen. Die Energie, welche viele Menschen in den Kampf gegen alltägliche Wartezeiten investieren, wäre also besser im Engagement gegen soziale Ungerechtigkeiten aufgehoben. Die Unterbrechung kann dabei selbst eine Gelegenheit sein, um zu sich zu kommen, statt sich distanzlos ins Bestehende zu fügen. Auf diese Weise kann man Genügsamkeit zelebrieren, und vielleicht lässt sich der Aufschub sogar strategisch gegen die permanente Geschwindigkeitssteigerung und den Konsumismus in Stellung bringen: warten statt shoppen.

Das Gute ist, dass diese kleine Revolte praktisch überall verfügbar ist, in der Sonne und im Regen, am Bahnhof oder an einer Straßenecke, morgens, mittags und abends – an ganz normalen Tagen also, zu jeder Witterung und Jahreszeit. Das Warten ist eine Pause, die uns sozusagen pausenlos passiert – und die allmählich aus ihrem Nischendasein herauszufinden scheint.[2] Gerade im beschleunigten Alltag jedenfalls wäre es höchste Zeit für eine andere, geduldigere Wartekultur.

Heute gilt als glücklich, wer nicht mehr warten muss. Aber liegt nicht gerade im Warten das Glück? Wäre es vielleicht sogar an der Zeit, gezielt Wartezeiten in den Alltag einzubauen, statt das Warten immer weiter zu stigmatisieren?[3] Zumindest ist das Warten seit der Corona-Pandemie auch in Europa wieder omnipräsent. Nicht gerade wenige Menschen haben diese Zwangspause dazu genutzt, einen Gang runterzuschalten, innezuhalten oder endlich wieder selbst kreativ zu werden. Im besten Fall könnten wir als Gesellschaft solche Auszeiten nutzen, um uns auf das Wesentliche zu besinnen – weg vom »Höher, Schneller, Weiter«.

Während die Zeit vielerorts als Ressource betrachtet wird, die es möglichst effizient, gewinnbringend und intensiv zu nutzen gilt, ist dieselbe Zeit an anderen Orten der Welt noch immer stärker an den Zyklen der Natur und den eigenen Mitmenschen orientiert. Als der Traktor auf der anderen Seite der Insel im brasilianischen Nordosten ankommt, scheint alles wie immer zu sein. Männer und Frauen, Alte und Junge sitzen beisammen – einige von ihnen haben gewartet. Sie lachen, verabschieden sich. In aller Ruhe. Der Zeit lässt man hier Zeit. Der Traktor fährt ja sowieso erst los, wenn der Anhänger voll ist. Und eine Alternative gibt es auch nicht. Das finden nicht alle Bewohnerinnen gut, aber viele wissen eben auch um die Ambivalenz des Fortschritts, um die zerstörerische Kraft des beschleunigten Wachstums. Ob irgendwann eine Straße gebaut wird und danach noch eine und noch eine, das haben die Menschen hier und anderswo ohnehin kaum selbst in der Hand. Also warten sie ganz ohne Hektik auf den Traktor.

Nach einiger Zeit, die man als Besucherin auf der kleinen Insel verbringt, werden auch die eigenen Schritte langsamer. Und so schlendert der Autor dieses Buches eines Abends zum Dorfladen. Jetzt ein kühles Bier am Strand genießen – oder gleich zwei? Am besten wäre, das zweite erst später zu kaufen, damit es kühl bleibt. Wie lange der Laden wohl noch offen hat?

Die Verkäuferin wirkt von dieser Frage irritiert. »Es ist doch offen«, sagt sie und deutet auf den Laden. Wir spüren die gegenseitige Verwunderung. Also schiebt die junge Frau nach einer kurzen Pause hinterher, dass bestimmt auch »später« noch geöffnet sei. Sie lächelt – und ich kaufe zwei Bier.

Unsere Fähigkeit zu warten wird auch von den Werten geprägt, die uns vermittelt werden[4] – und von unserer Erwartungshaltung. Ein etwa 50-jähriger Fischer, der sein ganzes Leben auf der Insel verbracht hat, sagt lächelnd: »Manchmal fängst du an einem Tag Fisch für einen ganzen Monat, und in manchen Monaten fängst du nicht genug für einen Tag.« Und so ist das wohl auch im Leben: Wer akzeptiert, dass die eigenen Wünsche nicht permanent erfüllt werden können, kann eher die Füße stillhalten und das Spontane, Unfertige zulassen. Auch beim Warten.

Das geht natürlich leichter, wenn nicht ständig das Smartphone piept und blinkt. Die Digitalisierung hat nicht nur Revolutionen ermöglicht und den Alltag radikal umgewälzt, sondern auch unser Verhältnis zum Warten grundlegend verändert. Endlich soll es der Vergangenheit angehören. Wird die Verspätung der Bahn rechtzeitig auf der App angezeigt, müssen wir nicht am Bahnhof rumsitzen. Anderswo helfen digitale Lösungen, Termine zu machen und Wartezeiten zu reduzieren. Und je schneller die Bits und Bytes durch den virtuellen Raum fliegen, desto überflüssiger soll die Verzögerung auch in unserer Kommunikation werden. Damit stärkt der digitale Sofortismus den Mythos, dass der Aufschub uns nur unnötig von unserem Glück trennt.

Doch der Alltag sieht heute anders aus: Wir warten auf die Aktualisierung der Verspätungsmeldungen, auf Updates, Downloads und neue Nachrichten. In der digitalen Welt wird das Warten dabei geradezu exponiert und ins Schaufenster gestellt[5] – ob blaue und grüne Haken, Ladebalken oder die drei Punkte, während jemand zurückschreibt, alles ist auf das Warten ausgerichtet. Das erhöht wiederum den Druck, schnell zu antworten – also hängen wir ständig am Messenger. Das Warten nimmt kein Ende.

Damit aber verändert sich auch das Warten auf den Bus oder die Bahn. Wir sind ständig mit Informationen versorgt, die Warterei könnte so von Unsicherheiten befreit werden, was uns wiederum neue Freiräume ermöglichen würde. Doch das Gegenteil scheint der Fall: Wir ärgern uns noch mehr über die kleinen Aufschübe – und verlernen noch eher, die Lücke als Chance zu begreifen. Im digitalen Zeitalter soll alles sofort in Besitz genommen werden, selbst das Teilen, ein an sich harmloser Akt, ist zur Aufmerksamkeitswährung geworden. Einfach warten? Wegen der digitalen Reizüberflutung ist das schwer vorstellbar. Selbst wenn wir schon am Gleis stehen, weil uns die App nicht rechtzeitig über die Verspätung informiert hat, müssen wir uns nie langweilen – unser Smartphone hält stets eine Überraschung bereit. Man kann immer und überall Gedichte lesen oder einkaufen, man kann mit Fremden kommunizieren oder mit Freunden – Hauptsache, nicht mit den Menschen an der Haltestelle. Kontrollieren wir noch das Medium – oder kontrolliert das Medium uns?

Immer lauert irgendwo ein größeres Angebot oder eine ungelesene Nachricht, die bedeutend sein könnte. Gerade beim Warten haben wir Angst, wir könnten das Wichtigste und Beste verpassen. Also geben wir Gas, doch an der nächsten Ampel müssen wir wieder bremsen.

Was ist das also – das Beste und Wichtigste? Ist das Gras auf der anderen Seite des Hügels wirklich grüner? Die Ungeduld will, dass wir dort sind und nicht hier. Dass wir die Zeit, die dazwischenliegt, totschlagen. Nicht etwa das Warten raubt uns also unsere Zeit sondern das hohe Tempo.[6] Vielleicht ist es ja sogar so, dass uns das Warten die verlorene Zeit wiederbringen kann. Zumindest aber bringt es uns ihr näher – wenn wir uns darauf einlassen und den Augenblick warten, also: pflegen. Wer Chronos für einen Moment vergisst, kann Kairos erblicken. Wer auf Godot wartet, ohne auf Godot zu warten, kann die stille Kraft freilassen und dem kleinen Glück beiwohnen, das sich in der Nische und der Zwischenzeit verbirgt.

Auf der Insel jedenfalls ist es überall grün. Hier gibt es keine Warteräume – das ganze Leben ist schließlich ein Transit. Ein Übergang. Das Leben ist in Bewegung – und ruht zugleich. Es ist geschenkte Zeit, keine verlorene.

Vielleicht gibt es also auch nur diese eine Seite des Hügels, zumindest solange wir hier sind. Um zur anderen Seite zu gelangen, muss man auf den Traktor warten.

Dank

Ohne all die wertvollen Hinweise, den lieben Zuspruch und den konstruktiven Widerspruch wäre dieses Buch nicht entstanden.

Mein herzlichster Dank gilt: Puneh für all ihre kreativen Ideen, ihre emotionale Unterstützung und die vielen kritischen Einwände.

Von ganzem Herzen danken möchte ich auch Jamila – für das gemeinsame Warten sowie für die Inseln der Langsamkeit und Inspiration.

Außerdem danke ich meinem Freund*innenkreis für inhaltliche Anregungen sowie den wertvollen Austausch – im Speziellen geht mein Dank an: Bastian, Benjamin, Flo, Hendrik, Markus, Michael, Renate, Saskia, Steph, Thomas und Uwe.

Zudem gilt mein Dank dem engagierten Team des Westend Verlages, im Besonderen meinem Lektor Maximilian David.

Bedanken möchte ich mich auch bei folgenden Expert_nnen und Experten, die mir für Hinweise und Hilfestellungen aus ihren jeweiligen Fachgebieten zur Seite standen:

Tino Batteiger, Physiker, München
Ram Prasad Bhatt, Indologe, Hamburg
Renate Breuninger, Philosophin, Ulm
Julia Budka, Ägyptologin, München
Heike Delitz, Soziologin, Bamberg
Gerhard Dohrn-van Rossum, Historiker, Chemnitz
Peter Eich, Historiker, Freiburg
Karlheinz Geißler, Zeitforscher, München
Oisín Gilmore, Wirtschaftshistoriker, Dublin
Andreas Göttlich, Soziologe, Konstanz
Mirko Gutjahr, Historiker, Lutherstadt Wittenberg
Volker Harm, Sprachwissenschaftler, Göttingen
Jürgen Hasse, Geograf, Frankfurt
Friedhelm Hoffmann, Ägyptologe, München
Bernard Imhasly, Journalist, Mumbai

Allen Johnson, Anthropologe, Los Angeles

Bernd Kannowski, Rechtswissenschaftler, Bayreuth

Robin Kellermann, Mobilitätsforscher, Berlin

Ulrich Kober, Archivar, Berlin

Heidi Köpp-Junk, Ägyptologin, Trier

Alexander Krey, Rechtshistoriker, Frankfurt

Dieter Langewiesche, Historiker, Tübingen

Volker Leppin, Theologe, Tübingen

Klaus Lichtblau, Soziologe, Jever

Birgit Liss, Physiologin, Ulm

Martina Löw, Soziologin, Berlin

Alf Lüdtke, Historiker, Göttingen

Wolfgang Mueller, Historiker, Wien

Christopher Neumaier, Historiker, Potsdam

Helmut Puff, Historiker, Michigan

Peter Philipp Riedl, Philologe, Freiburg

Peter Riemer, Klassischer Philologe, Saarbrücken

Ralf Roth, Historiker, Frankfurt

Klaus Schlottau, Historiker, Hamburg

Wolfram Schultz, Neurophysiologe, Cambridge

Hartmut Schulz, Psychologe, Erfurt

Harold Schweizer, Literaturwissenschaftler, Lewisburg

Gabriela Signori, Historikerin, Konstanz

Stefan Tebruck, Historiker, Gießen

Thilo van Eimeren, Neurologe, Köln

Grischa Vercamer, Mediävist, Passau

Christian Vogel, Historiker, Saarbrücken

Jan Wacker, Psychologe, Hamburg

Constantin Willems, Rechtswissenschaftler, Marburg

Die Recherche erleichtert haben auch folgende Textarchive: gutenberg.spiegel.de; archive.org; zeno.org; textlog.de; deutschestextarchive.de.

Anmerkungen

Vorwort: Die Insel und die Ungeduld

1 Kafka, Franz: *Die acht Oktavhefte*. In: *Franz Kafka. Sämtliche Werke*, Melzer, Neu-Isenburg 2006, S. 549–608, S. 558. Im Original heißt es: »Es gibt zwei menschliche Hauptsünden, aus welchen sich alle andern ableiten: Ungeduld und Lässigkeit. Wegen der Ungeduld sind sie aus dem Paradiese vertrieben worden, wegen der Lässigkeit kehren sie nicht zurück.

Vielleicht aber gibt es nur eine Hauptsünde: die Ungeduld. Wegen der Ungeduld sind sie vertrieben worden, wegen der Ungeduld kehren sie nicht zurück.«

2 Ob die männliche, die weibliche oder die geschlechterübergreifende Form mit * benutzt wird – in diesem Buch sind in der Regel alle Geschlechter gemeint.

I. Einleitung: Das große Warten

1 Hugo, Victor: *Les feuilles d'automne: les chants du crépuscule*, Charpentier, Paris 1846, S. 91.

2 Die Wartezeiten der US-Amerikaner für das Jahr 1988 hat Robert Levine in seinem Buch aufgelistet: *Eine Landkarte der Zeit*, Piper, München und Berlin 2016, S. 146. Auf die Wartezeiten der Europäer verweist Friederike Gräff in ihrem Buch: *Warten. Erkundungen eines ungeliebten Zustands*, Ch. Links Verlag, Berlin 2015: S. 54, S. 90, S. 148.

3 Der Mensch ist also ein »animal expectans«. Der Mensch wartet – aber warten auch Tiere? Oder ist es vielleicht gerade die Fähigkeit, Bedürfnisse aufzuschieben und eine Idee der Zukunft zu haben, die den Mensch zum Menschen macht? Der amerikanische Soziologe Andrew J. Weigert notierte: »All humans wait, and in the fullest sense of the term, only humans wait« (Weigert, Andrew J.: *Sociology of Everyday Life*, Longman, London 1981, S. 227). Aber warten Tiere nicht etwa auch, auf Beute zum Beispiel? Und können sogar Pflanzen warten – auf die Sonne und den Regen? Ein Artikel in der *Frankfurter Rundschau* verweist beispielhaft auf das geduldige Abwarten von Tieren, etwa von Einsiedlerkrebsen oder Spinnenaffenmännchen, wobei sich »tatsächlich Warteschlangen ausbilden« könnten (vgl. Zittlau, Jörg: »Auch Tiere stehen geduldig Schlange« unter: www.fr.de). In Japan wartete der berühmt gewordene Hund Hachikō Ende der 1920er-Jahre immer am Bahnhof auf seinen Besitzer, bis dieser von der Arbeit kam. Selbst Jahre nach dem Tod des Mannes wartete der Hund noch jeden Tag am Bahnhof (vgl. von Lüpke, Marc: »Erst geschlagen, dann vergöttert«, unter www.spiegel.de).

4 von Sydow, Margarethe: *Ein Büchlein vom Warten*. Das Zitat stammt aus dem zweiten Kapitel. Online verfügbar unter: https://gutenberg.spiegel.de.

5 Mann, Thomas: *Der Zauberberg* (Gesammelte Werke, Band 3), S. Fischer, Frankfurt 1960, S. 335.

6 Die Definition zum »warten« findet sich in der Onlinepräsenz des »Duden« www.duden.de.

7 Tucholsky, Kurt: Warten vor dem Nichts. Online verfügbar unter: https://www.textlog.de.

8 Um das »Warten auf Godot« geht es ausführlich im 1. Abschnitt des IX. Kapitels.

9 Geißler Karlheinz A.: *Lob der Pause. Von der Vielfalt der Zeiten und der Poesie des Augenblicks*, oekom, München 2012, S. 129.

10 Reuter, Timo: »Warten bedeutet Ohnmacht«. In: *Galore Interviews*, 02/2018, S. 104–111, S. 109. Der Duden beschreibt die Erwartung denn auch als einen »Zustand des Wartens« sowie als »vorausschauende Vermutung, Annahme, Hoffnung«.

11 Der Germanist Lothar Pikulik notiert: »Erwartung ist ein Gerichtetsein auf ein Ziel, Warten dagegen das zuständliche Verhalten, zu dem man verurteilt ist, solange das Ziel nicht erreicht ist, als Gebanntsein in einem Noch-nicht.« (Pikulik, Lothar: *Warten, Erwartung. Eine Lebensform in Früh- und Übergangszeiten. An Beispielen aus der Geistesgeschichte, Literatur und Kunst*, Vandenhoeck & Ruprecht, Göttingen 1997, S 15).

12 Paris, Rainer: »Warten auf Amtsfluren«. In: Paris, Rainer: *Der Wille des Einen ist das Tun des Anderen*, Velbrück Wissenschaft, Weilerswist 2015, S. 135–168, S. 136.

13 Köhler, Andrea: *Die geschenkte Zeit. Über das Warten*, Insel Verlag, Berlin 2011, S. 10.

14 Paris (2015): S. 146.

15 Gräff (2015): S. 16.

16 Nadine Benz findet in ihrer Dissertation (*(Erzählte) Zeit de. Wartens: Semantiken und Narrative eines temporalen Phänomens*, V&R Unipress, Göttingen 2013), dass das Warten zwar zur Lebenswelt der Menschen gehöre, es aber » n der Forschung bisher wenig Beachtung fand« (S. 13). Der Soziologe Giovanni Gasparini notiert in seinem Aufsatz zum Warten wiederum, dass dieses bisher nie als echte »soziale Zeit« angesehen wurde (vgl. Gasparini, Giovanni (1995) »On Waiting«. In: *Time & Society*, 4(1), S. 29–45, S. 41, eigene Übersetzung). Je länger man in den Archiven wühlt, desto mehr findet man natürlich auch über das Warten. Dennoch ist die Literatur dazu im Gegensatz zu vielen anderen Alltagsphänomenen eher dünn – und oft geht es wie bei

Franz Kafka irgendwie ständig und doch stets nebenbei um das Warten. Einige wichtige Publikationen zum Warten seien an dieser Stelle kurz genannt: Bücher zum Warten haben unter anderem die Journalistinnen Andreas Köhler (*Die geschenkte Zeit. Über das Warten*, Insel Verlag, Berlin 2011) und Friederike Gräff (*Warten: Erkundungen eines ungeliebten Zustands*, Ch. Links Verlag, Berlin 2015) geschrieben. Während Köhler in aphoristischer Manier auch dem Glück des Wartens nachspürt, ist Gräffs Buch eher ein Sammelsurium von Wartegeschichten. Mit dem Aspekt der Macht befassen sich Rainer Paris in einem Kapitel seines Buches (»Warten auf Amtsluren«. In: Paris, Rainer: *Der Wille des Einen ist das Tun des Anderen*, Velbrück Wissenschaft, Weilerswist 2015, S. 135–168) sowie Helmut Puff (»Waiting in the Antechamber«. In: Singer, Christoph; Wirth, Robert; Berwald, Olaf (Hrsg.): *Timescapes of Waiting. Spaces of Stasis, Delay and Deferral*, Leiden & Boston 2019, S. 17–34) und natürlich Barry Schwartz (*Queuing and Waiting*, University of Chicago Press 1975). Zum Warten als »sozialem Alltagsphänomen« forscht der Soziologe Andreas Göttlich in einem Projekt an der Universität Konstanz (Göttlich ist unter anderem Herausgeber des Bandes: *Warten – Gesellschaft – Kultur: Sociologia Internationalis*, Bd. 54, Duncker & Humblot, Berlin 2016). Das chronische, womöglich lebenslange Warten haben der Germanist Lothar Pikulik (*Warten, Erwartung. Eine Lebensform in End- und Übergangszeiten. An Beispielen aus der Geistesgeschichte, Literatur und Kunst*, Vandenhoeck & Ruprecht, Göttingen 1997), der vor allem auf den Bezug zur Erwartung, sowie der Kulturanthropologe Heinz Schilling (»Welche Farbe hat die Zeit?«. In: *Kulturanthropologische Notizen* Band 69, Universität Frankfurt, Institut für Kulturanthropologie, Frankfurt 2002) in den Blick genommen. Schillings Sammelband behandelt auch Alltagsfragen zum Warten und ist Resultat eines kulturanthropologischen Studienprojekts. Das Warten im Kontext des modernen Verkehrswesens ergründet der Mobilitätsforscher Robin Kellermann (»Waiting for Railways (1830–1914)«. In: Singer; Wirth; Berwald (2019), S. 35–57). Das Warten vor allem im literarischen Kontext haben sowohl Andrea Erwig (*Waiting Plots: Zur Poetik des Wartens um 1900*, Verlag Wilhelm Fink, Paderborn 2018) als auch Harold Schweizer untersucht (*On Waiting*, Routledge, London und New York 2008). Der Literaturwissenschaftler hat außerdem einen Essay über die revolutionäre Kraft des Wartens und Verweilens geschrieben (Schweizer, Harold: »Waiting as Resistance: Lingering, Loafing, and Whiling Away«. In: *War-*

ten – Gesellschaft – Kultur: Sociologia Internationalis, Bd. 54, Duncker & Humblot, Berlin 2016, S. 79–95). Vor allem zum Warten als Teil der Kommunikation hat Jason Farman 2018 ein Buch publiziert (*Delayed Response. The Art of Waiting from the Ancient to the Instant World*, Yale University Press, New Haven und London 2018). Ein *Büchlein vom Warten* (Ausgabe von 1921, online verfügbar unter: https://gutenberg.spiegel.de) hat Magarethe von Sydow ursprünglich unter dem Pseudonym »Franz Rosen« verfasst. Außerdem haben viele Autoren dem Warten interessante Essays oder Kapitel ihrer Bücher gewidmet, unter anderem haben sich Karlheinz Geißler (*Lob der Pause*, oekom, München 2012, dort vor allem: S. 67–82 sowie S. 128–130) und Robert Levine (*Eine Landkarte der Zeit*, Piper, München und Berlin 2016, dort vor allem S. 145–174) mit dem Zeitaspekt des Wartens befasst. Billy Ehn und Orvar Löfgren widmen dem Warten ein buntes Kapitel, das sich vor allem für die alltäglichen Wartekulturen interessiert (*Nichtstun. Eine Kulturanalyse des Ereignislosen und Flüchtigen*, Hamburger Edition, Hamburg 2012, dort S. 19–104). Der Historiker Joe Moran interessiert sich für die Geschichte der Warteschlange (*Queuing for Beginners*, Profile Books, London 2008, dort: S. 60–71), Leon Mann hat die Warteschlange aus psychologischer Sicht untersucht (»Queue Culture: The Waiting Line as a Social System«. In: *American Journal of Sociology*, Vol. 75, No. 3 (Nov. 1969), The University of Chicago Press, S. 340–354). Giovanni Gasparin hat den verschiedenen Formen des Wartens sowie der Erwartung einen Essay gewidmet (»On Waiting«. In: *Time & Society*, 4(1) 1995, S. 29–45). Der Autor Rodion Ebbighausen hat »ein phänomenologisches Essay« zum Warten geschrieben (*Das Warten*, Königshausen & Neumann, Würzburg 2010) und Alfred Bellebaum hat über den Umgang mit der Zeit publiziert (»Warten. Über Umgang mit Zeit«. In: Bellebaum, Alfred; Hettlage, Robert (Hrsg.): *Unser Alltag ist voll von Gesellschaft*, VS Verlag für Sozialwissenschaften, Wiesbaden 2014, S. 231–258). Ruthard Stäblein hat in seinem Buch (*Geduld. Die Kunst des Wartens*, Elster Verlag, Bühl-Moos 1994) die Aufsätze verschiedener Autoren versammelt. Natürlich haben viele andere Autorinnen und Autoren das Warten indirekt gestreift, weil sie sich beispielsweise mit Zeit, Langeweile oder Muße beschäftigt haben. Und schließlich soll die wohl bedeutendste, explizit literarische Beschäftigung mit dem Warten nicht unerwähnt bleiben: Samuel Backetts *Warten auf Godot* (Suhrkamp, Berlin und Frankfurt 1969).

II. Warten im Wandel der Zeit

1   Im Eintrag zum »Warten« aus dem *Sprichwörter-Lexicon* von Karl Friedrich Wilhelm Wander. Online verfügbar unter: http://woerterbuchnetz.de.

2   Zur Erforschung des Wartens im Mittelalter antwortete der Mediävist Grischa Vercamer Anfang 2019 beispielhaft auf eine Anfrage: »Es gibt an historischen

Arbeiten bisher nicht allzu viel zum Warten, weil wir uns erst langsam mit diesen alltäglichen, kulturhistorischen Phänomenen beschäftigen.«

3 Schweizer (2008): S. 1 (eigene Übersetzung).

4 Im Eintrag zum »Warten« aus dem *Sprichwörter-Lexicon* von Karl Friedrich Wilhelm Wander. Online verfügbar unter: woerterbuchnetz.de.

5 Zum Botenwesen im alten Ägypten: Köpp-Junk, Heidi: *Reisen im Alten Ägypten. Reisekultur, Fortbewegungs- und Transportmittel in pharaonischer Zeit*, Göttinger Orientforschungen, IV. Reihe: Ägypten, Band 55, Verlag Harrassowitz, Wiesbaden 2015, S. 249.

6 Vergleiche zum Gang nach Canossa Bednarz, Dieter: »Barfuß im Schnee«. In: *Spiegel Geschichte*, 4/2012, S. 58–61 sowie Schneidmüller, Bernd: »Canossa und der harte Tod der Helden«. In: Jarnut, Jörg und Wernhoff Matthias (Hrsg.): *Vom Umbruch zur Erneuerung? Das 11. und beginnende 12. Jahrhundert. Positionen der Forschung*, Wilhelm Fink Verlag, München 2006, S. 103–131. Außerdem zum Sachsenkrieg: »Gegen jede Regel – Heinrich empört die Sachsen« auf mdr.de; Garnier, Claudia: »Der bittende Herrscher – der gebetene Herrscher. Zur Instrumentalisierung der Bitte im endenden 11. Jahrhundert«. In: Althoff, Gerd (Hrsg.): *Heinrich IV.*, Jan Thorbecke Verlag, Ostfildern 2009, S. 189–218, S. 204–205.

7 Freschot, Casimir: *Relation von dem Kayserlichen Hoffe zu Wien*, Stephan [i.e. Fritsch], Cölln 1705, S. 79–80.

8 Zum Warten vor dem Kloster: Breitenstein, Mirko: *Das Noviziat im hohen Mittelalter: Zur Organisation des Eintrittes bei den Cluniazensern, Cisterziensern und Franziskanern*, Lit-Verlag, Berlin u.a. 2008.

9 Vgl. zum religiösen Warten auch Pikulik (1997): S. 20–28.

10 Lukas 17:21. Übersetzung nach *Textbibel 1899*.

11 Gasparini (1995): S. 37.

12 Matthäus 24:42. Übersetzung nach *Lutherbibel 1912*.

13 Psalm 119:166. Übersetzung nach *Lutherbibel 1912*.

14 Im Eintrag zur »Geduld« aus dem *Sprichwörter-Lexicon* von Karl Friedrich Wilhelm Wander. Online verfügbar unter: http://woerterbuchnetz.de.

15 Vergleiche Weißmüller, Laura: »Mythos Mittelalter – Das Ende der Finsternis« auf www.sueddeutsche.de, sowie: Sepp, Christian: »Beten, kämpfen, arbeiten« unter www.br.de.

16 Vergleiche Kolb, Frank: *Rom. Die Geschichte der Stadt in der Antike*, C.H.Beck, München 2002, S. 514–539.

17 Zu den Reiseberichten der Pilgerreisen: Haberland, Sandra: »Herlich statt zu Venedige: Drei Reiseberichte aus dem Jahr 1519«. In: *Heiliges Westfalen. Heilige, Reliquien, Wallfahrt und Wunder im Mittelalter*, Signori, Gabriela (Hrsg.), Verlag für Regionalgeschichte, Bielefeld 2003, S. 227–238.

18 Zitiert nach: Hartmann, Gritje: *Wilhelm Tzewers: Itinerarius terre sancte*, Harrassowitz Verlag, Wiesbaden 2004, S. 71.

19 Quelle: Schriftliche Antwort auf eine Anfrage bei der Konstanzer Geschichtsprofessorin Gabriela Signori.

20 Vereinzelt finden sich in früheren Zeiten natürlich auch Klagen über das Warten, etwa in der *Reinhardsbrunner Briefsammlung*, Peeck, Friedel (Hrsg.), *Monumenta Germaniae Historica, Abteilung Epistolae selectae*, 3d. 5, H. Böhlaus Nachfolger, Weimar 1952: dort besonders in den Briefen Brief Nr. 6, Nr. 56 und Nr. 89.

21 Geißler, Karlheinz: *Alles hat seine Zeit, nur ich hab keine: Wege in eine neue Zeitkultur*, oekom, München 2014, S. 253.

22 Borst, Otto: *Alltagsleben im Mittelalter*, Insel Verlag, Frankfurt 1983, S. 26–27.

23 von Sydow, Margarethe: *Ein Büchlein vom Warten*. Das Zitat stammt aus dem vierten Kapitel. Online verfügbar unter: https://gutenberg.spiegel.de.

24 Zitiert nach: Geißler (2014): S. 50.

25 Zitiert nach: Hodgkinson (2014): S. 206.

26 Der Zeitforscher Karlheinz Geißler schreibt, dass das Leben früher aus längeren Perioden der Besinnung und des Wartens bestand, »die immer auch als Zeiten der Erwartung, nie jedoch als ›verlorene Zeit‹« verstanden wurden (Geißler (2014): S. 50).

27 Im Grimm'schen Wörterbuch beim Artikel »warten« (*Deutsches Wörterbuch von Jacob Grimm und Wilhelm Grimm*. 16 Bde. in 32 Teilbänden, Leipzig: Hirzel 1854–1961. Quellenverzeichnis Leipzig: Hirzel 1971. Der Eintrag zu »warten« findet sich dort in Bd. 27, Sp. 2122 bis 2167. Online findet sich das Grimm'sche Wörterbuch unter: woerterbuchnetz.de/DWB). Im Original stammt das Sprichwort von Christoph Lehmann in *Florilegium Politicum* aus dem 17. Jahrhundert. Im Grimm'schen Wörterbuch wird eine konsequente Kleinschreibung verwendet, die auch hier übernommen wurde.

28 Michaelis, Rolf: »komm in den wortgarten« unter www.zeit.de. Vgl. außerdem: »4. Januar 1961 – ›Deutsches Wörterbuch‹ vollendet« auf www1.wdr.de. Weitere Informationen zum Wörterbuch der Brüder Grimm gibt es hier: Mederake, N. und Schlaefer, M.: »Deutsches Wörterbuch von Jacob und Wilhelm Grimm. Neubearbeitung. Arbeitsstelle Göttingen. Leitfaden für Benutzer«, Göttingen 2010, online unter: https://adw-goe.de.

29 »1. Brief von Jacob Grimm an John Mitchell Kemble vom 1. Dez. 1838«. In: Leitzmann, Albert (Hrsg.): *Briefe der Brüder Grimm. Gesammelt von Hans Gürtler*, Verlag der Frommannschen Buchhandlung, Jena 1923, S. 87.

30 Zusätzlich erschien noch ein 33. Band als reines Quellenverzeichnis. Um die deutsche Sprache bis in die Gegenwart darzustellen, wurden seither die am stärksten veralteten Buchstaben aktualisiert. Außerdem existiert seit 2003 eine Online-Ausgabe des Wörterbuches, sie findet sich unter: http://dwb.uni-trier.de oder woerterbuchnetz.de/DWB.

31 Grimm, Jacob: *Über den Ursprung der Sprache*, Ferd. Dümmler's Buchhandlung, Berlin 1858, S. 46. Wird

auch hier zitiert: »Sprache als Geschichte« unter: www.zeit.de.

32 Vgl. *Deutsches Wörterbuch von Jacob Grimm und Wilhelm Grimm*. Der Eintrag zu »beiten« findet sich dort in Bd. 1, Sp. 1403 bis 1405.

33 Zitiert nach: Levine (2016): S. 101. Im Original von Mumford: »The clock, not the steam engine, is the key-machine of the modern industrial age.«

34 Augustinus: *Was ist Zeit?: (Confessiones XI/Bekenntnisse 11)*, Fischer, Norbert (Hrsg.), Felix Meiner Verlag, Hamburg 2000, S. 25.

35 Mann, Thomas: *Der Zauberberg*, (Gesammelte Werke, Band 3), S. Fischer, Frankfurt 1960, S. 479.

36 Vergleiche zu Heidegger: Geißler (2014): S. 14 oder: »1946–1956: Zehn Jahre einer deutschen Wochenzeitung«, ursprünglich vom 23.2.1956, nun bei www.zeit.de. Martin Heidegger war nicht nur ein großer Denker und mit seiner Frage nach dem Sinn von Sein einer der Wegbereiter der Existenzphilosophie, sondern auch ein Verehrer des Nationalsozialismus. Diese Verbindung ist bis heute Gegenstand kontroverser Debatten.

37 Vergleiche im Duden online unter: www.duden.de.

38 Münster, Gernot: »Was ist die Zeit?«, nachgefragt, Dialogverlag, Münster 2010. (Online hier: www.uni-muenster.de) Das Graffito befand sich angeblich auf der Toilette eines Cafés in Austin, Texas. Auf Deutsch bedeutet es etwa: »Zeit ist der Weg der Natur zu verhindern, dass alles auf einmal passiert.«

39 Bergson, Henri: *Philosophie der Dauer: Textauswahl von Gilles Deleuze*, Felix Meiner Verlag, Hamburg 2013, S. 28.

40 Zitiert nach: von Rauchhaupt, Ulf: »Von der Abschaffung der Zeit durch den ewigen Raum« unter www.faz.net .Vgl. dazu auch Rosa (2014): S. 64–65.

41 Vergleiche etwa Levine (2016): S. 137. Viele Informationen zum Zeitverständnis sind Levines Buch entnommen: S. 87–121, S. 122–145, S. 261–263. Vergleiche außerdem zum Zeitverständnis in der Menschheitsgeschichte: Assmann, Jan: »Denkformen des Endes in der altägyptischen Welt«. In: Stierle, Karlheinz und Warning, Rainer (Hrsg.): *Das Ende. Figuren einer Denkform*, Wilhelm Fink Verlag, München 1996, S. 1–31; Hall, Edward T.: *The Silent Language*, Doubleday & company, Garden City, New York 1959, dort vor allem S. 166–185; Geißler (2014); Assmann, Jan; Theunissen, Michael; Westermann, Hartmut und Schmitt, Hans-Christoph et al.: »Zeit«. In: Ritter, K.; Gründer, K.; Gabriel, G. (Hrsg.): *Historisches Wörterbuch der Philosophie*, Band 12, Sp. 1186–1261, Schwabe Verlag, Basel 2004; Rosa (2014): S. 26–27 sowie der Eintrag »Zeitbewußtsein« im Online-Wissenschaftsportal der Zeitschrift *Spektrum der Wissenschaft* unter www.spektrum.de. Vergleiche zu den Feiertagen im Mittelalter außerdem: Mohr, Joachim: »Die Entdeckung der Zeit«. In: *Spiegel Geschichte*, 01/2015, S. 38–41, S. 39; Robert Levine spricht gar von 115 Feiertagen: Levine (2016): S. 42.

42 Levine (2016): S. 98. Ursprünglich stammt diese Geschichte vom Historiker Marc Bloch.

43 Westendorf, Wolfhart: »Eilen und Warten«. In: *Göttinger Miszellen*, 46, Seminar für Ägyptologie und Koptologie an der Universität Göttingen, Göttingen 1981, S. 27–31.

44 Nachzulesen im Duden unter dem Eintrag zum »zögern«, online unter: www.duden.de.

45 Vgl. Assmann (1996). Auf Seite 1 äußert sich Assmann auch zur linearen Zeit in den Religionen. Vergleiche dazu auch Pikulik (1997): S. 20–28. Es lässt sich außerdem sicher trefflich darüber streiten, ob Geschichte immer linear oder zyklisch sein muss und ob sie heute wirklich vor allem linear verstanden wird. Der Philosoph Bruno Latour etwa entwickelte als Alternative zum linearen Fortschrittsdenken die Idee einer »Spirale«, also einer Bewegung, die zwar wiederkehrende Elemente hat, sich aber auch stets erneuert (vgl. Latour, Bruno: *Wir sind nie modern gewesen. Versuch einer symmetrischen Anthropologie*, Akademie Verlag, Berlin 1995, etwa S. 102).

46 Vergleiche zur Erfindung der Uhr: Geißler (2014): S. 75–107; Levine (2016): S. 87–121; Dohrn-van Rossum, Gerhard: *Die Geschichte der Stunde. Uhren und moderne Zeitordnungen*, Anaconda Verlag, Köln 2007; Mohr, Joachim: »Die Entdeckung der Zeit«. In: *Spiegel Geschichte*, 01/2015, S. 38–41, S. 40. Wenn von der Erfindung der mechanischen Uhr die Rede ist, ist zumeist die Räderuhr mit Gewichtsantrieb, einer Hemmung und einem Zeiger gemeint. Vergleiche zu den Vorläufern der mechanischen Uhr in China: Zhao, Künte: *Wissenschaft und Technik im alten China*, Springer Basel AG, Basel 1989, S. 34; Dohrn-van Rossum (2007): S. 67; Zhang, Baichun: »Mechanical Technology«. In: Lu, Yongxiang (Hrsg.): *A History of Chinese Science and Technology, Band 3*, Springer, Heidelberg 2015, S. 277–348, S. 322–323. Vergleiche zur Zahl der Zeitzonen im 19. Jahrhundert Levine (2016): S. 103.

47 Diese Formulierung stammt ursprünglich vom französischen Historiker Jacques Le Goff, hier zitiert nach: Nonn, Ulrich (Hrsg.): *Quellen zur Alltagsgeschichte im Früh- und Hochmittelalter. Erster Teil*, Wissenschaftliche Buchgesellschaft, Darmstadt 2003, S. 16.

48 Rosa, 2014: S. 61.

49 Vergleiche zu Kosellecks historischen Betrachtungen: Koselleck, Reinhart: *Vergangene Zukunft: Zur Semantik geschichtlicher Zeiten*, Suhrkamp, Frankfurt 1989. Außerdem: Koselleck, Reinhart: »Fortschritt und Beschleunigung: Zur Utopie der Aufklärung«. In: Kiwus, Karin und Binder, Klaus (Hrsg.): *Der Traum der Vernunft. Vom Elend der Aufklärung. Erste Folge*, Luchterhand, Darmstadt/Neuwied 1985, S. 75–103.

50 Dem Übergang zur Moderne gingen natürlich frühere Entwicklungen voraus: Nikolaus Kopernikus begründete Anfang des 16. Jahrhunderts das heliozentrische Weltbild, Galileo Galilei stützte diese Entdeckung etwa 100 Jahre später mit experimentellen

Beobachtungen. Die Erkenntnis, dass die Erde nicht der Mittelpunkt des Universums ist, erschütterte das religiöse Weltbild und leitete die Wende zur Neuzeit ein. Dazu trugen aber auch die Entstehung der Universitäten ab dem 12. Jahrhundert oder die Erfindung des modernen Buchdruckes im 15. Jahrhundert bei.

51 Die »Entzauberung der Welt« (Weber, Max: »Wissenschaft als Beruf«. In: Mommsen, Wolfgang J.; Schluchter, Wolfgang; Morgenbrod, Birgit (Hrsg.): *Wissenschaft als Beruf, 1917/1919; Politik als Beruf, 1919. Max Weber-Gesamtausgabe: Band I/17*, Mohr Siebeck, Tübingen 1994, S. 1–23, S. 9) war die Formel, auf die Max Weber die Moderne brachte: Für ihn war der »okzidentale Rationalismus«, also eine mathematisch-rationale Durchdringung der Welt, der Dreh- und Angelpunkt der neuen Zeit. Aber auch andere große Sozialtheoretiker haben sich mit der Frage, was die Moderne ausmacht, befasst: Für den Kritiker Karl Marx war die Herrschaft des Menschen über die Natur und schließlich auch über seine Mitmenschen das prägende Element der Moderne. Georg Simmel beschrieb die neue Epoche als Prozess der Individualisierung. Wie Emile Durkheim sah er den modernen Individualismus auch als Produkt der voranschreitenden Differenzierung arbeitsteiliger Gesellschaften an. Diese Ausdifferenzierung hielt Durkheim wiederum für das prägende Moment des neuen Zeitalters.

52 Hohe medizinische Standards, eine halbwegs verlässliche Infrastruktur und eine gesicherte Versorgung mit dem Nötigen, all das verdankt der Globale Norden seinem Reichtum – und damit seit Anbeginn der Moderne auch der Ausbeutung des Globalen Südens.

53 Der Historiker Gerhard Dohrn-van Rossum berichtet in seinem Buch zur »Geschichte der Stunde«, wie etwa Zeitverschwendung seit dem ausgehenden 14. Jahrhundert thematisiert wurde (Dohrn-van Rossum (2007): S. 327). Auch der Zeitforscher Karlheinz

Geißler notiert: »Der vormoderne Mensch redete nicht über ›Zeit‹. Warum auch soll er das tun? Er redete übers Wetter und dessen Wandel.« (Geißler (2014): S. 35. Vgl. auch Geißler, Karlheinz und Geißler, Jonas: *Time is honey. Vom klugen Umgang mit der Zeit*, oekom, München 2017, S. 80). Bis heute spiegelt sich das übrigens in romanischen Sprachen wider, wo »Wetter« und »Zeit« mit demselben Begriff (etwa im Spanischen: tiempo) beschrieben werden.

54 1967 wurde die Zeitmessung endgültig von dem uns bekannten Kosmos in die Welt der Atome verlegt. Von nun an eine Sekunde nicht mehr der 86 400. Bruchteil eines Tages, also mehr oder weniger der Rotation der Erde um sich selbst, sondern eine Sekunde wird nun durch eine bestimmte Anzahl von Schwingungen in Caesium-Atomen definiert. Eine solche Caesium-Atomuhr schwingt etwa neun Milliarden Mal pro Sekunde – und in 100 Millionen Jahren ist die Zeitabweichung geringer als eine Sekunde.

55 Vgl. Rosa (2014): S. 266.

56 Gerade die vielfältigen Untersuchungen Michel Foucaults zur Disziplin lassen sich auch unter dem Aspekt der Disziplinierung zu einer Zeitroutine lesen: Vgl. Foucault, Michel: *Überwachen und Strafen*, Suhrkamp, Frankfurt 1977, S. 192–201.

57 Das Zitat stammt aus Heinrich Heines *Lutetia. Berichte über Politik, Kunst und Volksleben*. Zweiter Teil, Eintrag vom 5. Mai 1843. Der Text findet sich online unter zeno.org.

58 Zu den Wahlen in Rom hat Lily Ross Taylor ein Standardwerk geschrieben: *Roman Voting Assemblies: From the Hannibalic War to the Dictatorship of Caesar*, University of Michigan Press 1990.

59 Vergleiche zu Robin Kellermanns Untersuchungen über das Warten im Transportwesen: Kellermann (2019).

III. Im Rausch der Geschwindigkeit

1 Rosa, Hartmut: *Beschleunigung*, Suhrkamp, Frankfurt 2014, S. 11.

2 Vgl. Reuter, Timo: »Endlich!«. In: *Süddeutsche Zeitung* vom 15./16.7.2017, S. 53. Online bei www.sueddeutsche.de unter dem Titel: »Warum Warten ein Stück Freiheit ist.

3 Köhler (2011): S. 64. Vergleiche dazu auch Gasparini (1995): S. 40.

4 Vergleiche Rosa (2014): S. 210–217.

5 1871 lag die durchschnittliche Lebenserwartung Neugeborener Jungen bei 35,6 Jahren, auch Mädchen wurden im Schnitt nur etwa 38 Jahre alt. Wer hingegen im Jahr 2009 geboren wurde, wird als Mann im Schnitt 77,7 Jahre alt und als Frau 82,7 Jahre. Allerdings hat dies auch mit der damals hohen Kindersterblichkeit zu tun. So lag die Lebenserwartung von 1871 geborenen Mädchen, die das fünfte Lebensjahr überlebt hatten, immerhin schon bei 56 Jahren

(vgl. die Themenseite »Sterbefälle und Lebenserwartung« beim Statistischen Bundesamt unter www.destatis.de).

6 Laut einer Erhebung der Friedrich-Ebert-Stiftung (Schneider, Michael: »Der Kampf um die Arbeitszeitverkürzung von der Industrialisierung bis zur Gegenwart«. In: *Gewerkschaftliche Monatshefte, Jg. 35*, 1984, 2, S. 77–89, online unter: http://library.fes.de) lag die durchschnittliche Arbeitszeit um 1800 bei etwa 60 bis 72 Stunden pro Woche, meist aufgeteilt auf sechs Arbeitstage. Infolge der Industrialisierung stieg die durchschnittliche Arbeitszeit bis 1860 auf 80 bis 85 Stunden pro Woche an. Andere Forscher gehen eher davon aus, dass die Wochenarbeitszeit 1870 in Deutschland bei 68 Stunden lag. Durch zunehmende Erschöpfung der Arbeitenden, Arbeitskämpfe, ein (zaghaftes) Eingreifen des Staates und eine weitere Mechanisierung ging die Arbeitszeit in

der Folge leicht zurück, aber erst in den 1950er- und 1960er-Jahren wurde die Fünftagewoche realisiert. 2015 betrug die durchschnittliche Wochenarbeitszeit aller Erwerbstätigen im Alter von 15 bis 74 Jahren in Deutschland 35,6 Stunden (vgl. »Erwerbstätige arbeiten durchschnittlich 35,6 Stunden und wollen 0,5 Stunden mehr Arbeit«, online unter: www.destatis.de). Entgegen weitverbreiteter Meinungen wurde im Mittelalter übrigens nicht unbedingt mehr gearbeitet als heute, richtete sich die Arbeit doch nach der Natur: Bei Dunkelheit konnten die Näherinnen nicht nähen und die Bauern nicht säen, bei heftigem Sturm blieben die Schiffe im Hafen. Zudem gab es im Mittelalter viel mehr Feiertage als heute. Trotz unklarer Quellenlage gehen Forscher davon aus, dass Menschen in England für ihren Lebensunterhalt zwischen 1260 und 1700 stets weniger als 250 Tage pro Jahr arbeiten mussten (vgl. Humphries, Jane and Weisdorf: »Unreal Wages? Real Income and Economic Growth in England, 1260–1850« (April 2017). CEPR Discussion Paper No. DP11999). Einer anderen Studie zufolge haben englische Bäuerinnen und Bauern im 15. Jahrhundert nur gut 150 Tage pro Jahr gearbeitet (Vgl.: Allen, R. C. and Weisdorf, J. L.: »Was There an ›Industrious Revolution‹ before the Industrial Revolution? An Empirical Exercise for England, c. 1300–1830.«, *The Economic History Review*, vol. 64, no. 3, 2011, S. 715–729).

7 Buch Genesis: Gen 4:12 (nach »Die Bibel in der Einheitsübersetzung«). Aus diesen Worten sprach die Strafe Gottes an Kain, der seinen Bruder Abel aus Neid erschlagen hatte. Ob die Hektik also als eine Art Strafe mit dem Mord in die Geschichte kam?

8 Vergleiche: »Eine hartnäckige Illusion«. In: *Der Spiegel*, 20/1989, S. 216–217.

9 Einstein machte sich angeblich einen Spaß daraus, seine komplexe Relativitätstheorie mit alltäglichen, lustigen Beispielen zu illustrieren. So soll er seiner Sekretärin Helen Dukas folgende Erklärung der Relativität an die Hand gegeben haben, um diese an Reporter und andere Laien weiterzugeben: »Wenn man eine Stunde lang mit einem netten Mädchen auf einer Parkbank sitzt, meint man, es wäre eine Minute. Sitzt man jedoch eine Minute auf einem heißen Ofen, meint man, es wäre eine Stunde.« (Vgl. Calaprice, Alice: *The Ultimate Quotable Einstein*, Princeton University Press, Princeton 2011, S. 409 – eigene Übersetzung)

10 Vergleiche zum Stadt- und Landleben sowie zur schönen Anekdote über die »Stadtmaus«: Horaz: Satire 2,6. Online unter https://gutenberg.spiegel.de. Vgl. zu »carpe diem«: Carmen I, 11, Zeile 8. Online unter: www.gottwein.de.

11 Simmel, Georg: »Die Großstädte und das Geistesleben«. In: Kramme, Rüdiger; Rammstedt, Angela; Rammstedt, Otthein (Hrsg.): *Georg Simmel. Aufsätze und Abhandlungen. 1901–1908. Band I*, (Georg Simmel Gesamtausgabe Bd. 7), Suhrkamp, Frankfurt am Main 1995, S. 116–131, S. 116.

12 Goethe, Johann Wolfgang von: *Italienische Reise*, C.H. Beck, München 2010, S. 23.

13 Laut dem Kulturhistoriker Manfred Osten lässt sich auch Faust als Opfer der Eile begreifen und Goethes Werk als Tragödie der Beschleunigung. Über »Goethes Entdeckung der Langsamkeit« hat Osten 2003 ein Buch geschrieben: Osten, Manfred: *»Alles velozifersich‹ oder Goethes Entdeckung der Langsamkeit*, Insel Verlag, Frankfurt am Main 2003.

14 Goethe, Johann Wolfgang: *Faust*, Aufbau-Verlag, Berlin und Weimar 1990, S. 119.

15 Goethe, Johann Wolfgang: *Wilhelm Meisters Wanderjahre*. Online findet sich der Text hier: http://gutenberg.spiegel.de.

16 Koselleck (1985): S. 88.

17 Lübbe, Hermann: »Gegenwartsschrumpfung und zivilisatorische Selbsthistorisierung«. In: Hager, Frithjof und Schenkel, Werner (Hrsg.): *Schrumpfungen. Chancen für ein anderes Wachstum. Ein Diskurs der Natur- und Sozialwissenschaften*, Springer, Berlin/Heidelberg 2000, S. 11–20, S. 11.

18 Der Philosoph Paul Virilio hat in der von ihm begründeten ›Dromologie‹ die moderne Beschleunigung zum zentralen Forschungsgegenstand gemacht – und attestiert der Moderne eine ›dromokratische Revolution«: Vgl. Virilio, Paul und Sylvère Lotringer: *Der reine Krieg*, Merve Verlag, Berlin 1984, S. 49. Und: Virilio, Paul: *Geschwindigkeit und Politik: Ein Essay zur Dromologie*, Merve, Berlin 1980. Außerdem: Konersmann, Ralf: *Die Unruhe der Welt*, S. Fischer, Frankfurt 2015; Geißler (2014).

19 Rosa (2014): S. 71. Hartmut Rosa verbindet in seinen Werken wie kein anderer einen Neuaufschlag der Kritischen Theorie mit Kritik an der manischen Tempovsteigerung.

20 Rosa (2014): S. 86; vergleiche auch Rosa (2014): S. 39.

21 Zitiert nach Levine (2016): S. 41.

22 Vergleiche: Johnson, Allen: »In Search of the Affluent Society«. In: *Humane Nature*, September 1978, S. 50–59; Johnson Allen: »Families of the Forest«, University of California Press, Berkeley 2003. Seit Johnsons Untersuchungen haben sich die Situation und das Wohlbefinden der Matsigenka aufgrund der Aktivitäten von Ölkonzernen und anderer externer Einflüsse geändert – und verschlechtert (vgl. Izquierdo, Carolina: »Well-being among the Matsigenka of the Peruvian Amazon: Health, missions, oil, and ›progress‹«. In: Mathews, Gordon and Carolina Izquierdo (Hrsg.): *Pursuits of Happiness: Well-Being in Anthropological Perspective*, Berghahn Books, New York/Oxford 2010, S. 67–87). Vgl. auch Levine (2016): S. 42–43.

23 Levine (2016): S. 43.

24 Levine (2016): S. 42.

25 Neben der großen Wäsche gab es noch eine kleinere, wöchentliche Handwäsche (vgl. Hausen, Karin: »Große Wäsche. Technischer Fortschritt und sozialer Wandel in Deutschland vom 18. bis ins 20. Jahrhundert«. In: *Geschichte und Gesellschaft, 13. Jahrg.*, H. 3,

Sozialgeschichte der Technik, Vandenhoeck & Ruprecht, Göttingen 1987, S. 273–303, dort: S. 273, S. 292). Hauser notiert auch, dass durch Werbekampagnen der Industrie der Seifenverbrauch pro Kopf in den USA zwischen 1899 und 1929 um 350 Prozent gestiegen sei (S. 277).

26 Vgl. Rosa (2014): S. 218.

27 Der Bielefelder Soziologe Niklas Luhmann nennt dies in einer gleichnamigen Studie aus den 1970er-Jahren die »Vordringlichkeit des Befristeten« (Luhmann, Niklas: »Die Knappheit der Zeit und die Vordringlichkeit des Befristeten«. In: Luhmann, Niklas: *Politische Planung. Aufsätze zur Soziologie von Politik und Verwaltung*, VS Verlag für Sozialwissenschaften, Wiesbaden 1971, S. 143–164.

28 Vergleiche zur aktuellen Zeitforschung: Gasparini (1995): S. 41; Rosa (2014): S. 208–210. Das Statistische Bundesamt führte zwischen 1991 und 2013 drei große Zeitbudgetstudien durch. Gemessen wurde aber nur, welchen Tätigkeiten die Menschen wie lange nachgehen. Die Handlungsdichte, die Verkürzung von Wartezeiten oder das Multitasking sind hingegen kein Thema. Vgl. zur großen US-Zeitverbrauchsstudie (»American's Use of Time project«): Rosa (2014): S. 210.

29 Vergleiche Ekirch, Roger: »Sleep We Have Lost: Pre-industrial Slumber in the British Isles«. In: *American Historical Review*. Volume 106, Issue 2, 2001, S. 343–386. Ekirch Erkenntnisse blieben in der Fachwelt indes nicht unumstritten.

30 de Cervantes, Miguel: *Don Quijote*, Winkler, Düsseldorf 2000. Online unter: http://gutenberg.spiegel.de.

31 Vergleiche Hegarty, Stephanie: »The myth of the eight-hour sleep«, unter www.bbc.com; vgl. außerdem Schadwinkel, Alina: »Wie der Alltag unseren Schlaf bestimmt« unter www.zeit.de.

32 Zitiert nach: Hodgkinson, Tom: *Anleitung zum Müßiggang*, Insel Verlag Berlin 2014, S. 18.

33 Zitiert nach: Pralle, Uwe: »Das Zeitalter der Nervosität« unter www.deutschlandfunk.de.

34 Der Zeitforscher Robert Levine weist zudem darauf hin, dass die Zeit umso schneller vergeht, je angenehmer unsere Tätigkeit ist, je größer deren Dringlichkeit ist, je aktiver wir sind und je mehr Abwechslung wir haben (vgl. Levine (2016): S. 71–84).

35 Vgl. Rosa (2014): S. 228–236.

36 Barth, Ariane (1989): »Im Reißwolf der Geschwindigkeit«. In: *Der Spiegel*, 20/1989, S. 200–220.

37 Benjamin, Walter: »Über einige Motive bei Baudelaire«. In: Tiedemann, Rolf und Schweppenhäuser, Hermann (Hrsg.): *Gesammelte Schriften*, Band I, 2, Suhrkamp, Frankfurt am Main 1974, S. 605–653, S. 611. Vgl. auch: Rosa (2014): S. 234.

38 Benjamin, Walter: »Erfahrung und Armut«. In: Tiedemann, Rolf und Schweppenhäuser, Hermann (Hrsg.): *Gesammelte Schriften*, Band II, 1, Suhrkamp, Frankfurt am Main 1974, S. 213–218, S. 214. Der Soziologe Hartmut Rosa beschreibt diesen Prozess als Entfremdung – oder als »Dekontextualisierung«, bei der »kurze stimulationsreiche, aber gegeneinander isolierte, d.h. ohne innere Verbindung bleibende Erlebnisperioden« einander in raschem Wechsel ablösten (Rosa (2014): S. 233).

39 Radkau, Joachim: *Geschichte der Zukunft: Prognosen, Visionen, Irrungen in Deutschland von 1945 bis heute*, Carl Hanser Verlag, München 2017, S. 174. Vgl. zur Neurasthenie im Deutschen Kaiserreich auch das Interview »Volk unter Strom« mit Joachim Radkau von Maximilian Probst und Christian Staas unter: www.zeit.de.

40 Vergleiche zur Depression die Zahlen der WHO: »Depression and Other Common Mental Disorders. Global Health Estimates«, World Health Organization 2017, online unter: www.who.int, S. 8, S. 19. Im Jahr 2030 werden Depressionen weltweit sogar die größte Krankheitsbelastung sein. Vgl. zum Zusammenhang von Depression und Stress etwa: Rosa (2014): S. 42f.; vgl. den Artikel von Jan Osterkamp: »Stress blockiert Nervenverschaltung und fördert Depressionen«, online unter www.spektrum.de.

41 Zum Burn-out: Im neuen medizinischen Klassifikationssystem der Weltgesundheitsorganisation (ICD-11) wird das Ausgebranntsein auf »chronischen Stress« zurückgeführt – allerdings wird dies dort auf den Arbeitskontext beschränkt. ICD-11 ist ab 2022 gültig (vgl. »VC-o Handling stress and other psychological demands« unter https://icd.who.int). Laut Untersuchungen des Robert-Koch-Instituts wurde in Deutschland bei 4,2 Prozent der befragten Burn-out festgestellt (vgl. Kurth, B.-M.: »Erste Ergebnisse aus der ›Studie zur Gesundheit Erwachsener in Deutschland‹ (DEGS)«, Robert Koch-Institut, Berlin. In: *Bundesgesundheitsblatt 2012*, S. 980–990, S. 987, online unter: www.rki.de; sowie Hapke, Ulfert u.a.: »Stress, Schlafstörungen, Depressionen und Burn-out. Wie belastet sind wir?«, DEGS-Symposium, Berlin 2012, online unter www.rki.de. Vgl. zur Eilkrankheit Levine (2016): S. 52ff; Rosa (2014) S. 42, S. 83f.

42 Vergleiche zu den psychischen Folgen der permanenten Anforderungen und der Beschleunigung: Fuchs, Thomas; Iwer, Lukas; Micalicom, Stefano (Hrsg.): *Das überforderte Subjekt – Zeitdiagnosen einer beschleunigten Gesellschaft*, Suhrkamp, Berlin 2018. Außerdem: Ehrenberg, Alain: *Das erschöpfte Selbst – Depression und Gesellschaft in der Gegenwart*, Campus Verlag, Frankfurt am Main 2004.

43 Vergleiche die Studie »Entspann dich, Deutschland« der Techniker Krankenkasse aus dem Jahre 2016, online unter: www.tk.de.

44 Franklin, Benjamin: »Advice to a Young Tradesman«. In: *Work of the late Doctor Benjamin Franklin*, G. G. J. and J. Robinson, London 1793, S. 55–59, S. 55 (eigene Übersetzung).

45 Levine (2016): S. 133.

46 Levine (2016): S. 147. Auch der Soziologe Rainer Paris diagnostiziert treffend: »Es ist die Ökonomie, die die Zeitökonomie hervorbringt« (Paris (2015): S. 144).

47 Vgl. Levine (2016): S. 92.

48 Weber, Max: »Der Geist des Kapitalismus«. In: Weber (2004): S. 73–96, S. 78.

49 Bereits 2007 stellte der Internetgigant Amazon in einer Studie fest, dass das Unternehmen mit jeder Zehntelsekunde längerer Ladezeit der Webseite ein Prozent seines Umsatzes verliert. Zugleich befeuern Unternehmen die Geschwindigkeitsspirale mit dem Versprechen, dass ihre Kund*innen nicht mehr warten müssen (vgl. Farman (2018): S. 13–14; vergleiche zum Wettbewerb und der Reduzierung von Wartezeiten auch: Gasparini (1995): S. 40). Die Geschichte der Konsumgesellschaft indes ist selbstverständlich älter: Anfang des 20. Jahrhunderts verhalf ihr der sogenannte Fordismus zum Durchbruch. Nicht gerade uneigennützig forderte der US-Automobilproduzent Henry Ford (der nebenbei das antisemitische Buch *Der Internationale Jude* verfasste), jeder Arbeiter in seinen Fabriken müsse sich einen Ford leisten können. Ermöglicht wurde dies durch sozialstaatliche Maßnahmen sowie steigende Löhne, die mit Gewinnen aus der Fließbandproduktion finanziert wurden. Inzwischen hat sich vieles verändert: Die Liberalisierung der Finanzmärkte, der Abbau des Sozialstaates, die Verlagerung der industriellen Produktion in Niedriglohnländer und die Digitalisierung haben die Rolle der Arbeitenden verändert. Der Massenkonsum aber ist zumindest in der westlichen Welt weiterhin gewährleistet.

50 Der spirituelle Lehrer Eckhart Tolle unterscheidet in diesem Sinne zwischen einem »kleinen Warten« und einem »Warten im großen Stil«: »Nicht wenige Menschen warten ihr ganzes Leben darauf, dass das Leben endlich anfängt. Warten ist ein Geisteszustand. Grundsätzlich bedeutet es, dass du die Zukunft willst; du willst nicht die Gegenwart. Du willst nicht das, was du hast, du willst das, was du nicht hast.« (Tolle, Eckart: *Jetzt! Die Kraft der Gegenwart*, Kamphausen, Bielefeld 2002: S. 122)

51 Luther, Martin: »Von den guten Werken«, 1520. In: *Dr. Martin Luthers Werk*, Weimarer Ausgabe, Bd. 6, Weimar 1888, S. 196–277, S. 271. Streng genommen stammt das Zitat ursprünglich aber gar nicht von Luther, er selbst verweist auf Hiob 5,7. Dort findet man das Zitat in gängigen Übersetzungen, die dem hebräischen Text folgen, allerdings nicht. Luther hatte 1520 jedoch noch die lateinische Übersetzung, die »Vulgata«, im Sinn, wo es heißt: »homo ad laborem nascitur et avis ad volatum« – »Der Mensch wird zur Arbeit geboren und der Vogel zum Flug« (vergleiche Weber, Robert und Gryson, Roger (Hrsg.): *Biblia Sacra Vulgata. Editio quinta*, Deutsche Bibelgesellschaft, Stuttgart 2007: Hiob, 5, 7. Online unter: www.bibelwissenschaft.de).

52 Weber, Max: »Askese und kapitalistischer Geist«. In: Weber (2004), S. 182–276, S. 193.

53 Ebd. S. 184.

54 Max Weber erkannte, dass sich die »protestantische Arbeitsethik« schon zu seiner Zeit aus dem Kontext der Religion gelöst hat. Es ist zudem unschwer zu erkennen, dass Webers Analyse weder lückenlos noch fehlerfrei ist: So haben zum Siegeszug des Kapitalismus auch außereuropäische Länder beigetragen. Etwa in Japan scheint sich der Kapitalismus zudem mehr mit paternalistischen, gemeinschaftlichen Strukturen vermischt zu haben (vgl. u.a. Neidhart, Christoph: »Japan ist unbeirrbar« unter www.sueddeutsche.de). Die (früh-)kapitalistische Wirtschaftsweise wiederum ging wohl zuerst von katholischen Städten in Norditalien aus.

55 2.Thessalonicher 3:10 *(Lutherbibel 1984)*.

56 Diese Aussage findet sich etwa in »Staat und Revolution Teil 5«. In: *Lenin. Werke*, Band 25, S. 393 – S. 507, Dietz Verlag, Berlin 1972. Dieses und andere Werke Lenins sowie Texte von Karl Marx sind hier online gestellt: www.mlwerke.de. Vgl. zur Verfassung der UdSSR von 1936: Dollinger, Hans: *Russland: 1200 Jahre in Bildern und Dokumenten*, Prisma Verlag, Gütersloh 1986, S. 227.

57 Werfel, Franz: *Zwischen Oben und Unten. Prosa. Tagebücher. Aphorismen. Literarische Nachträge*, Langen Müller, München, Wien 1975, S. 113.

58 Blumenberg, Hans: *Lebenszeit und Weltzeit*, Suhrkamp, Frankfurt am Main 1986.

59 Rosa (2014): S. 289 sowie S. 309.

60 Benjamin, Walter: »Kapitalismus als Religion«. In: Tiedemann, Rolf und Schweppenhäuser, Hermann (Hrsg.): *Gesammelte Schriften 6, Fragmente, Autobiographische Schriften*, Suhrkamp, Frankfurt am Main 1985, S. 100–103, S. 100.

61 Auch der Kommunikationswissenschaftler Jason Farman vergleicht die Zeit des Wartens mit einem Medium: Farman (2018): S. 185–186.

62 Die Zeit wird beim Warten, wie Harold Schweizer notiert, »langsam, dick, undurchsichtig […] im Gegensatz zu der transparenten, unauffälligen Zeit, in der wir unsere Aufgaben erledigen und unsere Termine erfüllen« (Schweizer (2008): S. 16, eigene Übersetzung).

63 Bergson (2013): S. 18.

64 Zitiert nach Schweizer (2008): S. 17.

65 Schweizer, Harold: »Waiting as Resistance: Lingering, Loafing, and Whiling Away«. In: *Warten – Gesellschaft – Kultur: Sociologia Internationalis*, Duncker & Humblot, Berlin 2016, S. 79–95, S. 82 (eigene Übersetzung).

66 Marcuse, Herbert: *Der eindimensionale Mensch: Studien zur Ideologie der fortgeschrittenen Industriegesellschaft*, Suhrkamp, Frankfurt am Main 1989, S. 174.

67 Horkheimer, Max und Adorno, Theodor W.: *Dialektik der Aufklärung, Philosophische Fragmente*, Fischer, Frankfurt 2006, S. 9. Zur Ratio und zur instrumentellen Vernunft äußern sich Horkheimer und Adorno in der *Dialektik der Aufklärung* auf S. 33 sowie etwa hier: Horkheimer, Max: *Zur Kritik der instrumentellen Vernunft*, Fischer, Frankfurt am Main 1967.

68 Vgl. u.a. Levine (2016): S. 87; Geißler (2014): S. 30; Barth (1989).

69 Vergleiche zum Zwang, Freiheiten auszunutzen und zum Leid, das dadurch für die Menschen entsteht: Ehrenberg, Alain: *Das Unbehagen in der Gesellschaft*, Suhrkamp, Berlin 2011.

70 Gräff (2015): S. 176.

71 Vgl. etwa Gasparini (1995): S. 41 sowie Farman (2018): S. 188.

72 Vergleiche: Rosa (2014): S. 144–145. Außerdem: Gasparini (1995): S. 41.

73 Vergleiche zum Warten im digitalen Zeitalter auch das Nachwort dieses Buches.

74 Geißler (2012): S. 71.

75 Rosa (2014): S. 436. Der Soziologe Hartmut Rosa macht neben der allgegenwärtigen Beschleunigung eine weitere Zeitdiagnose aus, welche dieser entgegenzustehen scheint: »Die Rede ist hier von der Erfahrung der ›Kristallisation‹ der kulturellen und strukturellen Formation des eigenen Zeitalters, von ihrer Wahrnehmung als unbewegliches, ›stahlhartes Gehäuse‹, in dem sich nichts Wesentliches mehr verändert und nichts Neues mehr ereignet.« (Ebd. S. 41) In diesem Kontext erklärt Rosa die Depression übrigens zur ›Pathologie der Spätmoderne« (Ebd. S. 388). Vergleiche außerdem: Rosa (2014): S. 460–490. Geprägt hat die Metapher vom »rasenden Stillstand« indes der Philosoph Paul Virilio: *Rasender Stillstand: Essay*, Fischer, Frankfurt am Main 1997.

76 Vergleiche für die Betrachtungen zur Langeweile: Breuninger, Renate und Schiemann, Gregor (Hrsg.): *Langeweile. Auf der Suche nach einem unzeitgemäßen Gefühl*, Campus, Frankfurt am Main 2015; Große, Jürgen: *Philosophie der Langeweile*, J. B. Metzler, Stuttgart 2008; vergleiche außerdem Birgit Herdens Text »Ganz schön langweilig!« auf www.zeit.de sowie Julius Stucke mit »Die kleinste Schwester des Todes« bei www.deutschlandfunkkultur.de.

77 Breuninger und Schiemann (2015): S. 15. Außerdem diagnostiziert Hartmut Rosa, dass die ereignislose Langeweile, der »ennui«, just in einer Zeit zum Schlagwort geworden sei, als die industrielle Revolution die Geschwindigkeit in allen Lebensbereichen erhöhte (Rosa (2014): S. 87). Der Schriftsteller Jürgen Große wiederum glaubt, die Langeweile sei erst mit der Neuzeit »daseins- als auch deutungsmächtig«

78 geworden (Große (2008): S. 5). Vgl. auch: Ehn und Löfgren (2012): S. 78.

78 Pascal, Blaise: Über die Religion und über einige andere Gegenstände, Ewald Wasmuth (Hrsg.), Lambert Schneider, Berlin 1937, S. 74.

79 Entsprechende Wörter für die Langeweile wie das französische »ennui« oder das englische »boredom« hätten sich erst ab dem 16. Jahrhundert entwickelt. Im 17. Jahrhundert sei die Langeweile dann bereits ein »beherrschendes Gefühl in der höfischen Kultur« gewesen (Breuninger und Schiemann (2015): S. 16).

80 Doehlemann, Martin: »Windstille der Seele. Über schöpferische Langeweile«. In: Doehlemann, Martin (Hrsg.): *LebensWandel. Streifzüge durch spätmoderne Beziehungslandschaften*, Waxmann Verlag, Münster/New York 2003, S. 152–155, S. 152.

81 Der Philosoph Odo Marquard diagnostizierte der Moderne eine solche Erwartungskrise, denn wir leben in einer Welt der Erwartungskrise. [...]. Sie entsteht nicht durch Erfahrung, sondern gerade durch Mangel an Erfahrung: durch den modernen Erfahrungsverlust. Sie verdammt die Menschen dazu, fast nur noch erwartend und fast gar nicht mehr erfahrend zu existieren« (Marquard, Odo: *Skepsis und Zustimmung*, Reclam, Stuttgart 1994, S. 77–82). Vergleiche zum Verhältnis von Erfahrung und Erwartung auch: Geulen, Christian: »Plädoyer für eine Geschichte der Grundbegriffe des 21. Jahrhunderts«. In: *Zeithistorische Forschungen*, Online-Ausgabe (unter https://zeithistorische-forschungen.de), 7 (2010), H. 1. Druckausgabe: S. 79–97. Die Erwartungen, notierte zudem Reinhart Koselleck, hätten sich »immer mehr von allen bis dahin gemachten Erfahrungen entfernt« (vgl. Koselleck (1989): S. 359).

82 Pikulik (1997): S. 18 sowie S. 28.

83 Heinrich Spoerl feierte seinen Durchbruch ausgerechnet in der Zeit des Nationalsozialismus. Er ist auch der nationalsozialistischen »Reichsschrifttumskammer« beigetreten. Seine Geschichte über die Geduld findet sich etwa hier: Spoerl, Heinrich: »Warte nur, balde«. In: Spoerl, Heinrich: *Gesammelte Werke*, Linger Verlag, Köln 1963, S. 280–284, dort insbesondere: S. 283f.

IV. Was uns verloren geht

1 Geißler (2012): S. 81.

2 Köhler (2011): S. 101.

3 Die Daten des Experiments von George Loewenstein finden sich hier: Loewenstein, George: »Anticipation and the Valuation of Delayed Consumption«. In: *The Economic Journal*, Vol. 97, No. 387, Sep. 1987, S. 666–684.

4 Vergleiche Gilbert, David und Abdullah, Junaida: »A study of the impact of the expectation of a holiday on an individual's sense of well-being«. In: *Journal of Vacation Marketing*, 8(4), 2002, S. 352–361. Außerdem: Nawijn, J.; De Bloom, J.; Geurts, S.: »Pre-Va-

cation Time: Blessing or Burden?«. In: *Leisure science*, 2013, Vol. 35, No. 1., S. 33–44.

5 Vergleiche für die Ergebnisse von Lee Berk von der Loma Linda University in Kalifornien: »Anticipating A Laugh Reduces Our Stress Hormones, Study Shows«, *ScienceDaily*, unter www.sciencedaily.com.

6 Die Vorfreude bewegt sich stets im Spannungsfeld zwischen Abstraktem und Konkretem: Ist das Erwünschte zu wenig anschaulich, können wir uns kaum daran erfreuen. Wird es aber zu konkret, ist wiederum die Gefahr der Enttäuschung groß, weil wir sehr genaue Vorstellungen entwickeln und der

Raum für Phantasie und Neugier kleiner wird. Einen Urlaub frühzeitig zu buchen, mag aus verschiedenen Gründen sinnvoll sein – im Zeitalter der Spontaneität dient es auch dazu, Vorfreude entstehen zu lassen. Wer sich aber alle Informationen besorgt, um sie mit anderen Angeboten zu vergleichen, wer die Hotelanlage per Satellitenbild anschaut und die Ausstattung der Zimmer bis aufs Kleinste prüft, riskiert, vor Ort enttäuscht zu werden.

7 Vergleiche zu den wissenschaftlichen Kontroversen um das Dopamin sowie zu den Experimenten mit den Ratten, für das allen voran James Olds und Peter Milner berühmt wurden: Krämer, Tanja: »Schaltkreise der Motivation« unter www.dasgehirn.info; Honey, Christian: »Die Macht des Kaffees und der Zigaretten« unter: www.spektrum.de; Buckley, Christine: »UConn Researcher: Dopamine Not About Pleasure (Anymore)« unter today.uconn.edu; vergleiche außerdem für tiefergehende Information zum Dopamin: Probst, Catharina C. und van Eimeren, Thilo: »The Functional Anatomy of Impulse Control Disorders«. In: *Current Neurology and Neuroscience Reports* (2013), 13(10): 386.

8 Brugger, Hazel: »Das Nr.-1-Gefühl des Kapitalismus« unter www.zeit.de.

9 Raether, Till: »›Morgen, Kinder, wird's was geben!‹ – ›Na und?‹« unter sz-magazin.sueddeutsche.de.

10 Brechts Gedicht trägt den Titel *Der Radwechsel*. Zu finden ist es hier: Brecht, Bertolt: *Gedichte*, Band 7, Suhrkamp, Frankfurt am Main 1964, S. 7.

11 Gräff (2015): S. 41.

12 Die Geschichte von Heinrich Spoerl wird im vorliegenden Buch am Ende des III. Kapitels erzählt.

13 Auch Hegel äußerte sich rassistisch, vgl. u. a. der Artikel »Philosophen streiten über Rassismus-Vorwurf gegen Hegel« auf www.sueddeutsche.de.

14 Hegel, Georg Wilhelm Friedrich: *Phänomenologie des Geistes*, Verlag der Dürr'schen Buchhandlung, Leipzig 1907, S. 20.

15 Vergleiche zur Zunahme der ADHS-Diagnosen etwa: Bachmann, Christian J.; Philipsen, Alexandra; Hoffmann, Falk: »ADHS in Deutschland: Trends in Diagnose und medikamentöser Therapie« unter www.aerzteblatt.de.

16 Vergleiche zum Fakt, dass das Gehirn Zeit braucht: Geißler: (2012): S. 93–94. Außerdem haben Forscher*innen der New York University eine Studie mit dem Titel »Memory takes time« veröffentlicht, in der sie aufzeigen, dass unser Gehirn und unser Langzeitgedächtnis Zeit brauchen, bis Informationen verarbeiten und speichern können (vgl. Farman (2018): S. 108; online finden sich Informationen dazu unter www.nyu.edu).

17 Dürrenmatt, Friedrich: *Politik: Essays, Gedichte und Reden*, Diogenes, Zürich 1980, S. 155.

18 Bildung bezeichnete Adorno als »Wartenkönnen« (im Adorno-Archiv in Frankfurt zu finden unter: Abschriften aus dem Scribble-In-Book II, o.Tit. [Notizen und Aufzeichnungen zu Anthropologie und Massenkultur], Ts 51905–51913, 1943–1949. Auch zu finden bei Geißler (2012): S. 78–79).

19 Rousseau, Jean Jacques: *Emil oder Über die Erziehung*, Hermann Beyer & Söhne, Langensalza 1907, S. 97.

20 Aus: Sophokles: *König Ödipus*. Zitiert nach Geißler (2014): S. 253.

21 Wie die digitale Erregungsspirale unsere Debattenkultur und die Demokratie gefährden, beschreibt Bernhard Pörksen: *Die große Gereiztheit: Wege aus der kollektiven Erregung*, Carl Hanser Verlag, München 2018.

22 Vergleiche zum Marshmallow-Experiment, bei dem auch Brezeln, Kekse oder Pfefferminzbonbons aufgetischt wurden: Mischel, Walter: *Der Marshmallow-Effekt: Wie Willensstärke unsere Persönlichkeit prägt*, Siedler Verlag, München 2015. Die Ergebnisse von Mischels späteren Untersuchungen mit Erwachsenen finden sich auf S. 38–39. Vergleiche außerdem das Interview mit Walter Mischel (»Fragen Sie das Marshmallow-Orakel«) von Kolja Rudzio unter www.zeit.de.

23 In anderen Studien konnten etwa 60 Prozent der Zwölfjährigen sogar bis zu 25 Minuten warten (Mischel (2015): S. 66). Außerdem scheinen Mädchen »bei kognitiven Selbstkontrollfähigkeiten« den Jungen überlegen zu sein (S. 68).

24 Bemängelt wurde am Marshmallow-Experiment etwa die Auswahl der Probanden, da einst vor allem Akademikerkinder am Versuch teilgenommen hatten (vgl. etwa: Simmank, Jakob: »Der Marshmallow, entmachtet?« unter: www.zeit.de). Allerdings führte Mischel seine Experimente später etwa mit Kindern in der Bronx von New York durch – und kam zu ähnlichen Ergebnissen. Eine andere Kritik zielt auf die Laborsituation des Experiments: Die These nämlich, dass Kinder, die auf das Marshmallow warten können, auch im Leben Erfolg haben, basiere auf der Unterstellung, dass die Gesellschaft ähnlich konzipiert sei wie das Laborexperiment und dass auch dort diejenigen dauerhaft erfolgreicher sind, die warten können. »Nun muss das nicht für jeden gesellschaftlichen Teilbereich gelten«, sagt der Soziologe Andreas Göttlich (vgl. Reuter, Timo: »Warten bedeutet Ohnmacht«. In: *Galore Interviews*, 02/2018, S. 104–111, S. 109–110).

25 Der Psychologe Christopher Chabris und der Ökonom David Laibson entdeckten einen generellen Zusammenhang zwischen Ungeduld, also der mangelnden Bereitschaft, schnelle Genüsse für spätere Belohnungen einzutauschen, und einem ungesunden Lebensstil (vgl. Chabris, Christopher F. et al.: »Individual laboratory-measured discount rates predict field behavior«. In: *Journal of risk and uncertainty* vol. 37, (2–3), 2008, S. 237–269). Vergleiche zudem zur Fettleibigkeit: Simmank J.; Murawski C.; Bode S.; Horstmann A.: »Incidental rewarding cues influence economic decisions in people with obesity«. In: *Frontiers in Behavioral Neuroscience*, Volume 9, 2015, Ar-

ticle 278. Und schließlich zur Spielsucht: Sutter, Matthias: *Die Entdeckung der Geduld – Ausdauer schlägt Talent.* Ecowin, Salzburg 2014, S. 86. Forscherinnen fanden zudem heraus, dass Patientinnen und Patienten, die unter ADHS leiden, weniger wahrscheinlich auf künftige Belohnungen warten als Menschen ohne ADHS (vgl. u.a. folgende Studien: Sonuga-Barke E.; Taylor E.; Sembi S.; Smith J.: »Hyperactivity and delay aversion: I. The effect of delay on choice«. In: *FJ Child Psychol Psychiatry.* 1992 Feb; 33(2): 387–98; Scheres A.; Lee A.; Sumiya M.: »Temporal reward discounting and ADHD: task and symptom specific effects«. In: *Journal of Neural Transmission*, 2008, Volume 115(2), S. 221–226).

26 Vergleiche zur Frage, ob Geduld anerzogen ist: Mischel (2015); Sutter (2014): S. 155; Pennekamp, Johannes: »Dem Geduldigen winken die dicksten Fische« bei www.faz.net.

27 Sutter (2014): S. 41.

28 Die Psychologin Alexandra W. Logue hat ein ganzes Buch zu Entscheidungen zwischen sofortiger Bedürfnisbefriedigung und dem Aufschub geschrieben: Logue, Alexandra W.: *Der Lohn des Wartens: Über die Psychologie der Geduld*, Spektrum Verlag, Heidelberg 1996.

29 Overath, Angelika: »Auf der Suche nach einer verlorenen Haltung« auf deutschlandfunk.de.

30 Diese Bedeutung war regional auf Thüringen und Sachsen begrenzt. Vergleiche *Deutsches Wörterbuch von Jacob Grimm und Wilhelm Grimm*, 16 Bde. in 32 Teilbänden, Leipzig: Hirzel 1854–1961. Quellenverzeichnis Leipzig: Hirzel 1971. Der Eintrag zur »Geduld« findet sich dort in Bd. 4, Sp. 2042 bis 2047 oder online unter: woerterbuchnetz.de/DWB.

31 Ein ähnlicher Hinweis auf die Bedeutung der Zeit in der Geduld findet sich beim Eintrag »gedulden«, dort lesen wir, dass »jetzt fast nur noch von geduldigem warten, abwarten« die Rede sei. Diese Form habe sich im 17. Jahrhundert als Ausdruck der Höflichkeit entwickelt (vergleiche *Deutsches Wörterbuch von Jacob Grimm und Wilhelm Grimm*. Der Eintrag zum »gedulden« findet sich dort in Bd. 4, Sp. 2047 bis 2049). Allerdings findet sich bereits im Mittelhochdeutschen, das bis ins 14. Jahrhundert gesprochen wurde, bei der »gedult« der Hinweis auf »Ausdauer« und »Beharrlichkeit« (vgl. im Mittelhochdeutschen Wörterbuch unter dem Eintrag »gedult«: www.mhdwb-online.de).

32 Die Schriftstellerin Angelika Overath notiert zu Brechts Gedicht: »Unabhängig davon, ob Brecht in den Zeilen auf seine Lebenswende zwischen dem amerikanischen Exil und der fremden Ankunft in der DDR Bezug nimmt oder ob er auf die Enttäuschung beim Aufbau des Sozialismus im geplanten Arbeiter- und Bauernstaat anspielt, unübersehbar ist der existenzielle Duktus der Verse.« (vgl. Overath (2015))

33 Zitiert nach: Reuter (2017).

34 Aus der deutschen Übersetzung von Emil Luckhardt. Dieser Satz findet sich etwa im »Digitalen Wörter-

buch der deutschen Sprache« (DWDS) beim Eintrag zum »Müßiggänger«, online unter: www.dwds.de.

35 Durch die Geduld der Ökonomen wird der »rechte« zum »richtigen« Augenblick instrumentalisiert, wie der Zeitforscher Karlheinz Geißler im Zusammenhang mit der Erfindung der Uhr erklärt: »Die Kaufleute entdeckten den Preis der Zeit und wurden zu Kalkulatoren und Buchhaltern der Zeit. […] Warteten die Kaufleute früher auf den ›rechten‹ Augenblick, so ließen sie stattdessen das Warten, machten Termine und kalkulierten und berechneten von nun an den optimalen, den ›richtigen‹ Augenblick für ihre Geschäfte selbst.« (Geißler ›2014): S. 111–112)

36 Weil die griechische Mythologie aus vielen Quellen besteht, gibt es kaum einer einheitlichen Kanon oder einen festen Stammbaum. Zu den wichtigsten Überlieferungen zählen neben Hesiods *Theogonie* (darauf beziehen sich die meisten Schilderungen aus dem vorliegenden Buch. Zu finden ist die Theogonie im Internet unter gutenberg.spiegel.de oder in einer anderer Übersetzung unter www.gottwein.de) sowie seinem Gedicht *Werke und Tage* auch die Dichtungen *Ilias* und *Odyssee* von Homer. Vergleiche zur griechischen Mythologie außerdem: Reinhardt, Udo: *Der antike Mythos. Ein systematisches Handbuch*, Rombach Verlag, Freiburg 2011 sowie die Onlinebibliothek www.theoi.com und den Text »Beim Zeus!« von Karin Ceballos Betancur unter: www.zeit.de.

37 Kairos spielte in der griechischen Mythologie eher eine Nebenrolle. Außer für den rechten Ort und den günstigen Moment stand er auch für das rechte Maß sowie für die Magie und die Ewigkeit des Moments, in dem sich die Zeit aufzulösen scheint. Bei den Römern wird Kairos zu ›occasio‹ und in der Bibel zu einem von Gott geschenkten Zeitpunkt. Vergleiche zu Kairos: Weinrich, Harald: *Knappe Zeit: Kunst und Ökonomie des befristeten Lebens*, C.H. Beck, München 2005, S. 108–110; Kerkhoff, Manfred und Amelung, Eberhard: »Kairos«. In: Ritter, J. und Gründer, K. (Hrsg.): *Historisches Wörterbuch der Philosophie*, Bd. 4, Sp. 667–669, Schwabe Verlag, Basel 1976; Kucklick, Christoph: »Jetzt oder nie!« auf www.zeit.de; Schmidt, Leopold: *Die Ethik der Alten Griechen*, Erster Band, Verlag von Wilhelm Hertz, Berlin 1882, S. 76–78.

38 Nietzsche, Friedrich: *Jenseits von Gut und Böse* (1886). *Die Geburt der Tragödie* (Neue Ausgabe 1886), Felix Meiner Verlag, Hamburg 2014, S. 215–216.

39 Köhler (2011): S. 101.

40 Es gab noch weitere Zeitbezüge in der antiken Mythologie: Je nach Überlieferung symbolisierte der spielende Knabe Aion, der auch als Greis dargestellt wurde, etwa die wiederkehrende Zeit, eine lange Epoche oder gar die Ewigkeit. Die Horen, die Töchter des Zeus, standen wiederum für die geregelte Leben in Zeitabschnitten. Das konnte ein Jahr sein oder auch nur ein Tag.

41 Bei den Orphikern ist Chronos wahlweise selbst aus dem Chaos entstanden oder sogar das Chaos aus

ihm. Schließlich habe Chronos das Weltei erschaffen, aus dem dann andere Gottheiten entsprangen. Vgl. online unter: www.gottwein.de und www.theoi.com. Vergleiche zur Verwechslung von Chronos und Kronos auch: Weinrich (2008): S. 107–108.

42 Busch: Wilhelm: *Und überhaupt und sowieso: Reimweisheiten*, Deutscher Taschenbuch Verlag, München 2008, S. 149.

43 Hesiod: *Theogonie*. Nach folgender Fassung zitiert: *Hesiods Werke*, J. C. B. Mohr, Tübingen 1911. Online unter: gutenberg.spiegel.de.

44 Vergleiche zur Arbeit und zur Muße: Horaz, ars poetica, Verse 290f. Vgl. zur Wartezeit bis zur Veröffentlichung eines Textes: Horaz, ars poetica, Verse 388f. (online unter archive.org).

45 Vergleiche zur Muße: Dobler, Gregor und Riedl, Peter Philipp (Hrsg.): *Muße und Gesellschaft*, Mohr Siebeck, Tübingen 2017; Koch, Manfred: »Muße als Bürgerpflicht«. In: *zeitzeichen 8/2016*, online unter www.zeitzeichen.net.; Niklas, Annemarie: *Literatur und Muße. Von der Bedeutung der scholé für den Literaturunterricht*, Augsburg: Universitätsbibliothek 2012; Geißler (2017): S. 176–185; Martin, Norbert: »Muße«. In: Ritter, J. und Gründer, K. (Hrsg.): *Historisches Wörterbuch der Philosophie*, Band 6, Sp. 257–260, Schwabe Verlag, Basel 1984.

46 Zitiert nach Geißler (2017): S. 178.

47 Vgl. *Deutsches Wörterbuch von Jacob Grimm und Wilhelm Grimm*. Der Eintrag zu »musze« findet sich dort in Bd. 12, Sp. 2771 bis 2773. Der Eintrag zu »müszig« findet sich in Bd. 12, Sp. 2773 bis 2778.

48 Benedictus: *Die Benediktsregel: eine Anleitung zu christlichem Leben*, Paulusverlag, Freiburg Schweiz 2007, S. 287.

49 Vergleiche Dohrn-van Rossum (2007): S. 181.

50 Im französischen Original spricht Henri de Saint-Simon von »classe oisive« (vgl. Saint-Simon, Henri: *Oeuvres de Saint-Simon & d'Enfantin*, E. Dentu, Paris 1872, S. 21).

51 Seume, Johann Gottfried: *J.G. Seume's gesammelte Schriften*, Zimmermann, J.P: (Hrsg.), Band 3, Schellenberg, Wiesbaden 1824, S. 263.

52 Rilke, Rainer Maria: *Es wartet eine Welt. Lebensweisheiten*, dtv, München 2013, S. 22.

53 Martin (1984).

54 Viele Beispiele aus der Literatur verdeutlichen das Wechselspiel zwischen »vita activa« und »vita contemplativa«, so etwa Hermann Hesses Erzählung *Narziß und Goldmund* oder auch die Berichte über die biblischen Gestalten Martha von Bethanien und ihre Schwester Maria.

55 Vergleiche die Wortbedeutung im Grimm'schen Wörterbuch, im vorliegenden Buch im 3. Abschnitt des II. Kapitels.

56 Kafka, Franz: *Die acht Oktavhefte*. In: Kafka (2006): S. 549–608, S. 558.

57 Goethe (1990): S. 115.

58 Goethe (1990): S. 122. So wie Faust ergeht es auch dem modernen Menschen: Der Kapitalismus schöpft

wie Mephistopheles Geld ohne Wert, er bringt Wohlstand – und entfesselt die Gier. Für den Ökonomen Robert und den Philosophen Edward Skidelsky ist es in Anlehnung an Goethes Faust der »faustische Pakt«, den die Gesellschaft mit dem Kapitalismus eingegangen ist (Skidelsky, Robert und Skidelsky, Edward: *How Much is Enough? The Love of Money, and the Case for the Good Life*, Penguin, London 2012, S. 43–70).

59 Rosa, Hartmut: *Resonanz: Eine Soziologie der Weltbeziehung*, Suhrkamp, Berlin 2016, S. 316.

60 Hall, Edward T.: *The Silent Language*, Doubleday & Company, Garden City, New York 1959, S. 23.

61 Simmel, Georg: »Die Großstädte und das Geistesleben«. In: Kramme; Rammstedt; Rammstedt (1995), S. 116–131, S. 126.

62 Levine, 2016: S. 48–50. Robert Levine nennt als Einflüsse auf das Tempo neben der Industrialismus die Industrialisierung und den materiellen Wohlstand. Außerdem: Je mehr Menschen an einem Ort leben, desto schneller laufe dort das Leben ab. Zudem hätten auch heißere Orte ein langsameres Tempo – weil man sich dort nicht so schnell bewegen könne und es Angenehmeres gäbe als sich zu hetzen. Schließlich brauche man dort womöglich auch gar nicht so hart zu arbeiten, weil die Natur eben gnädiger zu den Menschen sei (vgl. Levine (2016): S. 46ff). Aber auch andere Entwicklungsmotoren der Moderne haben zum erhöhten Lebenstempo beigetragen – etwa die voranschreitende gesellschaftliche Ausdifferenzierung. Sie ist teils eine Reaktion auf die Zeitnot, bringt diese aber zugleich hervor, weil wir die ständig wachsenden und immer komplexeren Anforderungen befriedigen müssen. Schließlich begünstigt der Individualismus auch den Kapitalismus, der ja auf Konkurrenz, Egoismus und Flexibilität basiert.

63 Simmel, Georg: *Soziologie. Untersuchungen über die Formen der Vergesellschaftung*, Duncker & Humblot, Berlin 1908, S. 486.

64 Der Soziologe Zygmunt Bauman jedenfalls, der den gesellschaftlichen Zeitgeist mit dem kurzen Slogan »Ich shoppe, also bin ich« erfasst, glaubt: »Soziale Bindungen sind die ersten und wichtigsten Kollateralschäden der Kultur des Konsumismus.« (vgl. Titelinformation zu: Bauman, Zygmunt: *Leben als Konsum*, Hamburger Edition, Hamburg 2009; sowie Schramm, Stefanie und Wüstenhagen, Claudia: »Die tägliche Verführung« unter www.zeit.de)

65 Vergleiche Kenen, Regina: »Soapsuds, Space, and Sociability A Participant Observation of the Laundromat«. In: *Journal of Contemporary Ethnography*, Vol. 11, No. 2, July 1982, S. 163–183.

66 Vergleiche Ehn und Löfgren (2012): S. 26.

67 Vergleiche dazu auch: Paris(2015): S. 154–155.

68 Vgl. zur Kommunikation in vergangenen Jahrhunderten: Farman (2018): S. 9–12, S. 41–64. Vergleiche zur Rohrpost außerdem: Christiansen, Ulrich Alexis: »Mit Hochdruck durch den Untergrund« auf

www.spiegel.de sowie Gäthke, Sönke: »Technisch revolutionär – und abhörsicher« auf deutschlandfunk.de.

V. Die Warteschlange – eine Frage der Gerechtigkeit

1 Zitiert nach: Menke, Christoph: *Spiegelungen der Gleichheit*, Akademie Verlag, Berlin 2000, S. 138.

2 Aus dem Buch *How to be an Alien* von George Mikes, zitiert nach Moran (2008): S. 61.

3 Viele Details zum Warten an den Mühlen sind aufgrund fehlender Quellen umstritten. Hinweise finden sich etwa hier: Lück, Heiner: »Mühle, Mühlenrecht«. In: Cordes, A. u. a. (Hrsg.): *Handwörterbuch zur deutschen Rechtsgeschichte*, Bd. 3, Erich Schmidt Verlag, Berlin 2016, Sp. 1656–1662; Homeyer, Carl Gustav: *Des Sachsenspiegels Erster Theil, oder das Sächsische Landrecht nach der Berliner Handschrift v. J. 1369*, F. Dümmler, Berlin 1861; Wacke, Andreas: »Das Rechtssprichwort des Monats: Wer zuerst kommt, mahlt zuerst – Prior tempore potior iure«. In: *JA*, 1981, S. 94–98; Schlottau, Klaus: »Das Recht der Nutzung von Wind- und Wasserkraft bis zum 19. Jahrhundert«. In: Bayerl, Günter (Hrsg.): *Wind- und Wasserkraft. Die Nutzung regenerierbarer Energiequellen in der Geschichte*, VDI-Verlag, Düsseldorf 1989, S. 159–177; Schlottau, Klaus: »Die Wechselwirkungen zwischen der Entwicklung des Mühlenwesens und des Mühlenrechtes in der vorindustriellen Zeit«. In: *Technikgeschichte*, 52. Jg. (1985), Heft 3, S. 197–215; Drösser, Christoph: »Heißt es ›Wer zuerst kommt, mahlt zuerst‹?« unter: www.zeit.de; vergleiche außerdem zu den Müllern und den Mühlen: Werner, Johannes: *Du Müller, du Mahler, du Mörder, du Dieb! Berufsbilder in der deutschen Literatur*, C. H. Beck, München 1990.

4 Homeyer (1861): S. 288.

5 Und wer zuerst eine enge Brücke erreicht, »der darf zuerst überfahren« (Wacke (1981): S. 94), wie sowohl der *Sachsen-* als auch der *Schwabenspiegel* notierten. Bis heute ist dieses »Prioritätsprinzip« in verschiedenen Rechtsbereichen gültig: Wer etwa zuerst ein Patent anmeldet, dem wird dieses im Falle eines Streits meist auch zugesprochen. Bei der Frage, welcher Gläubiger welchen Teil eines gepfändeten Vermögens bekommt, wird die Sache schon komplizierter.

6 Moran, Joe: *Queuing for Beginners. The Story of Daily Life from Breakfast to Bedtime*, Profile Books, London 2008, S. 60–61 (eigene Übersetzung). Im Original: »The orderly queue seems to have become an established social form in the early nineteenth century, a product of more urbanised, industrialised societies which brought masses of people together in one place.« Auch andere Quellen deuten auf diesen Ursprung der Warteschlange hin: Göttlich, Andreas: »Einleitung. Warten – Gesellschaftliche Dimensionen und kulturelle Formen«. In: *Warten – Gesellschaft – Kultur: Sociologia Internationalis*, Bd. 54,

Duncker & Humblot, Berlin 2015, S. 1–15, S. 11. Zudem berichtet beispielsweise ein Schwedisches Eisenbahnhardbuch aus der Mitte des 19. Jahrhunderts über die neue Gepflogenheit, eine Warteschlange zu bilden (vgl. Ehn und Löfgren (2012): S. 56).

7 Kellermann (2019): S. 38–39 (eigene Übersetzung).

8 Das berichtet Tim Engartner in seinem Artikel »11.000 Jahre Verspätung« unter www.zeit.de.

9 Vergleiche zu den Zitaten von George Orwell und George Mikes: Moran (2008): S. 61. Die Geschichten des Historikers Thomas Carlyle sind hier nachzulesen: Moran (2008): S. 61 sowie: Carlyle, Thomas: *The French Revolution: A History*, Chapman and Hall, London 1857, S. 196.

10 Vergleiche zu den britischen Wartegeschichten: »Bank of Scotland machine gives out extra cash in Rutherglen« auf bbc.com; de Castella, Tom: »England riots: What's the evidence gangs were behind the riots?« auf bbc.com; Beckford, Martin, u. a.: »London riots: Looting and violence« auf www.telegraph.co.uk; »Legendäre Warteschlangen. Warum stellen wir uns so an?« auf www.spiegel.de.

11 Czarnomski, F. B. (Hrsg.): *The Wisdom Of Winston Churchill*, George Allen & Unwin, London 1956, S. 30

12 Hall (1959): S. 201 (eigene Übersetzung).

13 Aus dem Erzählband *Harur und das Meer der Geschichten*, zitiert nach: Ehn und Löfgren (2012): S. 64.

14 Im Jahr 2018 stand jeder Autofahrer in Bogotá insgesamt 272 Stunden im Stau, vgl. Müller, Christina: »Hier stehen Autofahrer mehr als sechs Tage pro Jahr im Stau« auf www.sueddeutsche.de.

15 Vergleiche zur Geschichte aus Kuba: Ehn und Löfgren (2012): S. 66. Die Geschichte über die Bezirknappheit in Nigeria lässt sich im Buch *Nichtstun* (Ehn und Löfgren (2012): S. 70–71) nachlesen sowie im Original hier: Wiseman, John A.: »Aspects of Social Organisation in a Nigerian Petrol Queue«. In: *The Journal of Modern African Studies*, Vol. 17, No. 2 (Jun. 1979), S. 317–323.

16 Vergleiche zu den Wartegeschichten aus dem Ostblock: Gräff (2015): S. 55–69; Ehn und Löfgren (2012): S. 67–69; Moran (2008): S. 64; Mazurek, Malgorzata: »Schlangestehen in der Volksrepublik Polen: Geschlecht und Konsumentenidentität zwischen privater und öffentlicher Sphäre«. In: Kraft, Claudia (Hrsg.): *Geschlechterbeziehungen in Ostmitteleuropa nach dem Zweiten Weltkrieg: soziale Praxis und Konstruktion von Geschlechterbildern. Vorträge der Tagung des Collegium Carolinum in Bad Wiessee vom 17. bis 20. November 2005*, Oldenbourg, München 2008, S. 251–275; Levine (2015): S. 145–146;

www.spiegel.de sowie Gäthke, Sönke: »Technisch revolutionär – und abhörsicher« auf deutschlandfunk.de.

69 Aus Handke, Peter: *Das Gewicht der Welt: Ein Journal (November 1975 – März 1977)*. Zitiert nach: Overath (2015).

Hraba, Joseph: »Shortages in Poland: Looking beyond the Queue into a World of Making Do«. In: *The Sociological Quarterly*, Vol. 26, No. 3, Special Feature: *The Sociology of Nuclear Threat* (Autumn, 1985), Taylor & Francis, S. 387–404; zu den Zahlen, wie lange die Sowjetbevölkerung gewartet hat: Schwartz, Barry: »Waiting, Exchange, and Power: The Distribution of Time in Social Systems«. In: *American Journal of Sociology*, Volume 79, Januar 1974, S. 841–871, S. 841.

17 Vergleiche zu den Warteschlangen in Großbritannien: Moran (2008): S. 60–71.

18 Vergleiche zur Warteschlangentheorie: Dambeck, Holger: »Wie wir alle schneller shoppen könnten« unter www.spiegel.de; Metzger, Jochen und Harms, Sören: »Keine Angst vor Schlangen« unter www.brandeins.de.

19 David H. Maister, ehemals Professor an der Harvard Business School, untersuchte, wie man Wartezeiten erträglicher macht. Unter anderen stellt er dabei die Regeln auf, Langeweile zu vermeiden und die Wartenden zu beschäftigen, sie nicht im Unklaren über ihre Wartezeit zu lassen sowie Gründe für die Verspätung zu präsentieren. Zudem sei es enorm wichtig, ein faires System des Wartens einzuhalten. Das heißt: First come, first served. Außerdem sei das Warten in der Gruppe stets angenehmer als alleine zu warten. Und schließlich sei man umso länger bereit zu warten, desto wertvoller der Service ist (vergleiche: Maister, David: »The Psychology of Waiting Lines«, online unter: davidmaister.com). Vergleiche zur »Psychologie« der Warteschlange außerdem: Levine (2016): S. 145–173; Grannemann, Kathrin: »Warum es an der anderen Kasse immer schneller geht« unter: www.wiwo.de; Schneider, Susanne: »Stellt euch nicht so an!« unter sz-magazin.sueddeutsche.de; Hartmann, Corinna: »Phänomene der Warteschlange« unter: www.spektrum.de.

20 Moran (2008): S. 60.

21 Vergleiche Hraba (1985): S. 395 und Mazurek (2008): S. 274.

22 Cooley, Charles Horton: *Human Nature and the Social Order*, Charles Scribner's Sons, New York, 1902: S. 250–251 (eigene Übersetzung).

23 Zu den Untersuchungen von Leon Mann: »Queue Culture: The Waiting Line as a Social System«. In: American Journal of Sociology, Vol. 75, No. 3 (Nov. 1969), The University of Chicago Press, S. 340–354. Vergleiche zur Konkurrenz unter Wartenden auch: Paris (2015): S. 165–166.

24 Vgl. zu Milgrams Experiment in Warteschlangen: Milgram, S., Liberty, H., Toledo, R., Wackenhut, J: »Response to intrusion into waiting lines«. In: *Journal of Personality and Social Psychology*, 1986, 51(4), S. 683–689.

25 Mann (1969): S. 349. Im Original: »Therefore, if verbal censure fails, members of the queue fall back on a conspiracy of silence to ignore minor violations.«

26 Levine (2016): S. 173.

27 Das Gegenteil des Windhundprinzips wäre in gewisser Weise die »Ersitzung«, bei der man das Eigentum an einer beweglichen Sache dadurch erwerben kann, dass sich diese für eine bestimmte Frist ungestört und redlich im eigenen Besitz befindet – das heißt, dass man glaubt, wirklich der Eigentümer zu sein, obwohl die Sache einem anderen abhanden gekommen ist. So heißt etwa in § 937 BGB: »Wer eine bewegliche Sache zehn Jahre im Eigenbesitz hat, erwirbt das Eigentum (Ersitzung).« Bei Grundstücken beträgt die Frist gar 30 Jahre, dafür fällt der Redlichkeit weg.

28 Mit gutem Recht lässt sich die Warteschlange also als Sinnbild der Mittelschicht verstehen – die Unterschicht kann und die Oberschicht muss oft nicht dort stehen. Und während man den Adel früher an seiner Kleidung erkannte, bleiben die ganz Reichen zumindest in Deutschland heute weitgehend unsichtbar.

VI. Im Netz der Macht

1 Barthes, Roland: *Fragmente einer Sprache der Liebe*, Suhrkamp, Berlin 2015, S. 103.

2 Bourdieu, Pierre: *Meditationen. Zur Kritik der scholastischen Vernunft*, Suhrkamp, Frankfurt am Main 2001, S. 293. Diesem kurzen Text sind auch die anderen Zitate Bourdieus aus dem vorliegenden Buch entnommen.

3 Vergleiche zum Warten der Boten im Altertum den 1. Abschnitt des II. Kapitels dieses Buches.

4 Bourdieu (2001): S. 293.

5 Vergleiche zu den Machtverhältnissen beim Warten: Paris(2015); Bourdieu (2001); Schwartz (1974).

6 Weber, Max: *Wirtschaft und Gesellschaft. Grundriß der verstehenden Soziologie*, Mohr Siebeck, Tübingen 2002, S. 28.

7 Ein berühmtes Beispiel für einen Politiker, der seine Amtskolleg:innen immer wieder warten lässt, ist Wladimir Putin (vergleiche zum Machtanspruch von Wladimir Putin und dem Wartenlassen: Heywinkel, Mark: »So lange ließ Putin andere Staatsoberhäupter auf sich warten« online unter ze.tt.) – doch wenn es nur das wäre: Im Lichte von Angriffskriegen und autoritärem Regieren erscheint das Wartenlassen vergleichsweise harmlos.

8 Vergleiche Schwartz (1974): S. 155–160. Zu einem ähnlichen Schluss kommen auch Robert Levine (Levine (2016): S. 159–160) und Rainer Paris (Paris (2015): S. 142).

9 Ein gutes Beispiel ist etwa die Geschichte des rechten Multimilliadärs Elon Musk, der vermutlich am Berghain, dem berühmtesten Club Berlins, abgewiesen wurde: vgl. »Wie Elon Musks Partynacht im Berghain scheiterte« auf rbb24.de.

10 Emily Post, die für ihre Schriften über feine Sitten bekannt wurde, notierte: »Es gibt keinen unverzeihlicheren Bruch der Etikette, als nicht im Empfangs-

zimmer zu stehen, wenn der Präsident eintritt.« (zitiert nach: Levine (2016): S. 172–172. Vgl. außerdem: Schwartz (1974): S. 866).

11 Vergleiche zur Wartegeschichte aus Polen: Levine (2016): S. 151–152.

12 Während manch Gefangener eine Ausbildung machen darf oder wie der Protagonist des Films *Birdman of Alcatraz* die Möglichkeit hat, zu einer Koryphäe auf dem Gebiet der Vogelkunde zu werden, müssen andere ihre Zeit in Isolationshaft absitzen. Je größer die Ohnmacht der Wartenden, desto totalitärer ist also auch die dahinterstehende Macht. Dietrich Bonhoeffer, einer der Köpfe des evangelischen Widerstandes gegen Hitler, nutzte seine Zeit in Gefangenschaft übrigend dazu, Briefe zu schreiben. Immer wieder thematisierte er dabei auch das Warten.

13 Schwartz (1974): S. 841 (eigene Übersetzung).

14 Vergleiche Reuter, Timo: »Warten auf … das Ende der Schlange«. In: *Galore Interviews*, 04/2018, S. 146; Levine (2016): S. 161–164; Gräff (2015): S. 56; »Geld verdienen mit Anstehen« unter www.zeit.de.

15 Levine (2016): S. 165. Vgl. zum privilegierten Warten auch: Paris (2015): S. 155.

16 Vergleiche Schwartz, Barry: »The Social Ecology of Time Barriers«. In: *Social Forces*, Vol. 56, No. 4 (Jun., 1978), S. 1203–1220.

17 In diesem Buch werden die Begriffe »Schwarze« und »Weiße« Menschen im Einklang mit den Empfehlungen der Neuen Deutschen Medienmacher*innen groß geschrieben. Im Glossar (»Formulierungshilfen für die Berichterstattung im Einwanderungsland«, Berlin, 2015. Auch online unter https://glossar.neue medienmacher.de) heißt es etwa: »Die Initiative ›der braune mob e.V.‹ schreibt: ›Es geht nicht um ›biologische‹ Eigenschaften, sondern gesellschaftspolitische Zugehörigkeiten.‹ Um das deutlich zu machen, plädieren sie und andere dafür, die Zuschreibungen Schwarz und Weiß groß zu schreiben« (S. 13).

18 Schwartz (1978): S. 1212. Im Original: »The ecology of status, class, and medical care is the axis to which a discussion of the distribution of time must be linked.«

19 Vergleiche Schwartz (1974). Monopol und Wettbewerb vergleicht Schwartz dort vor allem auf S. 855.

20 Zu den Privilegien im Ostblock: Gräf (2015): S. 175; Mazurek (2008): S. 273–274; Hraba (1985): S. 394.

21 Vergleiche zu den Untersuchungen zum Schlangestehen im sozialistischen Polen: Mazurek (2008).

22 In Europa verdienen Frauen im Schnitt immer noch weniger als Männer, in Deutschland etwa lag der »Gender Pay Gap« im Jahr 2018 bei rund 21 Prozent. Zum Gender Pay Gap finden sich interessante Hintergründe bei der Europäischen Kommission: »EU Action Plan 2017–2019. Tackling the gender pay gap«, Brüssel, 2017.11.2017. Online unter: ec.europa.eu. Aber auch das Statistische Bundesamt verzeichnet zum Gehaltsunterschied zwischen Männern und Frauen zahlreiche Publikationen, online auf der

Übersichtsseite »Verdienste und Verdienstunterschiede« unter www.destatis.de.

23 Vergleiche zur Trauerzeit: Gräff (2015): S. 113–122. Außerdem zur komplexen Debatte über Trauer im medizinischen Klassifikationssystem: Wagner, Birgit: »Ist Trauer eine psychische Erkrankung?«. In: Psycœotherapeutenjournal 01/2016, S. 250–255. Außerdem: Freund, Andrea: »Nach zwei Wochen Trauer ist aber bitte Schluss!« auf www.faz.net sowie: Jacobi, Frank; Maier, Wolfgang; Heinz, Andreas: »Diagnostic and Statistical Manual of Mental Disorders: Hilfestellung zur Indikation« unter: www.aerzteblatt.de.

24 Vergleiche zur Situation der Frauen in den vereinigten Arabischen Emiraten etwa den Bericht von Amnesty International: »Vereinigten Arabischen Emirate 2017/18«, dort ist unter dem Aspekt »Frauenrechte« vermerkt: Frauen werden weiterhin durch Gesetze und im täglichen Leben benachteiligt.« (vgl. Jahresbericht »Vereinigte Arabische Emirate 2017/18« unter: www.amnesty.de.

25 Vergleiche zu den Fake News zur Wartezeit auf Frauen: Peters, Bernd: »Wissenschaftlich bewiesen: Frauen kosten Männer 1 Jahr ihres Lebens« am 27.7.2011 auf der Webseite der Tageszeitung Express: www.express.de.

26 Die Geschichte des »Birkenhead Drill« lässt sich nachlesen bei: Gräff (2015): S. 93–94 sowie hier: Austilat, Andreas: »Frauen und Kinder zuerst!« unter www.tagesspiegel.de und hier: Dau, Daniela: »Frauen und Kinder zuerst – ein Mythos« auf www.sueddeutsche.de.

27 Die Arbeit der schwedischen Forscher Oscar Erixson und Mikael Elinder zur Überlebenschance von Männern und Frauen bei Schiffsunglücken findet sich hier: Elinder, Mikael und Erixson, Oscar: »Gender, social norms, and survival in maritime disasters«. In: PNAS, August 14, 2012, 109, (33), 13220–13224.

28 Roth, Josef: »Das Wartezimmer«. In: Westermann, Klaus (Hrsg): Joseph Roth: Werke, Band 2: Das journalistische Werk 1924–1928, Kiepenheuer & Witsch, Köln, 1989, S. 37–39, S. 39

29 Paris (2015): S. 148.

30 Ebd S. 151.

31 Ebd S. 153–154.

32 Kafka, Franz: »Der Prozess«. In: Kafka (2006): S. 9–144, S. 47.

33 Ebd. S. 49.

34 Wenn Geflüchtete jahrelang auf eine Aufenthaltsgenehmigung oder wochenlang auf einem Rettungsschiff auf dem Mittelmeer ausharren müssen, ist das ebenso als Abschreckung zu verstehen wie die Illegalisierung von Menschen. Ihrer Rechte beraubt, dürfen sie auf beinahe nichts mehr warten und fallen gänzlich aus den (Warte-)Strukturen heraus.

35 Das Sozialministerium in Buenos Aires ist das »Ministerio de Desarrollo Social«. Auyeros Untersuchungen finden sich hier: Auyero, Javier: »Patients of the State: An Ethnographic Account of Poor People's

Waiting«. In: *Latin American Research Review Vol. 46*, No. 1, 2011, S. 5–29.

36 Besonders von den Erniedrigungen sind übrigens erneut die Frauen betroffen, sie stellen die Mehrzahl der Wartenden. Und während Männer als unabhängige Subjekte aufgefasst werden, die so schnell wie möglich wieder eine Arbeit aufnehmen sollen, werden Frauen zu unterwürfigen Bittstellerinnen des Staates gemacht (vgl. Auyero (2011): S. 24.).

37 Darauf machte auch schon Barry Schwartz aufmerksam: Schwartz (1974): S. 861.

38 Kracauer, Siegfried: »Über Arbeitsnachweise«. In: Kracauer, Siegfried: *Straßen in Berlin und anderswo*, Suhrkamp, Frankfurt am Main 2009, S. 72–82, S. 74.

39 Ebd. S. 78.

40 Ebd. S. 77.

41 Freud, Sigmund: »Massenpsychologie und Ich-Analyse«. In: *Gesammelte Werke*, Band 1, Jazzybee Verlag, Altenmünster 2015, S. 350–397, S. 365.

42 Vergleiche zu Adenauers Sitzfleisch: Birnbaum, Robert: »Endphase der Jamaika-Gespräche: Eine Marathon-Sitzung soll es richten«, online unter www.tagesspiegel.de; Birnbaum, Robert: »Kanzleramt: Das erste Haus am Platz«, online unter www.tagesspiegel.de; Biermann, Werner: *Konrad Adenauer: Ein Jahrhundertleben*, Rowohlt Verlag, Berlin 2017.

43 Vergleiche zum österreichischen Staatsvertrag etwa: Mueller, Wolfgang: »Wer ist Samuel Reber junior?«. In: *Die Furche*, vom 13. Mai 2015, S. 11; Mueller, Wolfgang: »1955 – Staatsvertrag und Neutralität«. In: Scheutz, Martin und Strohmeyer, Arno (Hrsg.): *Von Lier nach Brüssel: Schlüsseljahre österreichischer Geschichte (1496–1995)*, Studien Verlag, Innsbruck, Wien, Bozen 2010, S. 305–325.

44 Der Politikwissenschaftler Franz Walter analysierte zu Kohls 80. Geburtstag auf Spiegel Online diese

Gaben: »Kohl konnte warten. Er war geduldig, zäh, resignierte nicht vorschnell, saß schwierige Zeiten mit langem Atem aus« (vgl. Walter, Franz: »Der Machtmenschler« online unter www.spiegel.de). Zu Kohls Sitzfleisch hat Rainer Paris einen Text geschrieben: »Diktatur des Sitzfleisches«. In: Paris, Rainer: *Normale Macht*, UVK, Konstanz 2005, S. 61–64. Kohl musste in seiner Amtszeit viele Skandale überstehen: Als der Vier-Sterne-General Günter Kießling wegen seiner angeblichen Homosexualität in den vorzeitigen Ruhestand versetzt wurde, saß Kohl den Skandal ebenso einfach aus wie ein Jahr später, als Kritik am Besuch des Kanzlers auf dem Soldatenfriedhof Bitburg laut wurde, wo auch SS-Angehörige begraben waren (vgl. zu Kohls Skandalen etwa: Jansen, Klaus: »Aussitzen – Wenn Politiker auf Zeit spielen« unter www.dw.com; »Kohl: Waren die Fragen zu schwierig?«. In: *Der Spiegel*, 18/1986, S. 19–22).

45 Sun Tzŭ: *The Art of War*, Giles, Lionel (Hrsg.), LU-ZAC & Co, London 1910, S. 24 (eigene Übersetzung).

46 Zu Napoleon: Zamoyksi, Adam: *1812: Napoleons Feldzug in Russland*, dtv, München 2014. Außerdem: Ullrich, Volker: »Der Tod der Grande Armée« online unter www.zeit.de; Kilb, Andreas: »Kälter als der Tod« auf faz.net.

47 Zitiert nach: Tschechne, Martin: »Als der russische Winter die Grande Armée besiegte« online unter www.deutschlandfunk.de.

48 Beide Zitate Bismarcks finden sich hier: Pflanze, Otto: *Bismarck: Der Reichsgründer*, C.H. Beck, München 2008, S. 95.

49 Zitiert nach: Levine (2016): S. 170. Vergleiche zu Walter Winchell außerdem: Whitman, Alden: »Walter Winchell Is Dead on Coast at 74(2)«, *New York Times* vom 21.2.1972, S. 1, online unter: www.nytimes.com.

VII. Die Kraft des Wartens

1 Corso, Gregory: *An Accidental Autobiography: The Selected Letters of Gregory Corso*, Morgan, Bill (Hrsg.), New Directions Publishing, New York 2003, S. 303.

2 Levine (2016): S. 169.

3 Vergleiche zur Macht des Aussitzens bei Helmut Kohl den 5. Abschnitt des VI. Kapitels.

4 Levine (2016): S. 169.

5 Hesse, Hermann: *Siddhartha*, Suhrkamp, Frankfurt am Main 2007, S. 55.

6 Ebd. S. 57.

7 Walser, Robert: *Jakob von Gunten. Ein Tagebuch* (1909). Jochen Greven (Hrsg.), Das Gesamtwerk, Band 6, Suhrkamp, Zürich und Frankfurt am Main, 1978, S. 93.

8 Vergleiche: Hegel, Georg Wilhelm Friedrich: *Phänomenologie des Geistes*, dort vor allem der Abschnitt: »Selbstständigkeit und Unselbstständigkeit des Selbstbewußtseins; Herrschaft und Knechtschaft« im Abschnitt »IV. Die Wahrheit der Gewißheit seiner

selbst«. Vergleiche in Bezug auf die Ermächtigung Jakob von Guntens vom Knecht zum Herrn: Erwig (2018): S. 117.

9 Vergleiche zur Niederlage von Napoleons Grande Armée den 5. Abschnitt des VI. Kapitels.

10 »Deeds, not words« war das Motto der Suffragetten und der von Emmeline Pankhurst gegründeten »Women's Social and Political Union«. Vgl. Kippenberger, Susanne: »Frauen an der Front für ihre Rechte«, online unter www.tagesspiegel.de.

11 Vergleiche zum Hungerstreik: Buchmann, Maximilian: »Hungerstreiks. Notizen zur transnationalen Geschichte einer Protestform im 20. Jahrhundert«, auf der Webseite der Bundeszentrale für politische Bildung unter www.bpb.de; Vernon, James: *Hunger. A Modern History*, Cambridge, MA / London, The Belknap Press of Harvard University Press 2007; Streng, Marcel: »›Hungerstreik‹. Eine politische Subjektivierungspraxis zwischen ›Freitod‹ und ›Überle-

benskunst‹ (Westdeutschland, 1970–1990)«. In: El-berfeld, Jens und Otto, Marcus (Hrsg.): *Das schöne Selbst. Zur Genealogie des modernen Subjekts zwischen Ethik und Ästhetik*, Transcript Verlag, Bielefeld 2009, S. 333–365; vgl. zum »Troscad«: Tolmein, Oliver: »Der Körper als Waffe«, online auf jungle.world.

12 Vergleiche zum Frauenwahlrecht: Widmann, Arno: »Wir sollten alle Feministinnen sein« auf www.fr.de; »Kalenderblatt: 12.11.1918. Frauenwahlrecht in Deutschland« und Patalong, Frank: »Suffragetten-Bewegung. Bürgerkrieg der Geschlechter« online unter: www.spiegel.de.

13 Vergleiche zu Gandhi: »02. Oktober 2004 – Vor 135 Jahren: Mahatma Gandhi wird geboren« auf wdr.de; vgl. außerdem der Text von Banu Bargu: »Gandhi's Fasts« online unter: blogs.law.columbia.edu; Jahn, Egbert: »Die fatale Verklärung des Politikers Mohandas K. Gandhi zum Heiligen. Seine Rolle in der nationalen Unabhängigkeitsbewegung Indiens«. In: Jahn, Egbert: *Politische Streitfragen. Band 5: Krieg und Kompromiss zwischen Nationen und Staaten*, Springer VS, Wiesbaden 2019, S. 91–110.

14 Zunehmend bröckelt das Bild des Helden Gandhi. Ihm werden Sexismus und gerade wegen seiner Äußerungen in Südafrika ein in Teilen rassistisches Weltbild sowie die Unterstützung der britischen Kolonialmacht gegen die Schwarze Bevölkerung vorgeworfen. Davon zeugt etwa der Artikel »Gandhi war ein Rassist und zwang Mädchen, mit ihm im Bett zu schlafen« von Mayukh Sen auf www.vice.com/de. Vgl. auch den Artikel »What did Mahatma Gandhi think of black people?« von Rama Lakshmi unter: www.washingtonpost.com; Desai, Ashwin und Vahed, Goolam: *The South African Gandhi: Stretcher-Bearer of Empire (South Asia in Motion)*, Stanford University Press, Stanford 2015.

15 Zum Hungerstreik der IRA: »Wartende Schatten«. In: *Der Spiegel*, 34/1981, S. 87–89; »Bereit zu sterben«. In: *Der Spiegel*, 18/1981, S. 136–137; Pietsch, Hans: »Ein Leben für die IRA« unter www.deutschlandfunk.de.

16 Zum Hungerstreik der RAF: Sontheimer, Michael: »Holger, der Kampf geht weiter!« unter www.spiegel.de. Vergleiche zum Kaliwerk: Hentsch, Franziska: »Der Arbeitskampf von Bischofferode« unter: www.dw.com; »Stollen gen Osten«. In: *Der Spiegel*, 5/1993, S. 103–106. Vergleiche zum Streik von Irom Sharmila: »Menschenrechtsaktivistin beendet Hungerstreik nach 16 Jahren« unter www.tagesspiegel.de.

17 Vergleiche zum Streik in Ägypten: Kittner, Michael: *Arbeitskampf – Geschichte, Recht, Gegenwart*, C.H. Beck, München 2005, S. 9–11; vergleiche zur Streikgeschichte: Kittner (2005); zur Geschichte des Streiks und des Koalitionsverbots: »Chronologie: 1794–1847«, online unter: library.fes.de. Vergleiche zu den Märzunruhen: »Einer muß der Bluthund werden«. In: *Der Spiegel*, 13/1988, S. 77–86. Vergleiche zum Streik in Chicago »Illinois: 10-Year Hotel Strike Ends« unter www.nytimes.com.

18 Morrison, Toni: *The Source of Self-Regard: Selected Essays, Speeches, and Meditations*, Alfred A. Knopf, New York 2019, S. 111.Toni Morrison bekam 1993 als erste afroamerikanische Autorin den Literaturnobelpreis.

19 »Einer für alle, alle für einen!« – das ist das Motto der drei Musketiere. Zitiert nach: Dumas, Alexandre: *Die drei Musketiere*, Aufbau Verlag, Berlin 2011, S. 108.

20 Und so beobachtet der Soziologe Rainer Paris in seinen Feldstudien über das andere Äntern: »Weil das Interesse des einen das des anderen blockiert, kann es in diesem Rahmen allenfalls punktuelle Solidarität geben.« (Paris (2015): S. 166) Zur Konkurrenz tragen auch die gegenseitigen Verdachtsmomente bei: Viele Menschen machen für die lange Warterei nicht etwa die gesellschaftlichen und politischen Strukturen verantwortlich, sondern unschuldige Sprechstundenhilfen und Busfahrerinnen – oder gar die Mitwartenden. Im neoliberalen Zeitgeist wird die Verantwortung für Probleme im Persönlichen statt im Sozialen gesucht: Nicht etwa der ausbeuterische Arbeitsmarkt ist Schuld an der Arbeitslosigkeit Einzelner, sondern ihre »Faulheit«. Und so belagern all diese Kranken und Arbeitslosen nun »selbstverschuldet« die Wartezimmer (vgl. dazu auch die Untersuchungen von Javier Auyero: Auyero (2011): S. 22). Ebenso wird die Verantwortung, Vordrängler zu vertreiben, in der Warteschlange oft auf diejenigen abgewälzt, die direkt dahinter stehen – sie könnten ja durch ihr passives Aussehen oder eine mangelhafte Überwachung den Drängler zu seinen Taten ermutigt haben (vgl. die Untersuchungen von Leon Mann: Mann (1969): S. 348).

21 Göttlich, Andreas: »Gemeinsam Warten. Zur Sozialisierbarkeit eines Grundmodus menschlicher Zeiterfahrung«. In: *Warten – Gesellschaft – Kultur: Sociologia Internationalis*, Duncker & Humblot, Berlin 2016, S. 119–141, S. 120–121.

22 Vergleiche: Tang, Lijun: »Waiting together: Seafarer-partners in cyber-space«. In: *Time & Society* (2012), 21(2), S. 223–240.

23 Auyero(2011): S. 5 (eigene Übersetzung).

24 Auch die Medienwissenschaftlerin Sarah Sharma fordert in ihrem Buch einen solidarischer Umgang mit der Zeit: Sharma, Sarah: *In the Meantime: Temporality and Cultural Politics*, Duke University Press, Durham NC 2014.

25 Angelou, Maya: *Letter to My Daughter*, Random House, New York 2008, S. 75.

26 Der bloße Ärger über Menschen, die uns warten lassen, sei »eine Ablenkung von den größeren sozialen Strukturen«, wie der Kommunikationswissenschaftler Jason Farman schreibt (Farman (2018): S. 192, eigene Übersetzung).

27 Ehn und Löfgren (2012): S. 73. Vgl. auch: Ehn und Löfgren (2012): S. 69; Hraba (1985): S. 392 und S. 395.

28 Mazurek (2008): S. 254.

29 Das stellte bereits Barry Schwartz in seinen Untersuchungen zum Warten fest: Schwartz (1974): S. 860.

30 Dreher, Jochen (2016): »Die Macht des Wartens in
der Krise. Auferlegte Zeitstrukturen im Widerstreit«.
In: *Warten – Gesellschaft – Kultur: Sociologia Internationalis*, Bd. 54, Heft 1/2, S. 97–117, S. 98.

31 Vergleiche zu den Vorfällen in Ellwangen etwa
»Schlag ins Gesicht der rechtstreuen Bevölkerung«
unter www.sueddeutsche.de.

32 Vergleiche zum Kirchenasyl: Krannich, Matthias:
*Das Kirchenasyl. Eine empirische Studie zu den Aus-
wirkungen auf das Gemeindeleben*. Magisterarbeit an
der Humboldt Universität zu Berlin, 2011, unter:
www.kirchenasyl.de; Hampel, Torsten: »Die Heilig-
Kreuz-Kirche – ein moralischer Multifunktions-
raum« unter www.tagesspiegel.de.

33 Der Begriff Ermächtigung ist insofern historisch belastet, als dass die Nationalsozialisten unter dem
Massenmörder Adolf Hitler 1933 ein »Ermächtigungsgesetz« erließen, um ihre Diktatur zu festigen
– übrigens nicht das erste Ermächtigungsgesetz in der
Weimarer Republik. Dennoch soll der Begriff hier
verwendet werden, und zwar in einem emanzipatorischen, an das englische »Empowerment« angelehnten
Verständnis.

34 Auch in Deutschland werden Menschen mitunter
rechtswidrig abgeschoben (vgl.: Biermann, Kai und
Polke-Majewski, Karsten: »Abschieben um jeden
Preis« unter www.zeit.de oder »Afghane soll illegal
abgeschoben worden sein« unter www.spiegel.de.

35 Vor dem Sommer 2018 lag diese Frist in der Regel
noch bei sechs Monaten, seither wurde sie je nach
Fallkonstellation auf bis zu 18 Monate ausgeweitet
(vgl.: von Bullion, Constanze: »Schwieriges Kirchenasyl« auf www.sueddeutsche.de sowie das »Merkblatt
Kirchenasyl im Kontext von Dublin-Verfahren« vom
Bundesamt für Migration und Flüchtlinge unter
www.bamf.de). Diese Verschärfung ist indes nur eine
von vielen restriktiven Maßnahmen im Umgang mit
dem Asylrecht, das in ganz Europa seit vielen Jahren
zusammengestutzt wird, während der zunehmend ver-
rohte Umgang mit Geflüchteten die perfideste Vorhut
der Entrechtung bildet. Während das Asylrecht also
immer weiter ausgehöhlt wird, sehen immer mehr
Menschen ihre letzte Chance im Kirchenasyl: Haben
in Deutschland 2014 noch etwa 800 Geflüchtete dort

Zuflucht gesucht, waren es 2018 schon über
2000 Menschen (die Zahlen stammen von der »Bun-
desarbeitsgemeinschaft Asyl in der Kirche«, vgl. online: www.kirchenasyl.de/aktuelles). Neben dem tradi-
tionellen Kirchenasyl wird Geflüchteten zunehmend
auch sogenanntes Bürgerasyl angeboten.

36 Frank, Anne: *Gesamtausgabe: Tagebücher – Geschichten und Ereignisse aus dem Hinterhaus – Erzählungen – Briefe – Fotos und Dokumente*, S. Fischer Verlag,
Frankfurt am Main 2013, S. 347.

37 Gärtner, Kurt u.a.: *Findebuch zum mittelhochdeutschen Wortschatz. Mit einem rückläufigen Index*. S.
Hirzel, Stuttgart 1992, Bd. 1, Sp. 279. Online unter:
woerterbuchnetz.de.

38 Bourdieu (2001): S. 297.

39 Vergleiche zum lebenslangen Warten auch: Schilling,
Heinz: »Zeitlose Ziele. Versuch über das lange Warten«. In: Schilling (2002): S. 245–310.

40 Gräff (2015): S. 143. Allerdings ergänzt der Gefangene
später auch: »Ich habe überhaupt Bedürfnisse nach
materiellen Dingen abgelegt, das ist mir gefährlich
gut gelungen. Was meine scheinbaren Gegner nicht
wissen, ist, dass ich mir aber die Sehnsucht nach den
nicht-kommerziellen Dingen bewahrt habe, nach
Freundschaft und Zuwendung – sonst wäre ich
schon total kaputt.«

41 Vgl. Kafka, Franz: »Der Prozess«. In: Kafka (2006):
S. 9–144, dort: S. 135–136.

42 Zitiert nach: Campa, Andrew J.: »Crescenta Valley
High seniors graduate with distinctions« online unter www.latimes.com.

43 Zitiert nach: Barros, Marcelo: »Wo steht die Befrei-
ungstheologie?«, im Oktober 2014 bei *Luxemburg –
Gesellschaftsanalyse und linke Praxis*, online unter
www.zeitschrift-luxemburg.de.

44 Macy, Joanna und Johnstone, Chris: *Active Hope:
How to Face the Mess We're in Without Going Crazy*,
New World Library, Novato California 2012, S. 35
(eigene Übersetzung).

45 Die Äußerungen Václav Havels sind seiner Rede
»Speech of Mr. Vaclav Havel on the Academy of Humanities and Political Sciences Paris, October 27,
1992« entnommen. Auszüge davon finden sich auch
in einer Veröffentlichung in der *New York Times*,
»Planting, Watering and Waiting«, online unter:
www.nytimes.com (eigene Übersetzung).

VIII. Mach mal langsam

1 Vgl. Frost, Robert: *The Poetry of Robert Frost*, The
Modern Library, New York 1946, S. 345.

2 Rosa, Hartmut: »Schnelllebige Moderne«. In: Schi-
mank, Uwe; Schöneck, Nadine M. (Hrsg.): *Gesellschaft begreifen: Einladung zur Soziologie*, Campus
Verlag, Frankfurt am Main 2008, S. 143–153, S. 152.

3 Köhler, Peter: *Die besten Zitate der Politiker. Mehr als
1.000 prägnante Sprüche. Geistreich und kurios*, humboldt, Hannover 2008, S. 82. Vgl. zu Rosa Luxemburg auch: Demirović, Alex: »Eine neue Zivilisation.

Warum die Freiheit der Einzelnen Bedingung für die
Freiheit aller ist«. In: Rosa-Luxemburg-Stiftung
(Hrsg.): *Luxemburg Gesellschaftsanalyse und linke Pra-
xis: »Ich werde sein«*, 3/18, Berlin, S. 18–25.

4 Stäblein (1994): S. 9.

5 Gräff (2015): S. 176.

6 Hodgkinson (2014): S. 60.

7 Schweizer, (2016): S. 81 (eigene Übersetzung).

8 Vergleiche zur Macht kleiner Verzögerungen:
Schwartz (1974): S. 863–864.

9   Köhler (2011): S. 30.

10 Benjamin, Walter: »Über den Begriff der Ge-
    schichte«. In: Tiedemann, Rolf und Schweppenhau-
    ser, Hermann (Hrsg.): *Gesammelte Schriften*, Band I,
    Suhrkamp, Frankfurt am Main 1991, S. 691–704,
    S. 697–698.

11 Adorno, Theodor W.: *Minima Moralia*, Suhrkamp,
    Frankfurt am Main 2003, S. 43.

12 Zitiert nach: Geißler (2014): S. 152.

13 Vergleiche auch: Rosa (2014): S. 146–149, S. 252–254.

14 Rosa (2014): S. 176–194.

15 Der Sozialforscher Manfred Garhammer hat unter-
    sucht, wer überhaupt von Zeitnot betroffen ist (vgl.
    Garhammer, Manfred: »Zeitnot und Geldnot – Zeit-
    wohlstand und materieller Wohlstand: alte und neue
    Ungleichheiten in der Lebensqualität westeuropäi-
    scher Erwerbstätiger«, Veröffentlichung zum 29. Kon-
    greß der DGS, 1999). Er stellte fest: Frauen sind ge-
    genüber Männern, Familien gegenüber Kinderlosen
    benachteiligt. Zeitnot sei zudem eine »moderne Form
    der Armut«, denn gerade, wer unter Existenzängsten
    leidet, erfährt oft besonderen Stress. Auf der anderen
    Seite leiden auch Reiche unter Zeitnot, sodass »Bes-
    serverdiener und Führungskräfte, um ihre Position im
    verschärften Wettbewerb zu halten, immer mehr an
    Zeitwohlstand« verlieren. Vermutlich ist ihre Not
    aber weniger existenziell. Andere Studien deuten dar-
    auf hin, dass der Stress oder eben das, was die Men-
    schen dafür halten, mit der Bildung zunimmt (vgl.
    die Studie des »Techniker Krankenkasse«, 2016: »Ent-
    spann dich, Deutschland«, online unter: www.tk.de).

16 In ihrem Buch *In the Meantime: Temporality and Cul-
    tural Politics* (Duke University Press, Durham NC
    2014) kritisiert die Medienwissenschaftlerin Sarah
    Sharma nur die ungleiche Verteilung von Geld,
    Macht und Zeit, sondern sie weist auch darauf hin,
    dass Entschleunigung ein Privileg der ohnehin schon
    Privilegierten ist und zudem oft dem Erhalt des kapi-
    talistischen Systems dient. Vgl. dazu auch Farman
    (2018): S. 15.

17 Ein bedingungsloses Grundeinkommen wäre ent-
    gegen aller anderslautenden Behauptungen bezahl-
    bar – und es wäre, in existenzsichernder Höhe an
    alle ausgeschüttet, ein Instrument zur materiellen
    Befreiung der Menschen. Die Frage, ob die Men-
    schen das Grundeinkommen hauptsächlich als Kon-
    sumgeld verwenden würden, steht auf einem ande-
    ren Blatt. Vergleiche zur Debatte um ein
    Mindesteinkommen unter anderem: Reuter, Timo:
    *Das bedingungslose Grundeinkommen als liberaler
    Entwurf*, Springer, Wiesbaden 2016. Van Parijs, Phi-
    lippe: *Real Freedom for All: What (if anything) can
    justify capitalism?*, Oxford University Press, Oxford
    2004. Vanderborght, Yannick und van Parijs, Phi-
    lippe: *Ein Grundeinkommen für alle? Geschichte und
    Zukunft eines radikalen Vorschlags*, Campus Verlag,
    Frankfurt am Main 2005.

18 Postwachstumskonzepte, die ein Wirtschaftssystem
    jenseits des Wachstumszwangs anstreben, finden seit
    der Veröffentlichung der Studie »Grenzen des
    Wachstums« des Club of Rome im Jahre 1972 (vgl.
    Meadows, Dennis und Meadows, Donella H. u.a.:
    *Die Grenzen des Wachstums. Bericht des Club of Rome
    zur Lage der Menschheit*, Deutsche Verlagsanstalt,
    Stuttgart 1972) zunehmend Beachtung. Vergleiche
    etwa: Blätter für deutsche und internationale Politik
    (Hrsg.): *Mehr geht nicht! Der Postwachstums-Reader*,
    Blätter Verlag, Berlin 2015. Außerdem: Le Monde
    diplomatique (Hrsg.): *Atlas der Globalisierung – We-
    niger wird mehr*, Taz Verlag, Berlin 2015.

19 Vergleiche: Jonas, Hans: *Das Prinzip Verantwortung:
    Versuch einer Ethik für die technologische Zivilisation*,
    Suhrkamp, Frankfurt am Main 2003. Mit der Frage,
    ob die voranschreitende technische Entwicklung für
    Ausbeutung und Zerstörung benutzt wird oder da-
    für, »eine Welt des Friedens zu schaffen – eine Welt
    ohne Ausbeutung, Elend und Angst«, hat sich auch
    Herbert Marcuse beschäftigt: Marcuse, Herbert
    (1965): »Bemerkungen zu einer Neubestimmung der
    Kultur«. In: Marcuse, Herbert: *Schriften, Bd. 8*, Suhr-
    kamp, Frankfurt am Main 1984, S. 115–135, S. 123.

20 Vergleiche zu »Sieben-Generationen-Prinzip«:
    Köhn, Elena: »Das 7-Generationen-Prinzip der Iro-
    kesen« unter: www.umweltdialog.de; sowie Barth
    (1989).

21 Zitiert nach: Hosseini, Malek: *Wittgenstein und Weis-
    heit*, Kohlhammer, Stuttgart 2007, S. 152. Für Witt-
    genstein sollte das der Gruß der Philosophen unter-
    einander sein: Laß Dir Zeit!

22 Sartre, Jean-Paul: *Ist der Existentialismus ein Huma-
    nismus?*, Europa Verlag, Zürich 1947, S. 38.

23 Ende, Michael: *Momo*, Thienemann Verlag, Stuttgart
    1973, S. 72.

24 Hesse (2007): S. 89.

25 Ebd. S. 89.

26 Zitiert nach: Schütze, Oliver (Hrsg.): *Metzler Lexi-
    kon antiker Autoren*, Metzler, Stuttgart und Weimar
    1997, S. 648.

27 Vergleiche zur Intensität als Obsession der Moderne:
    Garcia, Tristan *Das intensive Leben – Eine moderne
    Obsession*, Suhrkamp, Berlin 2017.

28 Vergleiche Strayer, D. L. und Drews, F. A.: »Multi-
    tasking in the Automobile«. In: Kramer, Arthur F.;
    Wiegmann, Douglas A.; Kirlik, Alex (Hrsg.): *Atten-
    tion: From Theory to Practice*, Oxford University
    Press, Oxford, New York 2007, S. 121–133.

29 Hodgkinson (2014): S. 42. Im Original heißt sein
    Buch »How To Be Idle«.

30 Vergleiche: Benjamin, Walter: »Das Paris des Second
    Empire bei Baudelaire«. In: Tiedemann, Rolf und
    Schweppenhäuser, Hermann (Hrsg.): *Gesammelte
    Schriften, Band I, 2*, Suhrkamp, Frankfurt am Main
    1974, S. 556. Vgl. auch Rosa (2014): S. 81.

31 Vergleiche zur »Let-it-be-Liste«: Reuter, Timo: »Das
    Glück der Menschen ist die Verspätung«. In: *Galore
    Interviews*, 02/2019, S. 58–64 sowie Decker, Julia:
    »Zwischenmenschlichkeit braucht Langsamkeit«. In:
    Fluter, Nr. 16, September 2005, S. 6–9, S. 9.

32 Kabat-Zinn, Jon: *Im Alltag Ruhe finden. Meditationen für ein gelasseneres Leben*, Knaur, München 2015, S. 28. Oft wird die Achtsamkeit auch mit dem englischen Begriff »mindfulness« umschrieben.

33 Vergleiche etwa: Bilgri, Anselm: *Vom Glück der Muße: Wie wir wieder leben lernen*, Piper, München 2014, S. 103.

34 Vergleiche: Eckermann, Johann Peter: *Gespräche mit Goethe in den letzten Jahren seines Lebens: 1823 – 1832, Band 2*, F.A. Brockhaus, Leipzig 1836, S. 13.

35 Nietzsche, Friedrich: *Menschliches, Allzumenschliches, Erster Band*, »Neuntes Hauptstück. *Der Mensch mit sich allein*, Aphorismus 508: »Die freie Natur.«, Text online unter: gutenberg.spiegel.de.

36 Brecht, Bertolt: *Prosa 3. Sammlungen und Dialoge*, Hecht, Werner u.a. (Hrsg.), Aufbau-Verlag, Berlin und Weimar, Suhrkamp Verlag, Frankfurt am Main 1995, S. 116.

37 Thoreau, Henry David: *Walden oder Leben in den Wäldern*, Unikum Verlag, Barsinghausen 2013, S. 90, S. 92.

38 »Wenn Beschleunigung das Problem ist, dann ist Resonanz vielleicht die Lösung.« Rosa (2016): S. 13. Rosas Definition von Resonanz findet sich auf Seite 298.

39 Twain, Mark: *The Writings of Mark Twain, Volume 2. The Innocents Abroad or The New Pilgrims' Progress*, Gabriel Wells, New York 1922, S. 281. Im Original: »One must travel, to learn.« Online verfügbar unter: archive.org.

40 Levine, 2016: S. 287. Viele der Beispiele dieses Abschnitts sind den Berichten von Robert Levine entnommen. Über seine eigene Reise und die Angst, ohne Zeitplan zu leben, berichtet er auf Seite 124 seines Buches. Vergleiche zur Ereigniszeit: ebd. S. 127 und S. 134 sowie zum Zeitverständnis unterschiedlicher Kulturen und Bevölkerungsgruppen: S. 134–138.

IX. Das kleine Glück des Wartens

1 Modersohn-Becker, Paula: *Briefe und Tagebuchblätter*, Kurt Wolff Verlag, München 1921, S. 225.

2 Das weiß auch der Soziologe Rainer Paris: »Dem Wartenden, der von dem, worauf er wartet, existenziell abhängig ist, kann man keine Gelassenheit predigen.« (Paris, 2015: S. 145) Der Zeitforscher Karlheinz Geißler notiert zu solchen und anderen Fällen: »Das Drama, das mit solchen Wartesituationen oftmals einhergeht, lässt keine Ratschläge zu.« (Geißler (2017): S. 160).

3 Beckett, Samuel: *Warten auf Godot*, Suhrkamp, Berlin und Frankfurt am Main 1969, S. 13.

4 Von der Suche nach einem Theater, in dem *Warten auf Godot* aufgeführt werden konnte, berichten etwa Gabriele Bondy: »Uraufführung von Becketts ›Warten auf Godot‹« online unter: www.br.de. Zu dieser Geschichte finden sich Gedächtnisprotokolle, die nach einem Gespräch mit Beckett aufgeschrieben wurden, da dieser keine Tonaufnahmen akzeptierte: Vgl. Gussow, Mel: *Conversations with and about Beckett*, Grove Press, New York 1996, S. 32.

5 Beckett veröffentlichte *Warten auf Godot* zuerst auf Französisch unter dem Titel *En attendant Godot*. Erst die englische Version *Waiting for Godot* erhielt den Untertitel *A Tragicomedy in Two Acts*.

6 Vgl. Gussow (1996): S. 68. Im Original: »If I knew, I would have said so in the play«.

7 Camus, Albert: »Der Mythos des Sisyphos«. In: Camus, Albert: *Der Mythos des Sisyphos. Ein Versuch über das Absurde*, Karl Rauch Verlag, Bad Salzig und Düsseldorf 1950, S. 151–158, S. 158. Vergleiche für Betrachtungen zu Albert Camus vor allem seine Werke *Der Mythos des Sisyphos* und *Der Mensch in der Revolte*. Außerdem zu Camus beim *Hohe Luft Magazin*: »Warum Sisyphos glücklich ist«, online unter: www.hoheluft-magazin.de.

8 Camus, Albert: »Die absurde Freiheit«. In: Camus (1950): S. 68–84, S. 77.

9 Camus, Albert: »Der Mythos des Sisyphos«. In: Camus (1950): S. 151–158, S. 157.

10 Beckett (1969): S. 95.

11 Zum Warten auf Godot und der Befreiung vom Ballast äußert sich auch Harold Schweizer: Schweizer (2008): S. 12.

12 Beckett (1969): S. 91.

13 Ebd. S. 97.

14 Heidegger, Martin: *Sein und Zeit*, Max Niemeyer Verlag, Tübingen 2006, S. 12.

15 Heidegger unterscheidet insgesamt drei Formen der Langeweile: »das Gelangweilt werden von etwas«, »das Sich-Langweilen bei etwas« und »die tiefe Langeweile als das ›es ist einem langweilig‹« (vgl. Große (2008): S. 30–34 sowie Breuninger und Schiemann (2015): S. 11, S. 21 und das Original: Heidegger, Martin: *Die Grundbegriffe der Metaphysik*, Klostermann, Frankfurt 1983. Dort vor allem S. 117–249).

16 Heidegger (1983): S. 202.

17 Diese Formulierung stammt von Harold Schweizer (2016): S. 82 (eigene Übersetzung).

18 Beckett (1969): S. 69.

19 Schweizer (2008): S. 23 (eigene Übersetzung).

20 Das kann auch beim Meditieren passieren, worauf etwa der Meditationslehrer Jon Kabat-Zinn hinweist: Kabat-Zinn (2015): S. 23. Heidegger spricht ebenfalls von einer »Lichtung« (Heidegger (2006): S. 133).

21 Nietzsche, Friedrich: *Menschliches, Allzumenschliches, Zweiter Band*, »Zweite Abteilung: Der Wanderer und sein Schatten«, Aphorismus 200: »Der Einsame spricht.«, online unter: www.zeno.org.

22 Der Schriftsteller Botho Strauß hat eine Geschichte geschrieben, in der kein Zug für den Wartenden hält, vgl. etwa: Pikulik (1997): S. 120, S. 162; sowie Strauß, Botho: *Wohnen Dämmern Lügen*, Carl Hanser, München und Wien 1994, S. 7f.

23 Harold Schweizer notiert dazu: »The novelty of waiting in Godot is not, I suggest, in how we pass
through waiting but how we are in it, not in the expectation of the end of waiting but in the quality of
waiting as such.« (Schweizer (2008): S. 11).

24 Hesse (2007): S. 43.

25 Wellershoff, Dieter: »Langeweile und unbestimmtes
Warten«. In: Wellershoff, Dieter: *Die Arbeit des Lebens*, Kiepenheuer&Witsch, Köln 1985, S. 263–271,
dort S. 266.

26 Vergleiche *Deutsches Wörterbuch von Jacob Grimm
und Wilhelm Grimm*. Der Eintrag zum »verweilen«
findet sich dort in Bd. 25, Sp. 2173 bis 2179.

27 Schweizer (2016): S. 89 (eigene Übersetzung).

28 Ebd. S. 80 (eigene Übersetzung).

29 Wordsworth, William: *The Poems of William Wordsworth*, Edward Moxon, London 1847, S. 361. Eine
deutsche Übersetzung findet sich etwa hier: www.
william-wordsworth.de.

30 Schweizer (2016): S. 90. Im Original: »Stopping,
standing still, leaning, loafing, lingering, waiting,
witnessing, observing, […] all perhaps in the same
›slightly leaning-forward position‹ […] – these are
the temporalities within which the beautiful –
briefly – reveals itself.«

31 Adorno, Theodor W.: *Negative Dialektik*, Suhrkamp,
Frankfurt am Main 1966, S. 18.

32 Adorno (1966): S. 41.

33 Adorno, Theodor W.: *Ästhetische Theorie*. In: Tiede-
mann, Rolf (Hrsg.): *Theodor W. Adorno. Gesammelte
Schriften*, Bd. 7, Suhrkamp, Frankfurt am Main 2003,
S. 114.

34 Adorno, Theodor W.: *Minima Moralia*, Suhrkamp,
Frankfurt am Main 2003. S. 100.

35 Ebd. S. 85.

36 Ebd. S. 86.

37 Whitman, Walt: *Grasblätter*, übersetzt von Jürgen
Brôcan, Carl Hanser, München 2009, S. 46, S. 48.

38 Hodgkinson (2014): S. 139.

39 Zum Spaziergang von Johann Gottfried Seume:
Sangmeister, Dirk: »Welch ein Geist, welch ein
Herz!« unter www.zeit.de; Kutzbach, Cajo: »Lob des
Gehens« unter www.deutschlandfunk.de.

40 Seume, Johann Gottfried: »Mein Sommer«. In: *J. G.
Seume's sämmtliche Werke, Bände 3–4*, Joh. Friedr.
Hartknoch, Leipzig 1839, S. 1–207, S. 4.

41 Hesse (2007): S. 88.

42 Schweizer (2008): S. 47. Im Original: »Even one who
waits for a train, or an appointment, or a phone call
experiences, perhaps briefly and fleetingly, the lull of
pure duration, the trance of waiting offering the pro-
mise of an immortality of sorts if one were to re-
nounce all obligations to the world, if one were not
to take the train, not to keep the appointment, not
to pick up the ringing phone.«

43 So schildert der Schriftsteller Walter Benjamin, der
selbst viel Zeit in Krankenbetten zubrachte, wohl auch
seine eigene Erfahrung (vgl. Tiedemann, Rolf und
Schweppenhäuser, Hermann (Hrsg.): *Gesammelte

Schriften II*, Band 2, Suhrkamp Verlag, Frankfurt am
Main 1977, S. 446).

44 Adorno, Theodor W.: *Kulturkritik und Gesellschaft
I-II*, Suhrkamp, Frankfurt am Main 1977, S. 602.

45 Genazino, Wilhelm: *Der gedehnte Blick*, Carl Hanser
Verlag, München 2004, S. 59.

46 Hesse, Hermann: »Die Kunst des Müßiggangs«. In:
Hesse, Hermann: *Die Kunst des Müßiggangs*, Suhrkamp, Frankfurt am Main 1981, S. 7–13.

47 Ebd. S. 10.

48 »Keine Stimmung kommt dem Nichts so nahe wie
die existenzielle Langeweile«, schreiben Renate Breuninger und Gregor Schiemann in ihrem Buch über
die Langeweile (Breuninger und Schiemann (2015):
S. 11).

49 Nietzsche, Friedrich: *Die fröhliche Wissenschaft*, Erstes Buch, 42: »Arbeit und Langeweile«. Text online
unter: www.zeno.org. Vergleiche zum Übergang von
der Langeweile zur Muße außerdem: Breuninger und
Schiemann (2015): S. 21; sowie Geißler(2012): S. 142.

50 *Deutsches Wörterbuch von Jacob Grimm und Wilhelm
Grimm*. Der Eintrag zum » langweilen« findet sich
dort in Bd. 12, Sp. 184. Der Eintrag zur »Langeweile«
findet sich in Bd. 12, Sp. 173 bis 174.

51 Vgl. Delvaux de Fenffe, Gregor: »Luther, der Refor-
mator« unter: www.planet-wissen.de. Die Langweile auf der Wartburg beschreibt Luther selbst in
einem Brief an Spalatin, in dem er klagt, er sitze
»den ganzen Tag müßig und mit schwerem Kopf,
faul und voll« herum. Luther erkrankte körperlich
und psychisch – und war dennoch voller Taten-
drang (vgl. Schilling, Heinz: *Martin Luther. Rebell
in einer Zeit des Umbruchs*, C.H. Beck, München
2012, S. 252–257). Die Geschichte über Samuel
Morse stammt vom Frankfurter Geschichtsprofessor Ralf Roth.

52 Vergleiche zu Archimedes: Kutzbach, Cajo: »Die
Kunst, die Gedanken fliegen zu lassen« unter www.
deutschlandfunk.de; sowie: Sonnabend, Holger: *Wie
Augustus die Feuerwehr erfand: Große Errungenschaf-
ten der Antike*, Artemis und Winkler, Düsseldorf
2006, S. 116; zu Descartes: Hodgkinson (2014): S. 50;
und Opitz, Michael: »Descartes und der Schnee«
unter www.deutschlandfunk.de; zu Newton: *Memo-
irs of Sir Isaac Newton's Life* by William Stukeley
(1752), online unter: www.newtonproject.ox.ac.uk
sowie: »Der Apfel des Isaac Newton« unter www.
spiegel.de. Von Beethoven berichtet Walter Benjamin: »Das Passagen-Werk«. In: Tiedemann, Rolf und
Schweppenhäuser, Hermann (Hrsg.): *Gesammelte
Schriften V-I*, Suhrkamp, Frankfurt am Main 1982,
S. 568.

53 Dobler, Gregor und Riedl, Peter Philipp: »Einleitung«. In: Dobler und Riedl (2017): S. 1–17, S. 3.

54 Schiller, Friedrich von: »Ueber die ästhetische Erziehung des Menschen« [2. Teil; 10. bis 16. Brief.] In:
Schiller, Friedrich von (Hrsg.): *Die Horen, 2. Stück*,
Tübingen 1795, S. 51–94, S. 79. Online unter: www.
deutschestextarchiv.de.

55 Mann, Thomas: *Bekenntnisse des Hochstaplers Felix Krull. Der Memoiren erster Teil*, Fischer Bücherei, Frankfurt am Main 1967, S. 60.

56 Hesse, Hermann: »Die Kunst des Müßiggangs«. In: Hesse (1981): S. 10.

57 Kabat-Zinn (2015): S. 44–52.

58 Kabat-Zinn (2015): S. 48.

59 Vergleiche zum *wu wei* etwa Hodgkinson (2014): S. 204.

60 Zitiert nach Geißler (2017): S. 177. Im Original zu finden unter: Rousseau, Jean-Jacques: *Les confessions*, E.A. Lequien, Paris 1822, S. 86.

61 Zitiert nach: Geißler (2012): S. 87–88.

62 Vergleiche zur Abwertung des Müßiggangs: Koch (2016).

63 »Die Untätigkeit der Muße ist nicht gleichbedeutend mit Nichtstun« (Dobler und Riedl (2017): S. 3).

64 Vergleiche etwa ein Interview mit dem Schweizer Radio und Fernsehen, wo Abramović sagt: »Nichts zu tun ist ein absolutes Tabu geworden, und es wird gleichgesetzt mit Faulheit.« (vgl. Meier, Andrea: »Marina Abramović: »Heute ist Nichtstun ein absolutes Tabu«, unter www.srf.ch). Vgl. außerdem: Lotter, Wolf: »Mehr Faulheit wagen!«. In: In: Kovce, Philip (Hrsg): *Soziale Zukunft*, Verlag Freies Geistesleben, Stuttgart 2017, S. 106–121, S. 109.

65 Wilde, Oscar: »The critic as artists«. In: *The Collected Works of Oscar Wilde*, Wordsworth Editions Limited, Ware Hertfordshire 2007, S. 963–1016, S. 996 (eigene Übersetzung).

66 Die »Let-it-be-Liste« wird im 3. Abschnitt des VIII. Kapitels beschrieben.

67 Zitiert nach Coen (2015): *Warten macht glücklich! Eine Philosophie der Sehnsucht*, Wissenschaftliche Buchgesellschaft, Darmstadt 2015, S. 184.

68 Schlegel, Friedrich von: *Lucinde*, Heinrich Fröhlich, Berlin 1799, S. 93. Online unter: www.deutschestextarchiv.de.

69 Marx, Karl: Vorrede zur Dissertation: *Differenz der demokritischen und epikureischen Naturphilosophie*, online unter: www.zeno.org.

70 Schlegel (1799): S. 92–93.

71 Lessing, Gotthold Ephraim: *Werke: Gedichte, Fabeln, Dramen*, Band 1, Insel-Verlag, Frankfurt am Main 1967, S. 12.

72 Hodgkinson (2014): S. 202. Damit spielt Hodgkinson auf das Werk *The Castle of Indolence* des schottischen Schriftstellers James Thomson aus dem 18. Jahrhundert an.

73 Dürrenmatt: Friedrich: *Politik: Essays, Gedichte und Reden*, Diogenes, Zürich 1980, S. 155.

74 Am Freiburger Sonderforschungsbereich zur Muße notiert man: »Aus der Freiheit des Nicht-Tuns kann die Produktivität neuen Tuns erwachsen. Anders als die Freizeit, die der Regeneration der Arbeitskraft dient, bleibt Muße dabei aber transgressiv und in ihren Zwecken unbestimmbar.« (Dobler und Riedl (2017): S. 1, vgl. auch S. 11).

75 Hesse, Hermann: »Die Kunst des Müßiggangs«. In: Hesse (1981): S. 12.

76 Schlegel (1799): S. 83.

77 Lafargue, Paul: *Das Recht auf Faulheit*, Europäische Verlagsanstalt/Rotbuch Verlag, Hamburg 2001, S. 18.

78 Ebd. S. 56.

79 Dumas, Alexandre: *Der Graf von Monte Christo*. Dieser Satz stammt aus dem 24. (und letzten) Kapitel der Online-Version des Textes unter gutenberg.spiegel.de. Das ganze Zitat lautet: »Lebt also und seid glücklich, geliebte Kinder meines Herzens, und vergeßt nie: bis zu dem Tage, wo es Gott gefallen wird, den Menschen die Zukunft zu enthüllen, besteht die ganze menschliche Weisheit in den zwei Worten: Warten und Hoffen!«

80 So ist es im Duden unter »hoffen« vermerkt, online unter: www.duden.de.

81 Beckett (1969): S. 66.

82 Ebd. S. 96.

83 Vergleiche zu Havels Rede: »Speech of Mr. Vaclav Havel on the Academy of Humanities and Political Sciences Paris, October 27, 1992« in Paris aus dem Jahre 1992. Auszüge davon finden sich auch in einer Veröffentlichung in der *New York Times*, »Planting, Watering and Waiting«, online unter: www.nytimes.com (eigene Übersetzung).

84 Dem Warten zwischen Hoffnung und Verzweiflung hat Harold Schweizer in seinem Buch das Kapitel »Waiting and Hoping« gewidmet: Schweizer (2008): S. 110–124.

85 Bloch, Ernst: *Das Prinzip Hoffnung*, Suhrkamp, Frankfurt am Main 1959.

86 Kracauer, Siegfried: »Die Wartenden«. In: *Das Ornament der Masse*, Suhrkamp 2014, S. 106–119. Vgl. zu Kracauers Essay außerdem: Pikulik (1997): S. 136–150.

87 Vgl. Pikulik (1997): S. 140.

88 Kracauer (2014): S. 118f.

89 Die Hoffnung spielt auch für Aktivist*innen eine große Rolle, wie bereits im 4. Abschnitt des VII. Kapitels beschrieben wurde.

90 Modersohn-Becker, Paula: *Paula Modersohn-Becker in Briefen und Tagebüchern*, Busch, Günter; von Reinken, Liselotte; Werner, Wolfgang (Hrsg.), S. Fischer, Frankfurt am Main 2007, S. 198.

91 Geißler (2012): S. 80.

92 Benjamin, Walter: »Das Fieber«. In: Stäblein (1994): S. 85–91, S. 86.

93 Köhler (2011): S. 57.

94 Vgl. Twain Mark: *Collected Tales, Sketches, Speeches & Essays: 1852–1890*, The Library of America, New York 1992, S. 425 (eigene Übersetzung).

95 Vergleiche zur Vorfreude auf Ereignisse und Produkte etwa: Kumar, Amit; Killingsworth, Matthew; Gilovich, Thomas: »Waiting for Merlot: Anticipatory Consumption of Experiential and Material Purchases«. In: *Psychological Science 2014*, 25(10), S. 1924–1931.

96 Walser, Robert: *Geschwister Tanner*, Suhrkamp, Frankfurt 2009, S. 297.

97 Vergleiche in der Einleitung des vorliegenden Buches.

98 Vergleiche zur Psychologie des Tagträumens und zur Frage, welchen Teil unseres Lebens sie ausmachen: Ehn und Löfgren (2012): S. 163; Ayan, Steve: »Die Vorteile des Tagträumens« unter www.spektrum.de.

99 Frank, Anne: *Tagebuch*, Fischer, Frankfurt am Main 2007, S. 250.

100 Ehn und Löfgren (2012): S. 217. Tagträume sind Ausdruck unserer Gesellschaft und Kultur. Immer häufiger spiegeln sie auch die mediale Welt wider – und vermutlich noch nie in der Geschichte haben Menschen so häufig von Produkten geträumt, die sie gerne haben würden.

101 Zitiert nach: Goldmann, Stefan: »Wachtraum; Tagtraum«. In: Ritter, K.; Gründer, K.; Gabriel, G. (Hrsg.): *Historisches Wörterbuch der Philosophie*, Band 12, Sp. 13–16, Schwabe Verlag, Basel 2005, dort Spalte 13.

102 Bloch (1959) S. 85.

103 Vergleiche z. Arjun Appadurai Sicht auf Tagträume: Ehn und Löfgren (2012): S. 251.

104 Köhler (2011 : S. 100.

105 Farman (201?): S. 18.

106 Hesse, Hermann: »Über das Reisen«. In: Hesse (1981): S. 13–12, S. 14.

107 So kritisierte Günter Spreitzhofe- bereits 1995 den sogenannten »Alternativtourismus«. Zitiert nach: Beller, Svenja: »Sonne fürs Ego« auf www.freitag.de.

108 Mann (1969) S. 342.

109 Beckett (1965): S. 34.

110 Vergleiche: Hartmann, Corinna: »Phänomene der Warteschlange« unter www.spektrum.de.

111 Vergleiche zu- Trauerzeremonie für John F. Kennedy: Levine (2016): S. 171–172.

Nachwort: Die andere Seite der Insel

1 Tolstoi, Leo N.: *Krieg und Frieden*, Roman in vier Büchern, Zweiter Band, Bertelsmann Verlag, [Gütersloh] 1953, S. 213. Dort heißt es: »Tout vient à point à celui qui sait attendre.« Das lässt sich auch übersetzen mit: »Alles kommt zur rechten Zeit für den, der warten kann.« Friederike Gräff hat es in ihrem Buch einer Zeit des Übergangs aus: »Alles nimmt ein gutes Ende für den, der warten kann« (vgl. Gräff (2015): S. 8).

2 Das Interesse am Warten steigert sich langsam – wie die zunehmende Zahl an Publikationen zum Thema deutlich macht. 2014 wurde an der Universität Konstanz gar ein Projekt zum Warten als »sozialem Alltagsphänomen« ins Leben gerufen. Allmählich scheint das Warten seinen Weg aus der Nische zu finden. Warum mussten wir so lange darauf warten? Wir leben heute in einer Zeit des Übergangs, dessen wohl größte Veränderungen die Digitalisierung sowie die Klimakrise sind. Während wir die digitale Revolution immer schneller vorantreiben, warten wir ausgerechnet bei der vielleicht größten Bedrohung für diesen Planeten zögerlich ab. Und obwohl wir nicht gerne warten und gerade auch digitale Lösungen das Versprechen in sich tragen, das Warten zu verkürzen, produzieren sie an anderer Stelle eben neue Wartezeiten. Wo die Gesellschaft schließlich immer komplexer wird und wo wir immer mehr wollen, da kommt das Warten durch die Hintertür in unser Leben zurück: weil Komplexität und Schnelligkeit zu Reibungsverlusten führen und weil wir nicht alles sofort bekommen können. Je mehr wir wollen, desto öfter warten wir auf etwas. Vielleicht hat das Interesse am Warten aber auch mit der ungeheuren Beschleunigung zu tun und damit, dass wir nach Refugien der Langsamkeit suchen. Schließlich trägt wohl auch die Alltagsgeschichte dazu bei, dass Nischen und Zwischenzeiten in der Historie stärker in den Fokus geraten.

3 Jason Farman fragt in seinem Buch, ob wir absichtlich Wartezeiten in unser Leben einbauen sollten, um wieder mehr Pausen und Zeit zur Reflexion zu haben (vgl. Farman [2018]: S. 194). Die Künstlerin Marina Abramović spielt in ihren Performances gerne mit dem Nichtstun und lässt auch ihr Publikum oft warten (vgl. etwa Farman (2018): S. 194–195). Der Forscher Robin Kellermann fragt in seinen Untersuchungen zum Warten wiederum, ob der Grenznutzen unseres Kampfes gegen das Warten womöglich schon erreicht wurde (vgl. Kellermann, Robin: »The Final Countdown: Ambiguities of Real Time Information Systems ›Directing‹ the Waiting Experience in Public Transport«. In: Freudendal-Pedersen, M.; Hartmann-Petersen, K.; Perez Fjalland, E. (Hrsg.): *Experiencing Networked Urban Mobilities*, Routledge, New York 2017, S. 19–26).

4 Siehe zur Frage, inwieweit Geduld uns anerzogen wird, auch den 2. Abschnitt des IV. Kapitels. Vergleiche außerdem: Reuter, Timo: »Warten bedeutet Ohnmacht«. In: *Galore Interviews*, 02/2018, S. 104–III.

5 Dass das Warten in den Mittelpunkt des digitalen Alltags rutscht, bemerkt auch der Kommunikationswissenschaftler Jason Farman (vgl. Farman (2018): S. 9). Seit 2009 wird weltweit auf Smartphones und Handys mehr getextet und gechattet als telefoniert (vgl. Farman [2018]: S. 9) – und damit wird eben auch mehr gewartet: Dutzende, ja Hunderte Male pro Tag schauen wir auf das kleine Display. Zur Veränderung des Wartens durch die digitale Welt hat sich auch Robin Kellermann Gedanken gemacht: Kellermann (2017).

6 Diese These wurde ausführlich im 5. Abschnitt des III. Kapitels dieses Buchs behandelt.

Timo Reuter, Jahrgang 1984, hat Philosophie, Mathematik und Pädagogik studiert. Nach Stationen bei Radio und Fernsehen kommentiert er seit 2011 für verschiedene Tages- und Wochenzeitungen das politische Zeitgeschehen, er schreibt über soziale Bewegungen und gesellschaftlichen Stillstand. 2016 ist sein Buch über das bedingungslose Grundeinkommen erschienen. Er lebt in Frankfurt am Main – und besonders auf Reisen wartet er gern.

ISBN 978-3-85489-904-1
Preis EUR 12/EUA 12,40
Auch als E-Book erhältlich

»Die Schnellsten werden siegen, nicht die Besten.«
Friedhelm Hengsbach zeigt, wie eine rasante
Beschleunigung alle Lebensbereiche erobert hat.
»Zu wenig Zeit für Kinder, zum Entspannen und
Feiern«, darüber klagen nicht nur Hausfrauen und
Manager, sondern auch SchülerInnen und Studierende.
Wie kommt es, dass ein zusätzlicher Temposchub die
Gesellschaft des 21. Jahrhunderts aufgemischt hat?
Wo sind die Ursachen dafür zu suchen? Und – ganz
besonders wichtig – auf wen werden die Folgen abgeladen?